이화여자대학교 특수교육연구소 현장 총서 시리즈 **4**

특수학교차원의
긍정적 행동지원

성베드로학교 이야기

김정효 저

학지사

📖 머리말

　최근 들어 특수교육 현장은 물론 일반교육 현장에서도 학생들의 다양한 행동문제로 인해 교사들이 어려움을 겪고 있는 것이 사실이다. 학교차원 긍정적 행동지원(School Wide Positive Behavior Support)은 학교 전체의 체계적 접근을 통하여 학생들이 보이는 행동문제에 대처하기 위한 학문적 접근이자 효과적 방법론으로 알려져 있다.

　지적장애 특수학교에서 직면하는 재학생들의 행동 혹은 생활지도의 어려움을 해결하기 위하여 2013년도부터 성베드로학교가 서울시교육청의 지원을 받아 '학교차원의 긍정적 행동지원' 체제를 운영하기 시작한 것은 구성원 모두의 변화가 필요한 교육현장의 상황을 고려할 때, 매우 시의적절하고 유의미한 선택이었다. 4년의 시간이 흐른 지금까지 기존의 학교 운영 체제를 조금씩 바꾸기 위해 교사와 교직원들이 노력하는 힘겨운 시간을 거쳐 재학생들은 긍정적 행동지원 학교 규칙을 지키고자 노력하는 모습을, 교사들은 긍정적 행동지원 중재 방식을 실천하는 모습을 지니게 되었다. 해가 거듭되자 성베드로학교에 뒤이어 서울의 몇몇 특수학교에서 학교차원 긍정적 행동지원을 운영하기 시작했고, 수많은 교사연수에서 긍정적 행동지원에 대해 다루고 있으며, 긍정적 행동지원 방식을 구체적으로 익히기 위한 특수교사들의 연구 모임이 생겨나고 있다. 그리고 2017년, 교육부에서 전국의 특수학교에 장애학생들의 문제행동 중재를 위한 특별 예산을 교부함으로써 우리나라 특수교육 현장은 학교차원 긍정적 행동지원 실시 확산을 위한 절호의 기회를 가지게 되었다.

　무(無)에서 유(有)를 창조하는 듯 한 발 한 발 힘든 걸음을 내딛었던 성베드로학교와 달리 이후의 긍정적 행동지원 운영 학교들은 성베드로학교를 방문하여 실시 현황을 둘러보고, 학교에서 제공하는 자료를 참고하고 활용하면서 한층 더 멋지고 창의력이 넘치는 모습으로 발전하고 있다. 또한 몇몇 교사는 교사연수 등의 형식으로 성베드로학교의 운영 사례를 알리느라 바쁜 시간을 보냈다. 하지만 우리나라에 아직까지 긍정적 행동지원 운영을 지원하기 위해 국가가 설립한 기관이나 인력이 없는 채로, 현업이 있는 대학의 교수들이나 긍정적 행동지원 운영 학교의 담당교사들로는 전국 특수교육 현장의 교사나 학생, 그 외 긍정적 행동지원에 관심을 가지고 있는 이들의 연수 혹은 배움의 요구를 감당하기 어려운 것이 사실이다.

 이러한 상황에서 이화여자대학교 특수교육연구소로부터 학교차원 긍정적 행동지원에 대해 '실질적' 정보를 요구하는 전국의 많은 학교 당국과 교사들에게 직접적인 도움이 될 수 있도록 성베드로학교의 운영 사례를 집필해 보라는 제안을 받았다. 이에 실제로는 부족하기 짝이 없는 성베드로학교의 상황을 공식화, 활자화해서 전달하는 데 대한 부담과 책임감 때문에 두려운 마음이 먼저 든 것이 사실이었다. 그럼에도 성베드로학교의 시작과 도전이 있었기에 현재와 같은 상황을 가져올 수 있었다는 조금의 자신감과 다른 학교와 교사 혹은 독자들에게도 성베드로학교의 첫 번째 도전 상황에 대해 알려야 한다는 책임감 또한 통감하게 되었다. 그리고 이렇게 부족하고 미숙한 상황에서도 무엇인가 시작할 수 있으며 도전과 노력을 통해 계속적으로 발전해 나갈 수 있다는 사실을 독자에게 알려 주는 것에도 의미가 있을 수 있다는 데 생각이 미쳤다.

 이 책은 크게 두 부분으로 구성되어 있다. 제1부 총론편에서는 우리나라의 교육 현장에 긍정적 행동지원 도입이 필요한 이유와 학교차원 긍정적 행동지원의 정의, 특징에 대하여 알아보고 3단계(보편적 지원, 소집단 지원, 개별 지원)의 적용 방법을 이론적으로 고찰하였다. 제2부 실제편에서는 2013년부터 1년 단위로 실시되고 있는 성베드로학교의 학교차원 긍정적 행동지원 운영 체제에 대하여 제1부의 학교차원 긍정적 행동지원 적용 방식에 따라 순차적으로 보고하였다. 제3장에는 긍정적 행동지원 실시 이전의 성베드로학교 학생 생활 및 행동지도 상황에 대한 조사 결과, 긍정적 행동지원 도입의 필요성이 제기된 상황에 대해 기술했다. 제4장에는 학교차원 긍정적 행동지원 실시를 결정한 이후 성베드로학교 전체의 체제 개선을 위해 노력한 사항들을 적었다. 제5장과 제6장에는 성베드로학교 재학생 전체를 대상으로 실시 중인 보편적 지원을 준비하고 실행하는 구체적 내용을 실제 자료와 함께 담았다. 그리고 제7장에는 보편적 지원 운영에 적응하지 못하여 보다 전문적 도움을 요하는 학생들을 대상으로 하는 개별 지원의 내용을, 제8장에는 성베드로학교 긍정적 행동지원 운영 결과 학생들과 교사들이 가지게 된 다양한 측면의 성과에 대해 기술했다.

제1부와 제2부의 본문 기술 후 〈부록 1〉에는 '궁금한 이야기(Q&A)'를 담았다. 필자는 서울과 경기, 충청도 지역의 20여 개 특수학교 및 대학, 특수교육지원센터 등에서 긍정적 행동지원 운영 실제에 관해 강의를 거치면서 다양한 질문을 받고 그에 응답하고 있다. 이 책을 읽다 보면 운영 사항에 대하여 몇 가지 궁금증이 생길 수 있을 텐데, Q&A에서는 그간 각종 연수에서의 소소한 질문 사항, 본문에서 설명하지 못한 세부 내용, 성과에 가려진 실체적 진실에 대해 필자 스스로 질문하고 답한 내용을 담고 있다. 이 질문들은 특히 학교 현장에서 긍정적 행동지원을 실제로 운영하고자 하는 경우에 자연스럽게 부딪히게 되는 문제점과 고민 사항이라고 할 수 있을 것이다. 따라서 이미 실제를 경험한 성베드로학교의 사례와 해결 방법을 참고할 경우 그에 대한 고민은 반으로 줄어들고 해결 가능성은 훨씬 높아질 것이라고 믿는다. 아울러 이 책을 읽은 후 긍정적 행동지원을 직접 적용해 보고자 하는 독자를 위해 본문에서 소개했던 여러 가지 표의 기입 내용을 삭제하여 구성한 '서식 모음'과 긍정적 행동지원 성과 파악 등을 위해 적용한 몇 가지 검사 도구들을 모아 '도구 모음'을 각각 〈부록 2〉와 〈부록 3〉에 수록하였다.

성베드로학교에서 학교차원 긍정적 행동지원을 도입하여 실제로 운영하면서 다양한 측면에서 긍정적인 변화 양상을 체감하고 있을지라도 그 성과를 공식적으로 내세우거나 단언하기는 쉽지 않다. 그 이유는 성베드로학교의 학교차원 긍정적 행동지원이 '연구' 목적을 가지고 6개월 혹은 1~2년의 기한을 정하고 변화할 요소를 특정한 후 체계적 노력을 집약하여 이끌어 낸 성과가 아니기 때문이다. 그 때문에 성베드로학교의 긍정적 행동지원 운영 성과가 사회과학의 연구 방법을 엄격하게 적용하여 통제하는 바탕에서 실시하는 연구 성과로서의 신뢰성을 담보하기는 어렵다는 사실을 인정한다. 누군가 그것이 문제가 된다고 지적한다면 겸허

하게 수용한다는 의미이다. 실제로 긍정적 행동지원 실시 이전 및 초기에 다양한 측면의 원자료(raw data) 수집과 이후의 결과 분석이 있었더라면 하는 아쉬움이 드는 것도 사실이다.

그러나 긍정적 행동지원을 학교 현장의 실제로서 구현한다는 것은 '단기간이라기보다 장기적으로, 모든 노력을 경주하는 것이 아니라 최대한 일상적 업무로서, 열정적이고 뜻을 함께 하는 소수 인원이 아닌 구성원 누구나가, 가이드라인과 리더십을 따라 참여한다면 충분히 수행이 가능한 일'이며, 그러기에 가능성만이 아닌 현실 속의 다양한 문제점과 상황을 인정한 채로 함께 나아갈 방향을 찾아 나가야 한다고 생각한다. 즉, 성베드로학교차원의 긍정적 행동지원은 '특정 시기 동안 실시된 연구 결과가 아니라 매일 벌어지는 실제'이며 '가능성과 이상이 아닌 현실'로서, 지난 4년간 성베드로학교 구성원들의 일상적이지만 평범하지 않은 꾸준한 노력의 궤적이라 할 수 있다.

이번 '성베드로학교 이야기'에 2016년도부터 소규모로 시작되고 있는 소집단 지원의 운영 내용과 학부모 대상의 긍정적 행동지원 운영 성과 조사 결과를 담지 못하고 다음번을 기약해야 한다는 사실은 아쉬움으로 남는다. 하지만 우리의 삶이 그렇듯 성베드로학교의 학교차원 긍정적 행동지원은 2017년 현재 완성되지 않은 모습으로 매일 학교생활 안에 일상적인 모습으로 발전 도상에 있다. 중요한 것은 성베드로학교의 구성원 모두가 변화의 필요성을 인식하여 조금씩 변화를 위한 노력을 시작하였고 이미 상당히 변화하였다는 점이다. 그리하여 만일 누군가 혹은 어떤 학교 구성원들이 우리나라에서 지금 긍정적 행동지원 운영이 가능한가, 효과를 낼 수 있는가, 나도 할 수 있는가, 너무 힘들지 않은가라고 묻는다면 "성베드로학교가 이미 해 보았으며, 당신도 충분히 해낼 수 있다!"라고 답하고자 한다.

2017년 6월

성베드로학교의 구성원을 대표하여

김정효

📖 차례

제1부

총론

제1장
학교차원 긍정적 행동지원의 이해

모든 학생들을 위해 계획된 포괄적 행동지원 체계라 할 수 있는 '학교차원 긍정적 행동지원'에 대해 교육 당국과 교사들의 관심이 점점 더 커지고 있다. 장애학생의 70% 이상이 일반학교에 재학하고 있는 현재의 교육 상황에서 이들의 행동문제는 특수교사는 물론 일반교사에게도 커다란 고민거리로 작용하고 있기 때문이다.

예방적 노력 없이 사후반응적이고 처벌적인 특징을 가지고 있던 전통적인 행동중재 방법을 대체하고 있는 긍정적 행동지원(positive behavior support: PBS)은 문제행동을 다루는 관점을 근본적으로 바꾸었다. 그리고 이러한 흐름 가운데, '문제를 보이는 학생들뿐 아니라 학교 내 모든 학생을 위해 포괄적인 행동지원을 계획하고 실행하고자 하는 노력'이 학교차원 긍정적 행동지원(학교차원 PBS)이라 할 수 있다. 이 장에서는 긍정적 행동지원 도입의 필요성과 특징, 성과와 이 분야의 연구 동향 등에 관한 이론적 기초를 다지고자 한다.

1. 왜 긍정적 행동지원인가

1) 장애학생과 문제행동

학교 현장의 교사들은 누구를 막론하고 학생들의 생활지도나 행동지도를 실행함에 있어 크고 작은 어려움을 겪게 마련이다. 이는 학생들의 행동문제가 연령이나 성별, 장애 유무와 무관하게 보편적으로 나타나는 현상이기 때문이다.

최근 들어 우리나라에서도 아동 및 청소년의 행동문제가 사회적 현상으로서 꾸준히 문제 제기되고 있다. 2006년에 서울시 소아청소년 정신보건센터에서 서울시내 19개 초·중·고등학교 학생 2,664명을 대상으로 역학조사를 실시한 결과를 살펴보면 조사 대상 학생의 35.8%가 정신건강에 문제를 보이는 것으로 나타났다(김은화, 이승희, 2007). 비슷한 시기에 보건복지부에서도 전국 12개 시·도에 소재한 94개 초등학교 학생 7,340명을 대상으로 '정신건강 선별검사'를 실시했는데 그 결과 대상 학생 가운데 25.8%가 정서·행동문제를 가진 것으로 밝혀졌다(보건복지부, 2006). 또한 일반 초등학교의 통합학급 교사가 경험하고 있는 정서·행동상의 문제 학생에 대해 조사한 연구 결과를 보면, 장애 진단을 받았거나(33.3%) 장애로 추정되는 학생(18.6%) 이외에도 상당수 비장애학생들(43.8%)이 주의산만 및 충동, 심한 불순응, 수업 방해, 공격적 언행 등 다양한 문제행동을 보이고 있다(김수연, 이대식, 2008). 이러한 결과는 조사 지역과 대상학생의 규모 면에서 각각 차이가 있으나 아동 및 청소년 정서·행동문제의 보편성 및 심각성을 여실히 보여 주는 자료라고 할 수 있다.

한편 보다 중증의 장애학생들이 재학하고 있는 특수학교의 상황을 살펴보면,

전국의 89개 지적장애 특수학교 가운데(2016년 현재는 전국에 170개 특수학교 및 119개 지적장애 특수학교가 설치됨, 특수교육연차보고서, 2016) 32개 특수학교를 표집하여 초·중·고등학교 과정 지적장애학생 1,484명을 대상으로 「아동·청소년 행동평가척도」(Achenbach, 1991)의 문제행동 증후군 척도를 실시한 연구 결과, 조사 대상 학생 가운데 25.5%(378명)의 학생이 임상범위의 행동문제를 가진 것으로 나타났다(김은화, 이승희, 2007). 다시 말해 장애 여부와 무관하게 모든 아동이 성장과정 중 어느 시점에 문제행동을 보일 수 있으며, 비장애학생과 지적장애학생 모두에게서 그 비율은 상당히 크다고 할 수 있다.

그러나 비장애학생 문제행동의 경우 주의산만, 불순응, 수업 방해 등 타인에게 직접적인 피해를 주는 공격행동 비율이 상대적으로 적고 시간의 흐름에 따라 어느 정도 개선되는 것이 일반적인 데 비해, 지적 능력과 의사소통 기능 및 사회성 기술이 부족한 많은 장애학생들의 문제행동 상황은 실제로 훨씬 심각하다. 한 연구 결과를 통하여 우리나라 학령기 특수교육 대상자 가운데 53.7%로 가장 큰 비중을 차지하는 지적장애학생들(특수교육연차보고서, 2016)이 보이는 문제행동 상황의 심각성을 엿볼 수 있다. 이 연구에서는 전국의 129개 특수학교 중 89개 지적장애 특수학교 가운데 초·중·고등학교 과정이 모두 설치된 75개 특수학교(2016년 현재 119개)에서 층화군집표집한 10개 특수학교의 전체 교사 355명을 대상으로 '학교 안전사고 실태'를 조사했는데, 응답자 273명 중 85%의 교사가 1회 이상 학생안전사고를 경험했다고 하였다. 사고를 유발한 문제행동은 공격행동이 42.8%로 가장 많았고, 주의력 결핍 과잉행동 24.7%, 무단이탈 및 교출행동이 17.2%로 뒤를 이었다. 이들이 경험한 학교 안전사고의 주된 원인은 학생 자신 및 학생 간에 벌어진 문제행동이나(52.2%) 학급당 인원이 과다하기 때문(32.3%)이었다. 이 연구에서는 지적장애 특수학교 교사가 피해를 입은 학교 안전사고 실태도 조사했는데, 학생의 공격행동으로 인해 상해를 경험한 교사가 73%에 이르고, 이 가운데 병원 치료를 요하는 정도의 신체적 상해를 입은 교사도 51.3%에 달하는 것으로 나타났다(김소연, 김영일, 2007).

이러한 상황의 결과로 우리나라 대부분의 특수교사들은 문제행동 지도를 중요한 요소로 여기고 있으나 지도의 어려움 또한 크다고 느낀다. 또한 우리나라 전체 특수학교를 지역, 학교설립유형, 장애유형으로 층화하고 학교를 군집으로 하여 표집한 28개 특수학교에서 중도장애학생을 지도하고 있는 특수교사를 대상으로 조사연구가 이루어졌는데(박은혜, 박순희, 2001), 여기서는 생활기술, 기능적 의사소통, 감각운동기술, 학습준비기술 등 중도장애학생에게 요구되는 11개 교육내용 가운데 '문제행동지도(필요도 4.66)'가 '생활기술지도(필요도 4.76)'에 이어 두 번째로 교육내용으로서의 중요도가 높으며 교사들이 가장 열심히 적용하고 있는 데 반해(적용도 평균 3.92), 지도상의 어려움이 가장 큰 것으로(어려움 평균 4.22) 나타났다.

장애학생들의 심한 문제행동은 학생의 교육적·사회적 안녕을 방해하고 학생의 교육과 양육을 책임지는 교사와 가족에게 어려운 도전이 되기 때문에 더욱 문제가 된다. 따라서 문제행동지도는 장애학생의 질 높은 교육과 성공적인 통합을 위해 부모와 교사가 가장 많은 지원을 요구하는 분야라고 인식되고 있다(박승희, 진창원, 이효정, 허승준, 김제린, 김은주, 2012). 장애학생이 학교에서 이러한 문제행동을 하게 되는 경우 모든 학생을 위한 교육활동은 방해를 받게 되기 때문이다. 다시 말해 장애학생의 문제행동은 개별 학생의 학습을 방해하고 학생의 사회적·정서적·인지적 발달에 부정적인 영향을 미칠 뿐 아니라 우정 형성과 학교생활에서의 사회적 수용과 통합을 방해하며(Bambara & Kern, 2005), 지역사회 학교에서 배제되어 특수학교나 주거시설 등의 대안적인 환경으로 보내지는 가장 큰 이유가 되곤 한다(Kauffmann et al., 1995).

그리고 장애학생의 문제행동은 아동기와 청소년기를 지나 성인기에 이르기까지 계속되거나 더욱 심해지는 경우도 상당히 많다. 따라서 문제행동에 대처해야 하는 교사는 물론 가족에게 단기간이 아닌 생애 주기에 걸친 과제가 될 수 있으며, 이들의 부모에게 일상적인 양육 스트레스를 넘어서는 엄청난 고민과 부담을 초래한다. 심한 문제행동을 보이는 학생의 어머니들은 장애 자체가 문제라기보다 '문제행동 때문에 모든 어려움이 시작된다'는 생각을 가지고 있다. 또한 장애학생의 문제행동은 가족의 삶을 언제 폭발로 이끌지 모르는 뇌관과 같은 것으로, '어머니에게는 분노와 죄책감을 동시에 갖게 하고 비장애 형제들에게는 정신적·육체적 상처와 함께 장애 형제에 대한 과도한 책임감을 부여한다'(박지연, 김영란, 김남희, 2010)고 언급된다.

따라서 장애학생의 문제행동은 적절한 중재나 지원이 제공되지 않을 경우 성인기까지 지속되면서, 자신의 전반적인 삶은 물론 주변인의 삶의 질에 심각한 영향을 미칠 수 있는 문제라고 보는 것이 타당하다(Bambara & Kern, 2005).

2) 문제행동 중재에 관한 전통적 접근

일선 학교에서 문제행동 중재를 위해 전통적으로 가장 많이 사용되어 온 전략들은 1960년대와 70년대에 개발된 행동주의 중재들을 기초로 하고 있다. 행동주의 방식은 장애 여부와 무관하게 학생들 모두에게 적용되는 전형적인 학교 훈육 방법의 기초를 형성하여 왔다. 이제까지의 교육 현장에서는 학생의 문제행동을 골칫거리로 간주하였기에 '줄이거나 없애는 것'에 초점을 두었고 가장 빠른 시간 안에 문제행동을 없앨 수 있는 '벌(punishment)'을 효과적인 방법으로 인식하여 온 것이 사실이다. 그러나 '벌을 줌으로써 문제행동이 줄어들도록 하는 전통적 행동 접근'은 문제행동 자체와 문제행동을 일으킨 학생에게 초점을 둠으로써 다양한 문제를 유발하게 되었고, 1980년대 이후 다음 몇 가지 이유로 비판을 받고 있다(Bambara & Kern, 2005).

첫째, 전통적인 행동지도 방법은 장기적인 중재 효과를 보장하지 못하며 학생 자신에게 의미 있는 삶의 변화를 추구하기보다 문제행동 자체에 집중하는, 반응적이고 성과중심적인 접근방법이다. 다시 말해 문제행동을 신속하게 감소시키기 위해 벌과 같은 형태의 교수를 적용함으로써 단기적 성과만을 추구하게 된다. 이러한 방법들은 결과 중심적이지만 장애 유무에 관련 없이 매우 효과적임을 부인할 수 없다. 그러나 오랜 시간에 걸친 연구 결과를 살펴볼 때 벌은 중재가 수행되고 있는 상황에서만 그 효과가 나타나 다른 상황으로 성과가 일반화되기 어렵고, 따라서 문제행동이 쉽게 재발된다는 지적을 받는다(이소현, 박은혜, 2011).

전통적인 행동관리 방법은 장기적인 성과가 빈약하다는 것 외에도 학생의 삶의 방식을 향상시키지 못한다는 측면에서 문제가 된다. 타인과의 긍정적 관계나 통합 환경에서 성공적으로 참여를 추구하는 등 장애학생의 삶의 방식을 향상시키고자 하는 가치를 추구한다면 문제행동을 제거하는 것 이상으로 가치가 인정될 수 있는 보다 종합적인 접근이 필요하다는 것이다.

둘째, 전통적 방법의 행동 중재는 문제행동이 환경적인 영향을 받는다는 사실을 고려하지 않은 상태에서 접근하므로, 비기능적인 전략이라는 문제가 있다. 전통적 행동관리 기법들은 문제행동이 기능을 가지고 있어 환경적으로 결정된다는 사실을 충분히 인식하기 전에 개발되었기 때문에 문제행동의 이유와 환경적 영향에 대해 거의 혹은 전혀 고려하지 않는다. 예를 들어, 상동행동에 대해 과다교정 방법이 효과를 보인 경우 동일 유형 행동을 보이는 다른 학생에게도 동일한 중재방법을 권장하게 되는 것이다.

그러나 학생의 행동만을 근거로 중재를 선택하고 문제행동의 환경적 원인을 무시했을 경우 문제행동이 필요한 이유가 계속 남아 있기 때문에 단기적 효과를 보일 수는 있더라도 문제행동을 중단시키기 어렵다. 다시 말해 환경적 조건이 변화되지 않는 한 학생은 자신의 필요를 충족시키기 위한 문제행동의 동기를 갖게 되며, 사회적으로 적절한 대체행동을 가지고 있지 못한 중도의 장애학생은 특정 형태의 문제행동(혹은 새로운 형태의 문제행동)을 지속적으로 보이게 되는 것이다. 결국 전통적 행동관리 기법들은 문제행동을 유발하는 환경적 원인을 다루지 않으므로 실패하기 쉽다.

셋째, 전통적 행동관리 중재가 가지는 또 다른 문제는 문제행동을 감소시키기 위해 체벌과 같은 '개입적인' 중재를 사용해 왔기 때문에 그에 대한 윤리적 · 도덕적 문제가 제기되어 왔다. 예를 들어, 가장 심각한 행동문제(예: 공격행동, 기물파괴, 자해, 자기자극행동 등)를 지닌 중도 지적장애인에게 주로 치료 장면에서 혐오적 접근으로 알려진 가장 개입적인 중재가 행해졌는데, 이들에게 행해진 중재를 살펴보면 시각 차단(visual screening), 자극적인 냄새와 맛 살포(예: 레몬, 매운 소스, 암모니아), 혐오적인 청각자극(예: 특정 주파수 소리)과 전기 쇼크 부여 등 충격적인 내용을 포함하고 있다(Guess, Helmsetter, Turnbull, & Knowlton, 1987).

이에 따라 TASH(중도장애인협회, The Association for Persons with Severe Handicaps의 전신), 특수교육협회(Council for Exceptional Children: CEC)와 미국정신지체학회(American Association on Mental Retardation, AAMR: AAIDD의 전신), 전국학교심리사협회(National Association of School Psychologist: NASP) 등 전문가 단체에서는 다음과 같이 혐오성 중재가 지니는 심각한 제한점들을 지적했다. 즉, ① 제한적 효과(예: 행동 억제 효과와 제한된 장기적 성과), ② 잘못 사용되거나 적용될 가능성(예: 아무 행동에나 비차별적으로 혐오성 중재를 사용), ③ 학생의 성장과 학습을 강화하기 위해 교사와 학생 간에 필요한 신뢰와 긍정적 관계를 파괴할 가능성이 그것이다(Bambara & Kern, 2005). 이상에서와 같이 문제행동에 대한 혐오적 중재가 장애학생의 문제행동을 단시간에 조절할 수 있다고 할지라도 인간에 대한 도덕적·윤리적 기준에 대한 비판을 피하기 어려웠으므로, 1980년대 초반부터 특수교육 분야 학자들과 전문가 단체들의 '장애학생에 대한 혐오성 중재 사용'에 관한 논쟁을 거쳐 고도의 개입적 형태를 가진 중재의 사용 중단을 공론화하기에 이르렀다.

3) 긍정적 행동지원이란

(1) 긍정적 행동지원의 개념과 도입 배경

1970년대 이후 미국의 다양한 소수자 인권에 대한 관심과 사회 전반에 걸친 변화의 분위기 속에 비혐오적 행동지도 방법을 옹호하는 부모와 전문가들의 노력이 지속되었다(이효정, 2014). 전문가들은 이제까지의 교육적 실제에 대한 사고의 변화와 함께 새로운 기준에 적합하고 문제행동 중재에 보다 효과적인 중재 방법을 모색하게 되었으며, 전통적으로 사용되어 오던 행동지도 방식에서 벗어나 인간 중심의 가치를 반영하는 행동 중재에 관심을 갖게 되었다(이소현, 박은혜, 2011). 전인적 존재로서 아동에게 초점을 맞추고 사회적 가치가 인정되는 성과를 강조하는 이와 같은 배경의 행동 중재를 '긍정적 행동지원(positive behavioral support: PBS)'이라고 부른다.

이후 장애학생의 문제행동 중재와 관련된 연구 흐름에서 가장 큰 변화는 장애학생들의 문제행동이 장애학생 개인의 지체 또는 결여된 능력의 문제라는 편협한 관점이 아니라 '환경 맥락 내에서 문제행동의 목적을 이해하는 것'으로 그 이해의 폭이 넓어졌다는 점이다. 아울러 예방적 노력 없이 문제행동 자체의 감소에만 중점을 두게 되면 학생 중심의 개별화된 전략보다는 지시 중심의 방법들을 더 많이 사용하게 되기 때문에 교사와 학생 간 강제 과정(coercion process)에 빠질 위험이 높아진다(Coleman & Webber, 2002)는 데 인식이 모아졌다. 이렇게 예방과 교육적 노력 없는 사후 반응적이고 처벌적인 행동 중재에 대한 반성과 변화의 필요성으로 인해 제기된 긍정적 행동지원은 문제행동을 다루는 관점을 근본적으로 바꾸고 있다.

Carr를 비롯한 여러 학자들은(Carr et al., 2002) 행동심리학, 특수교육, 장애인을 위한 지역사회 서비스 제도의 향상을 통해 발전한 응용행동분석과 개인중심계획, 자기결정, 통합의 네 가지 주요 요소들이 긍정적 행동지원의 발전에 기여하였다고 본다. 이러한 요소들의 구체적인 기여 사항은 다음과 같이 정리될 수 있다. 즉, 긍정적 행동지원은 행동중재를 위한 응용행동분석의 체계적이고 과학적인 틀과 교수법을 활용하며, 이러한 중재가 개인 중심의 협력적 팀을 기반으로 개인의 삶의 질 증진을 위한 접근이 되어야 한다. 그리고 문제행동은 제거의 대상이라기보다는 개인의 성취와 조절을 위한 행동이라고 보는 것이 타당하며, 문제행동을 보이는 개인을 환경에서 분리해서 교정하려 할 것이 아니라 자연스러운 통합 환경이 학생들의 참여와 학습을 위해서 변화되어야 한다는 내용이 긍정적 행동지원의 주요 가치를 제공하고 있다. 다음 〈표 1-1〉에서 긍정적 행동지원의 네 가지 요소들이 긍정적 행동지원의 이론적 틀을 구성하는 데 기여한 가치들에 대하여 보여 준다.

❋〈표 1-1〉 긍정적 행동지원의 이론적 틀 구성에 영향을 미친 네 가지 주요 요소

영향 요소	제공되는 주요 가치
응용행동분석 (applied behavior analysis)	• 행동주의 혹은 조작적 심리학의 체계적·과학적 적용을 의미하는 응용행동분석에 근원 • 인간의 행동과 학습에 관한 4단계 행동발생 모형(배경사건-선행사건-행동-행동 결과) 제공 • 직접교수, 체계적 교수법, 교육과정 수정, 자기 관리 전략 등 효과적인 교수법과 행동 관리 중재 방법 • 기능분석(functional analysis)의 원리와 방법 및 행동 기능의 개념을 PBS 체계 내에 도입
개인중심계획 (person centered planning: PCP)	• 협력적 팀 내에 장애학생과 그의 삶에서 중요한 사람들을 포함 • 프로그램 중심이 아닌 개인 중심 지원이 되어야 함 • 지원의 방향과 중재의 질 평가 시 '삶의 질'에 중점을 두어야 함 • '개인'을 강조함으로써 장애인이 차이점보다 유사점을 더 많이 지닌 인간이라는 점을 깨닫게 함 • 장애학생의 가족과 친구들까지 포함한 팀 접근과 협력이 중요한 가치임

자기결정	• 자신의 삶을 주도하고 조절하는 데 '1차적 결정권자(primary causal agents)'가 되기 위한 역량 강화 기술을 가르치고 기회를 제공해야 함 • 장애학생을 계획 과정에 포함시키고 선호도를 프로그램에 반영하면서 학생과 파트너십을 형성함 • 자기결정에 방해가 되는 환경적 장애물을 없애고 개인적인 선호도와 조절력을 추구할 수 있는 기술을 증진해야 함 • 문제행동은 제거의 대상이 아니라 '개인이 성취와 조절을 위하여 무엇인가를 하고 있다'고 보는 것이 타당함 • 대안적 방법을 교수하거나 선택과 조절 기회를 제공하지 않는 환경을 변화시키지 않은 채 문제행동만을 제거하는 것은 자기결정 권리를 박탈하는 것임
통합	• 교육적 · 행동적 '교정(remediation)'을 목적으로 일단 제외하여 분리된 환경에 배치했다가 특정 기준이 성취된 후에 주된 환경으로 다시 합치는 개념이 아니라, 교수 및 조정을 포함하는 특별한 서비스를 통합 환경 내의 개인에게 가져오는 것 • 문제행동에 영향을 미치는 학급의 상황에 대한 지속적인 환경 수정을 통하여 학생이 잘 참여하고 일반교육 환경의 경험을 통하여 혜택을 받을 수 있도록 해야 함 • 성공적인 통합을 위해서는 장애학생들이 특정 목표 기술을 보여야 하는 것이 아니라, 사회와 교육적 환경이 통합환경에서의 학생들의 참여와 학습을 위해서 변화되어야 함

출처: Bambara & Kern(2005), pp. 3-10에서 발췌함

1997년 개정된 미국 장애인교육법(IDEA)에서는 학생의 행동문제를 다루기 위해 '긍정적 행동 중재 및 지원전략(positive behavior interventions & supports)'을 고려하도록 하는 내용을 포함했으며 이후 특수교육 분야의 관심이 본격적으로 시작되었다(Dunlap, Sailor, Horner, & Sugai, 2011). 우리나라에는 1990년대 초반부터 관심이 확대되어 연구와 실제를 통해 점점 더 활발하게 적용되고 있다.

(2) 긍정적 행동지원의 정의 및 특징

긍정적 행동지원은 기본적인 삶의 목표를 성취하는 데 방해가 되는 아동의 문제행동을 감소시킴과 동시에 이러한 목표를 성취하는 데 필요한 물리적, 사회적, 교육적, 의학적, 기술적 지원을 제공하는 폭넓은 접근이라고 정의할 수 있다(Dunlap & Carr, 2007). 따라서 효과적인 환경 구성과 적절한 교육 프로그램을 통하여 문제행동의 예방 및 교정에 초점을 둔 지원, 프로그램, 기타 중재를 제공하며, 이를 위하여 팀의 협력과 문제해결 과정을 강조한다(Janney & Snell, 2008).

긍정적 행동지원의 목적은 아동이 자신의 삶을 안전하고 건강하게 살아갈 수 있도록 문제행동을 감소시키고 기능적인 기술을 증진시키는 것이다. 따라서 아동의 문제행동에만 초점을 두고 지도하기보다는 보다 폭넓은 협력적 시스템 안에서 체계적이고 전반적인 접근을 통하여 문제행동을 예방하고 대체행동을 교수함으로써 아동으로 하여금 자신의 삶 속에서 긍정적 관계를 형성하고 성공적으로 참여할 수 있도록 개별적으로 지원하고자 한다(이소현, 박은혜, 2011). 긍정적 행동지원은 다음 〈표 1-2〉와 같은 여덟 가지 요소들을 특징으로 하고 있다(Bambara & Kern, 2005).

❋<표 1-2> 긍정적 행동지원의 주요 요소 및 특징

주요 요소	특징
생태학적 접근	• 문제행동은 환경적 사건이나 조건이 행동을 유발하거나 지원하기 때문에 발생 • 자신의 필요 충족을 위한 다른 효과적 수단을 가지지 못했다는 신호 • 문제행동 중재 첫 단계에서 행동을 유발하는 환경을 바라보아야 함
진단 기반 접근	• 환경적 사건과 개인의 반응, 문제행동이 개인에게 제공하는 목적이나 기능 사이의 관계를 이해하는 틀로서 기능분석 사용 • 학생을 위해 중요한 삶의 성과를 성취하도록 하는 개인중심 접근 적용
맞춤형 접근	• 개인의 필요, 선호도, 학교, 가정, 지역사회 환경에 맞도록 중재 구성

예방적·교육적 접근	• 문제행동에 기여하는 환경적 조건을 변화 • 문제 상황에서 원하는 성과를 얻기 위한 대체적 방법과 미래의 문제 상황을 변화시키기 위해 필요한 기술 지도
삶의 방식과 통합 중심	• 전반적 삶의 방식에 변화를 유발하는 폭넓은 성과에 초점(예: 또래와의 우정 향상, 전형적 학교 활동과 가족 및 지역사회 참여 증진 등)
종합적인 접근	• 예방, 대체 기술 교수 및 삶의 방식을 개선하고자 하는 종합적 특성 • 문제행동 예방과 삶의 방식 개선을 위한 복수의 중재 전략 포함
팀 중심의 접근	• 부모, 교사, 학교행정가, 행동지원 전문가, 장애학생을 포함한 팀 협력 • 중재의 목표가 모든 참여자에게 의미 있는 것이어야 함
대상자 존중	• 연령에 적절하고 정상화되며 통합 환경에서 긍정적 이미지를 촉진하기 위해 계획(낙인, 창피, 고통 ×) • 개인 이해, 개인의 입장에서 문제행동을 이해하고 필요와 선호 도, 관심에 반응
장기적인 효과 중심	• 장애학생이 새로운 환경에 성공적으로 적응하도록 도와주기 위 하여 생애주기별 지원을 필요로 한다는 사실에 근거함 • 지속적인 환경 수정과 새로운 상황에 대한 교수를 통해 장기적 예방과 성과가 가능하다고 봄

출처: Bambara & Kern(2005), pp. 16-20에서 발췌함

2. 학교차원 긍정적 행동지원이란 무엇인가

1) 학교차원 긍정적 행동지원의 정의

전통적으로 학교에서 학생들의 문제행동을 다루는 방식은 처벌과 배제였다 (Gottfredson, Gottfredson, & Hybl, 1993; Tolan & Guerra, 1994). 문제행동을 보이는 학생들은 꾸중, 권리 박탈, 교무실 호출, 방과 후 학교에 남기, 정학 등의 징계를 받아 왔다. 이러한 훈육 방법이 전제하는 것은 반응적이고 엄한 대응이 미래의 문

제행동 발생을 막아주고 학생들이 친사회적 적응행동에 참여하도록 가르치고 격려해 주며, 파괴적 행동을 하는 학생을 제외시켜 다른 학생들을 보호하고자 하는 것이었다.

그러나 학교가 학생들의 문제행동에 대해 분명하고 일관된 전통적 훈육 방법을 사용하더라도 지각, 공격성의 증가, 공공시설 파괴 등의 문제행동이 줄어들지 않자(Bambara & Kern, 2005), 학교 현장이 현재 직면한 문제를 개선하기 위해서는 보다 반응적이며 예방적인 부분에 중점을 둔 확장적 행동지원이 필요하게 되었다.

학교차원 긍정적 행동지원(School Wide Behavior Support: SW-PBS)이란 바람직한 행동의 교육과 강화를 통해 부적절한 행동을 예방하면서 중요한 사회적, 학업적 성과들을 성취하기 위한 보다 확장된 범위의 체계적이고 총체적인 학교 접근이다(Sugai & Horner, 2008). 따라서 학교차원의 긍정적 행동지원은 '특정 교육과정이나 중재 프로그램이 아니라 행동이나 학급 관리 및 학교 훈육 체계와 관련된 과학적 기반의 실제를 채택하고 실행하며 유지시키기 위해서 고안된 접근'이라고 할 수 있다.

학교차원 긍정적 행동지원은 학교 내 모든 학생의 행동을 다루기 위하여 그동안 '학교 내 문제행동을 보이는 학생들을 위해서만 제공되어온 행동지원의 기본적인 요소들을 전반적인 학교 상황에 적용'하게 된다. 이를 위해 행동지원 연속체라는 하나의 구조 속에서 학생의 요구에 맞는 효과적이고 효율적인 중재를 개발해 모든 학생을 위한 적극적이고 예방적인 중재를 실행하고자 하며, 적용 수준을 다양화하여 만약 중재가 일정 시간 동안 충실하게 실행되었는데도 학생이 긍정적으로 반응하지 않는다면 다음 단계의 다른 중재가 실행되어야 함을 의미한다.

가장 대표적인 행동지원 연속체 모형은 다층적 예방 모형(Multitiered Prevention Model of Behavior Support)이다(Walker et al., 1996). 이 연속체 안에서 학교는 중재에 대한 학생의 0반응에 기초하여 학생들이 지원을 받을 수 있도록 증거 기반의 실제와 체제를 구성하고 지원 강도를 결정하는데, 지원 강도는 학생이 보이는 문제행동의 강도가 증가함에 따라 다층적 행동지원 연속체의 상위로 가면서 함께 증가한다. 다층적 행동지원 예방 모형은 [그림 1-1]과 같이 나타낼 수 있는데 이 모형에서 행동지원은 1차 예방(universal prevention, 보편적 지원), 2차 예방(targeted prevention, 소집단 지원), 3차 예방(individualized prevention, 개별 지원)의 세 단계로 구성된다.

1차 예방 단계인 보편적 지원은 모든 학생에게 행동지원이 필요하다는 가정 하에(Everson & Emmer, 1982; Sprick, Sprick, & Garrison, 1992), 모든 성인이 참여하여 모든 상황과 시간대에 적용한다. 이 단계의 목적은 적절한 행동을 적극적으로 지도하는 예방적 교수를 통해 문제행동에 즉각적으로 반응하면서도 예측 가능하고 강화 중심의 일관성 있는 학교 문화를 형성하는 것이다. 1차 예방 단계는 보편적 전략을 사용하는 단계로 80~90% 정도 아동의 필요를 다루게 된다.

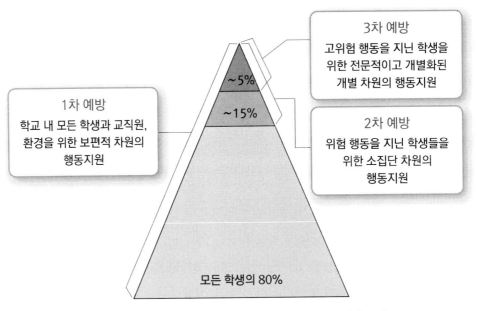

[그림 1-1] 학교차원 긍정적 행동지원을 위한 3층식 예방 모델

출처: Sugai & Horner(2002a), p. 38.

2차 예방은 문제행동을 일으킬 위험을 지니고 있지만 집중적인 개별적 중재가 필요하지 않은 5~15% 아동을 위한 것으로, 1차 예방보다 행동지원이 더 많이 필요한 학생들을 위해서 행동지원 강도를 증가시킨다. 이들은 학업 실패, 가족과 지역사회의 지원 제한, 혹은 장애로 인한 문제행동을 보인 내력을 가지고 있으며 추가적인 도움을 받지 않는다면 지속적인 문제행동 유형으로 발전될 위험이 있다.

3차 예방은 가장 집중적인 행동지원이 필요한 약 5% 아동들을 위한 것으로 이 학생들은 개별화되고 종합적인 지원을 받는다. 집중적 · 개별적 행동지원 설계 연구 결과 기능 진단과 종합적인 지원 계획, 적절한 인력과 자원, 의사결정을 위한 자료의 적극적 사용과 잘 조화될 경우 아동 행동의 개선을 관찰할 수 있다(Carr et al., 1999; Didden, Ducker, Korsilius, 1997; Horner, Sugai, & Sprague, 1999).

2) 학교차원 긍정적 행동지원의 주요 요소

학교차원 긍정적 행동지원의 핵심 특징이자 이를 성공적으로 실행하기 위해 필요한 구성 요소는 성과(outcome), 실제(practice), 체제(system), 데이터(data)의 네 가지로 [그림 1-2]와 같이 요약할 수 있다(Bambara & Kern, 2005; Sugai & Horner, 2002; 2008; Yell et al., 2009).

학교차원 긍정적 행동지원의 첫 번째 요소는 학생들의 '성과(outcome)'에 중점을 두는 것이다. 학교는 우리 사회에서 생활하는 데 필요한 학업 기술과 사회적 기술을 배우는 환경으로 여겨져 왔으며, 학교차원 긍정적 행동지원은 이러한 성과를 성취하는 데 필요한 행동지원을 제공하는 것이다. 학교차원 긍정적 행동지원의

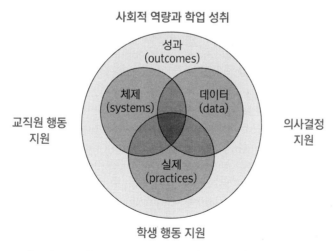

[그림 1-2] 학교차원 긍정적 행동지원의 네 가지 구성 요소

출처: Sugai & Horner(2002a), p. 30.

두 번째 구성 요소는 교사가 학급 관리와 행동 관리를 위해서 교육과정, 학급관리, 교수적 절차, 보상 등 연구 결과로 입증된 실제(practice)를 사용해야 한다는 것이다. 세 번째 특징은 효과적인 실제를 유지하는 데 필요한 체제(system)를 강조한다는 것이다. 이러한 체제 내에는 정책, 직원 배치 유형, 예산, 팀 조직, 행정가의 지도력, 직원 훈련 등 학교 내 성인들의 행동에 영향을 주는 행동 계획이 포함된다. 효과적 실제를 사용하기 위해서는 체제가 반드시 필요하다. 네 번째 특징은 의사 결정을 위한 자료(data)들을 적극적으로 수집하고 사용하는 것이다. 즉, 학교에서 아동들의 학업 성취, 사회적 능력과 안전에 관한 자료를 지속적으로 수집해야 하고 학교 향상을 위한 방법을 결정하는 데 적극 활용하여야 한다.

3) 학교차원 긍정적 행동지원 관련 연구 동향 및 적용 성과

(1) 학생에게 미친 영향

다층적 예방 체계로 구성된 학교차원 긍정적 행동지원의 실행은 2000년 이후 미국 전역의 학교에서 급속히 확산되어 왔으며(Flannery, Sugai, & Anderson, 2009), 이후 우리나라에서도 학교차원 긍정적 행동지원의 성과를 보고하는 다양한 연구 결과가 산출되고 있다. 그 가운데 가장 중요한 효과는 학생들에게 미치는 긍정적인 영향이라고 할 수 있다. 학교차원의 긍정적 행동지원의 실행 효과는 학생 행동에서의 향상과 학업에서의 향상으로 나누어 살펴볼 수 있다.

먼저 학교차원 긍정적 행동지원 효과를 분석한 연구에서 나타난 학생 성과를 보면 문제행동이 감소하였고(김미선, 2006; 김정선, 여광응, 2005; 여희영, 2010; 이가정, 2011; Simonsen et al., 2010; Frazen & Kamps, 2008), 훈육실 의뢰(Flannery et al., 2013; Bohanon et al., 2006; Warren et al., 2003)와 정학 비율이 감소했으며(Cutis et al., 2010; Turnbull et al., 2002), 타임아웃 시간(Warren et al., 2003)과 지각 및 무단 결석일(Caldarella et al., 2011)이 줄어드는 성과가 나타났다. 이러한 변화는 교실에서만이 아니라 학교 내 식당, 운동장, 버스, 놀이터 등 모든 장소에서 일관되었다(Lewis et al., 1998, 2002).

학교차원 긍정적 행동지원을 실행하는 학교에서는 학생들의 행동이 향상될 뿐 아니라 학업 성적이 향상된다는 것을 연구 결과로서 밝혀 주고 있다. 초등학교와 중학교 학생 대상의 학교차원 긍정적 행동지원 실행 후 행동과 학업에서의 학생 성과를 조사한 연구 결과 훈육실 의뢰 수와 정학 수가 감소했고, 읽기와 수학 점수 등이 향상되었음이 나타났다(Luiselli et al., 2005; Lassen et al., 2006; Horner et al., 2009). 우리나라에서 학교차원 긍정적 행동지원을 지적장애 특수학교 학생들에게 적용한 김영란(2012)의 연구에서는 학생들의 수업참여행동과 개별화교육계획(individualized educational program: IEP) 목표 성취 수준이 증가함을 보이고 있어, 향후 학생들의 학업 성취에 긍정적 영향을 미칠 것임을 예상할 수 있다. 이는 학교차원 긍정적 행동지원 중재를 통하여 문제행동이 줄어들면 그만큼 수업에 더 많은 시간을 할애할 수 있기 때문에 학업 성취를 향상시킬 수 있다는 해석이 가능하다.

학교차원 긍정적 행동지원은 만성적 문제행동을 가지고 있는 장애학생의 경우에도 바람직한 변화를 가져왔다(Miller et al., 2005; Simonsen et al., 2010; 김미선, 2006). 학교차원 긍정적 행동지원이 장애학생에게 중요한 이득을 제공하는 이유는 긍정적 행동지원을 실행하는 학교의 교사들이 학교 내의 '모든' 학생에 대해 책무성을 느껴 더 헌신할 수 있고, 학교차원 긍정적 행동지원 체계를 통해 이들 학생이 2차, 3차 예방과 같은 더 집중적인 중재를 받을 가능성이 크며, 긍정적 행동지원의 팀 구조를 통하여 더 강력한 지원이 필요한 장애학생에게 협력적 중재를 제공할 수 있기 때문이다(손유니, 2015).

(2) 교사에게 미친 영향

연구들은 학교차원 긍정적 행동지원의 긍정적 성과가 교사에게도 나타남을 보이고 있다. 학교차원 긍정적 행동지원을 실행할 경우 교사효능감을 향상시킬 뿐 아니라(손유니, 2015; Kelm & Mcintosh, 2012; Ross & Horner, 2007), 소진(burnout)을 줄이는 성과를 가져왔다. Ross 등(2012)의 연구에서는 학교차원 긍정적 행동지원의 실행충실도가 높은 학교와 낮은 학교의 교사 대상 연구에서 실행충실도가 높은 학교의 교사들이 낮은 학교의 교사들보다 교사효능감이 높았고 정서적 소진감은 더 낮았음을 보고하였다. 또한 30개의 초등학교 교장과 교사들을 대상으로 설문조사와 면담을 병행한 연구 결과에 따르면 학교차원 긍정적 행동지원은 교사들의 직업만족도에도 긍정적 영향을 미치고 있었다(Ritcher, Lewis, & Hagar, 2012).

한편 학교차원 긍정적 행동지원을 실행한 교사들의 성과는 학생 성과와 상호 관련된다고 볼 수 있다. 학교차원 긍정적 행동지원에 참여한 교사들과의 면담에서 교사들은 학생 행동 관리와 관련된 이해의 심화, 실천의 구체화, 신념의 변화를 경험했으며 이와 같은 교사의 변화는 학생들의 성과로 이어졌다(손유니, 2015). 이에 대해 김영란(2012)은 '교사의 변화 요소들과 학생의 성과는 서로 영향을 주고받으며, 교육적이고 예방적인 행동관리의 필요성을 알게 된 교사는 적용과 실천 노력을 지속적으로 기울이게 된다. 이러한 노력을 통해 학생 성과가 증진되고 학생 성과는 교사의 신념이 변화되는 계기가 되었으며 신념의 변화는 교사들이 예방적이고 교육적인 행동관리 방법들을 지속적으로 실천할 수 있도록 하는 추진력이 되었다'고 분석하고 있다.

(3) 학교 분위기에 미친 영향

학교차원 긍정적 행동지원의 실행은 학교 분위기(school climate)에도 긍정적 영향을 미친다. 학교 분위기란 다른 학교와 구분되는 학교의 특징으로 교사의 생산성과 수행, 협력, 의사소통, 만족도, 소진 및 학생들의 학업 성취에도 영향을 미치는 중요한 요인이다. 학교차원 긍정적 행동지원 실행 학교 교사들은 안전과 사회적 환경의 질에 대한 인식이 미실시 학교 교사들보다 높았으며(Horner et al., 2009), 관리상의 훈육지도 빈도가 줄고 학생 간의 관계, 교수 환경, 학습과 평가, 태도와 문화, 안전과 같은 학교 분위기가 유의하게 향상되었다(김미선, 2006). 대안학교 중등학생(여희영, 2010)과 학교차원 긍정적 행동지원을 실행한 4개의 중학교 교사들을 대상으로 한 연구(Caldarella et al., 2011)에서도 학교 분위기가 증진되었음을 보여 주었다. 이 밖에 학교차원 긍정적 행동지원 실행 결과 학생들의 학교생활만족도가 향상되거나(강삼성, 이효신, 2013; 윤예니, 2009), 교사와 학생 간의 상호작용이 늘어나기도 하였다(Simonsen et al., 2010).

(4) 학교차원 긍정적 행동지원 실행 관련 요인 연구

학교차원 긍정적 행동지원 관련 연구가 이어지면서 긍정적 행동지원 체제가 도입되었을 때 모든 학교에서 똑같이 효과가 나타나는 것이 아니라는 사실이 밝혀졌다. 이에 따라 학교차원 긍정적 행동지원의 성공적 실행을 촉진하는 요인과 방해하는 요인을 파악하거나(Lormann et al., 2013; Kincaid et al., 2007), 긍정적 행동지원이 학교 현장에 자리를 잡고 난 후 지속적으로 유지되게 하는 데 영향을 미치는 요인들을 분석한 연구가 행해지고 있다(Coffey & Horner, 2012; Mcintosh et al., 2014).

앞 연구 결과들을 바탕으로 학교차원 긍정적 행동지원의 실행과 유지에 긍정적 영향을 미치는 요인을 정리해 보면 ① 관리자의 관심과 참여가 높을 경우, ② 직원들이 긍정적 행동지원 운영에 대해 수용적 태도를 가질 경우, ③ 긍정적 행동지원에 대한 교사들의 지식과 실행 능력이 우수할 경우, ④ 긍정적 행동지원 팀 운영 및 팀원 간에 유기적인 협력이 이루어질 경우, 그리고 ⑤ 운영의 효과성 및 효율성을 증진하기 위해 구체적인 자료를 수집하고 활용이 이루어질 경우에는 긍정적 행동지원의 성공적 실행을 담보할 수 있다(손유니, 2015). 반면 각 요소들이 제대로 충족되지 않을 경우 긍정적 행동지원의 성공적 실행을 저해할 것임을 예상할 수 있다.

❋<표 1-3> 학교차원 긍정적 행동지원의 실행과 유지에 영향을 미치는 요인들

관련 요인	최대 실행	최소 실행
관리자의 관심과 참여	• 학교차원 긍정적 행동지원을 중요 사업으로 선정 • 재정적 지원 • 회의시간 배정 • 실질적 지원(예: 회의 참석) • 교직원 태도와 수용에 영향 • 교직원 실행충실도 증진(그 결과 학생 성과 향상) • 교육청의 인적 · 물적 · 정책적 지원	• 학교차원 긍정적 행동지원 운영 자체가 어려움
직원들의 수용도	• 새로운 실제가 학생의 학습과 행동 개선에 효과적이고, 쉽게 적용 가능하다는 믿음을 가질 경우 • 적어도 3년간 실행을 유지하는 것에 대한 교직원 80%의 동의 경우(Sugai & Horner, 2006)	• 초기에 교직원들의 수용 준비 및 동의 절차를 거치지 않는 경우 방해 요인으로 작용

교사의 전문성	• 전문성 향상을 위한 교사연수 및 지속적 코칭과 자문 요망	• 새로운 실제 실행을 위한 지식과 기술 부족의 경우 방해요인으로 작용
팀 운영 및 팀원 간 협력	• 실행충실도 및 성과 개선 가능성이 높아짐 • 책무성 공유 및 협력적 의사결정에 유리함	• 팀 운영이 잘되지 않을 경우 방해요인으로 작용
의사결정을 위한 자료 사용	• 효과성과 효율성의 체계적 평가를 위한 구체적·시각적 틀 사용(예: 교직원의 요구, 실행충실도, 학생 성과에 대한 지속적 자료 수집) • 긍정적 행동지원 성과(학생 변화 등) 체험을 통한 수용도 증진 • 성과 확인을 통해 성공적 실행을 축하하고, 반대 경우 원인 분석을 통해 개선할 경우	• 성과 미확인으로 인해 실행에 대한 사기 저하로 방해요인으로 작용

출처: 손유니(2015), pp. 37-40에서 발췌함

(5) 우리나라 학교차원 긍정적 행동지원 실행 및 연구 동향

우리나라에서 긍정적 행동지원에 대한 논문이 처음 발표된 것은 2000년이었으며, 2008년 이후 논문 수가 대폭 늘어난 것을 볼 때 긍정적 행동지원의 실행과 연구에 대한 관심이 높아지고 있음을 알 수 있다(손유니, 2015). 학교차원 긍정적 행동지원 관련 연구는 국내·외 긍정적 행동지원 연구 동향을 분석한 문헌연구(김영란, 2009; 이수정, 2008; 김경양, 남보람, 김영란, 박지연, 2010; 김영란, 이숙향, 2009; 문병훈, 이영철, 2014; 김지영, 고혜정, 2014; 차재경, 김진호, 2007)와 학교차원 긍정적 행동지원을 일정 기간 실시한 후 관련 요인을 분석한 실험연구(김미선, 2006; 김영란, 2012; 손유니, 2015; 최승희, 이효신, 2015; 이가정, 2010; 여희영, 2010), 그리고 질적연구 방법인 자문화기술지(autothnography) 연구(박계신, 2013) 등이 있다.

그러나 우리나라에서 학교 내 모든 학생과 교직원을 대상으로 학교차원 긍정적 행동지원을 실시한 후 결과를 보고한 연구는 박계신(2013)의 사례 외에 찾기가 어렵다. 그 외 연구는 일반 초등학교 6학년 대상(김미선, 2006), 특수학교 초등 과정

(김영란, 2012) 혹은 중학교 과정(최승희, 이효신, 2015; 이가정, 2010), 대안학교 중등 과정(여희영, 2010) 학생에 대한 보편적 지원과 특정학생에 대한 개별 지원 실행 효과를 보고한 연구들이 있다. 논문 제목에서 학교차원 긍정적 행동지원을 실행한 다고 했지만 실제 연구에서는 3차 예방인 개별 지원만을 실행하거나, '학급차원 긍정적 행동지원'이라는 표현을 사용하는 경우도 발견되었다. 우리나라의 학교차원 긍정적 행동지원 운영 실태를 살펴볼 때, 2000년 이후 관심이 높아지고 현장 적용이 시작되었지만 연구자의 실험연구 수행 등을 목적으로 학교차원 긍정적 행동지원을 한시적으로 적용한 경우가 많아 현재까지 실행이 계속되고 있는지 파악하기가 쉽지 않다.

한편 우리나라는 아직까지 학교차원 긍정적 행동지원 도입 및 실행 초기라 할 수 있지만, 2012년부터 서울시교육청에서는 국외 연구에서와 같이 2~5년 이상의 장기적 시행 의도를 가지고 대학교수와 전문가 집단을 긍정적 행동지원 컨설팅지원단으로 위촉하고 있다. 이후 특수학교 및 일반학교 대상의 긍정적 행동지원단을 공모하여 예산과 행정적·교수적 지원을 시행한 결과 2016년에는 서울시에서 학교차원 긍정적 행동지원 실시 특수학교가 7개교로 확대되었다. 이와 함께 긍정적 행동지원에 대한 특수교육 분야의 관심이 매우 높아져 전국적으로 교사 연수 및 워크숍 등이 활발히 이루어지고 있으며, 학교차원 긍정적 행동지원에 대한 실행 의지가 확산되고 있는 상황이다. 2017년 현재 서울의 다수 특수학교가 서울시교육청 '공모사업선택제'의 일환으로 학교차원 긍정적 행동지원 운영을 결정하였다. 그리고 교육부에서는 전국 각 시도 특수학교에 특별교부금을 전격적으로 배부함으로써 '문제행동 중재 프로그램'(학교차원 긍정적 행동지원과 유사한 의미로 사용) 운영을 사실상 '명령' 하기에 이르고 있다.

제2장
학교차원 긍정적 행동지원의 적용

학교차원 긍정적 행동지원이란 학교 전체의 체제 개선 노력 속에서 전교생을 대상으로 실행하는 보편적 지원(1차 예방)과 1차 예방의 영향을 비교적 받지 않는 학생 대상의 소집단 지원(2차 예방), 보다 강도 높은 지원이 필요한 학생을 대상으로 하는 개별 지원(3차 예방)을 포함한다. 이 장에서는 학교차원 긍정적 행동지원의 보편적 지원, 소집단 지원, 개별 지원 실행 단계 및 절차와 학교차원 긍정적 행동지원 실시 이전에 선행되어야 할 학교 전체의 체제 개선 노력에 대하여 순서적으로 기술하고자 한다.

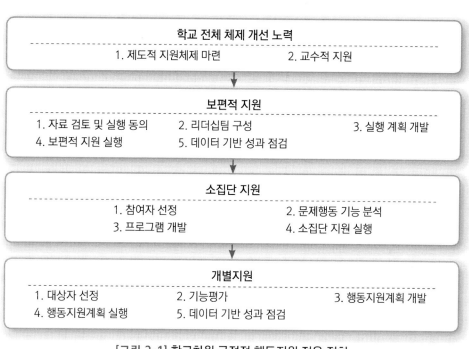

[그림 2-1] 학교차원 긍정적 행동지원 적용 절차

📖 1. 학교 전체의 체제 개선을 위한 노력

　학교차원 긍정적 행동지원의 성과를 극대화하기 위해서는 학교 관리자를 비롯해서 교직원과 관계자들의 협의를 통해 제도적 지원 체제를 갖출 필요가 있다. 일선 학교에서는 학교차원 긍정적 행동지원 운영이 아니더라도 학생들의 교육과정 운영을 위해 1년 내내 다양한 행사와 업무가 바삐 진행되고 있다. 이와 같은 상황에서 충분한 분위기 조성과 합의가 부족한 채로 학교차원 긍정적 행동지원을 도입하고자 할 경우 구성원들에게는 자칫 '한 가지 더'인 '새로운 일거리'로서 부과될 수 있을 것이다. 따라서 학교차원 긍정적 행동지원을 실질적으로 의미 있게 운영하기 위해서는 프로그램 도입 이전에 시간을 갖고 구성원들의 동의를 충분히 이끌어 내고 정책과 시간 운용, 협력적 의사소통체계, 자원의 재배치, 물리적 환경 개선 등 학교 전반의 제도적 지원 체제를 갖추어 두어야 한다.

일반 초등학교에서 학교차원 긍정적 행동지원을 추진했던 김미선의 연구(2006)에서는 운영팀 교사들과의 협의를 거쳐 〈표 2-1〉과 같은 학교 체제 개선 원칙을 결정하였다. 통상적으로 이루어지고 있던 학교 업무와 병행하여 학교차원 긍정적 행동지원을 운영하기 위해서는 기존 학교 업무를 통폐합하는 등 구조화의 필요성이 있었기 때문이다. 구체적인 내용을 살펴보면 2주마다 운영되던 학년별 간담회를 긍정적 행동지원팀 회의로 대체하고, 결재 사항을 전자결재 시스템으로 행정직원이 일괄 처리하여 업무 효율성을 높였다. 또한 회의 시간을 1시간 이내로 정하여 불필요한 발언을 스스로 삼가는 한편 모든 참여자들의 발언 기회를 확보하고 90% 동의를 거치고자 하는 등 합리적 규칙을 적용하였다. 다음으로 업무 운영 중 참여와 효율성을 높이기 위해 운영 팀 교사 전체의 합의를 원칙으로 하면서도 상호존중과 생산적 협력을 위해 '팀원에 대한 불만과 의견의 직접 전달을 지양'하려 한 것을 볼 수 있다. 이는 업무 수행 중 의사소통 부족으로 충분히 발생할 수 있는 문제를 미연에 방지하고자 한 것이다.

✽〈표 2-1〉학교차원 긍정적 행동지원 효과 극대화를 위한 학교 체제 개선의 예

학교 체제 개선 사항	구체적 내용
학교 업무와 활동 구조화를 통한 효율적 시간관리	• 회의 시간 마련: 2주 1회 진행된 학년별 간담회를 긍정적 행동지원팀 회의로 대체 • 행정업무 간소화: 전자결재 사용, 결재를 모아 행정실 직원이 학교 관리자에게 한꺼번에 전달 • 회의 규칙 적용: 모든 참여자가 발언하되 반복 발언 금지, 참여자 90% 동의 시 다음 사항으로 진행, 회의 시 장소 이탈과 휴대폰 통화 등 개인 업무 금지, 회의 시간은 1시간 이내(1시간 초과 시 연기)

2. 보편적 지원의 운영

역할 분담을 통한 효과적 의사소통	• 월 1회 지원팀 정기 회의(교감, 학년부장, 교무부장, 교사, 연구자) • 모든 활동에 팀원 합의 원칙, 서명 • 상호존중과 생산적 협력을 위해 팀원에 대한 불만 및 의견 직접 전달 지양 • 학년 전체 사안일 경우 주1회인 학년 회의에서 논의 • 학교 체제 운영에 대한 새로운 의견이 있을 시 안건으로 포함 • 회의 결정 사항을 유인물로 교무실과 학년 연구실에 게시 • 학년 부장교사는 교감 배석 상태에서 학교장에게 보고 • 학생 전달사항은 월요조회에서 교장이 전달 • 교사 전달사항은 금요 교직원회의에서 교감이 전달

출처: 김미선(2006), pp. 72-73에서 발췌함

한편 앞의 예와 같이 회의 시간이나 행정적 절차를 효율적으로 개선하거나 물리적 환경 개선을 위해서는 학교차원 긍정적 행동지원 운영에 대한 관리자의 관심과 참여가 절대적으로 요구된다. 앞 절에서 관리자의 의지를 긍정적 행동지원 실행과 유지에 영향을 미치는 첫 번째 요인으로 제시한 바 있다. 관리자가 학교차원 긍정적 행동지원을 중요 사업으로 선정하고 운영 예산을 배정하거나 회의시간에 직접 참여하는 등 실질적인 지원을 하는 경우 최대 실행의 필요조건이 될 수 있으나, 반대의 경우에는 학교차원 긍정적 행동지원 운영이 실질적으로 어렵다. 따라서 학교차원 긍정적 행동지원 운영의 필요성에 대한 구성원들이 합의가 먼저 이루어진 경우에는 관리자의 협조를 최대한 이끌어 낼 수 있도록 충분히 설득할 필요가 있다. 반대로 학교차원 긍정적 행동지원의 가치를 관리자가 먼저 인식하게 된 경우에는 운영의 이점과 필요성에 대해 구성원을 잘 설득하고 합리적 운영 방안을 구성원과 함께 모색하여 협력에 대한 동의를 이끌어 내야 할 것이다.

2. 보편적 지원의 운영

학교차원 긍정적 행동지원 내 보편적 지원 실행 절차는 여러 연구와 문헌을 통해 알려지고 있다. 대부분의 연구에서 보편적 지원의 절차를 살펴보면 먼저 ① 학

교 내 문제행동 상황에 대한 조사와 자료 검토를 실시한 후, ② 학교차원 긍정적 행동지원을 이끌어 갈 리더십팀을 구성하여야 한다. 그리고 ③ 보편적 지원 실행 계획을 개발한 다음, ④ 보편적 지원을 실행하고 ⑤ 실행 데이터에 기반하여 운영 상황에 대한 검토가 이루어져야 한다.

[그림 2-2] 보편적 지원 운영 절차

1) 사전조사 및 자료 검토

첫 번째 절차로 학교 내 문제행동 실태를 파악하기 위해 여러 연구자들은 리더 십팀(혹은 행동지원팀)을 구성하여 대상학생들의 문제행동과 교사들의 학생 행동관 리 실태를 조사하고 자료들을 함께 검토한 후 이를 기초로 학생들의 문제행동 상황에 대해 협의하였다. 〈표 2-2〉의 내용을 참고하여 살펴보면 리더십팀 교사들은 학생들이 보이는 사소한 문제행동들과 보다 심각한 문제행동의 발생 실태에 대하여 조사했다. 그리고 이러한 행동의 발생/미발생 시간과 행동이 발생하는 장소와 당시의 상황을 파악하고, 행동에 따른 교사의 반응과 효과를 보였던 중재 전략에 대하여도 정리한 것을 볼 수 있다. 아울러 문제행동의 발생, 비발생 요소들을 정리함으로써 문제행동에 관련된 가설과 변화를 위한 방향도 함께 모색할 수 있었다.

✿〈표 2-2〉학생들의 문제행동에 대한 리더십팀 사전조사 및 협의 결과

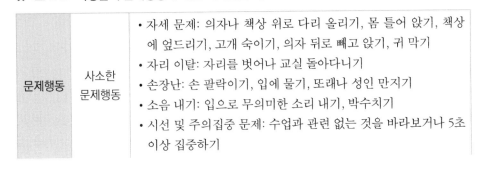

| 문제행동 | 사소한 문제행동 | • 자세 문제: 의자나 책상 위로 다리 올리기, 몸 틀어 앉기, 책상에 엎드리기, 고개 숙이기, 의자 뒤로 빼고 앉기, 귀 막기
• 자리 이탈: 자리를 벗어나 교실 돌아다니기
• 손장난: 손 팔락이기, 입에 물기, 또래나 성인 만지기
• 소음 내기: 입으로 무의미한 소리 내기, 박수치기
• 시선 및 주의집중 문제: 수업과 관련 없는 것을 바라보거나 5초 이상 집중하기 |

2. 보편적 지원의 운영

	• 허락 없이 행동하기: 교사나 친구의 허락 없이 물건이나 교구 낚아채기 • 지시 거부: 교사의 지시에도 학교생활에 필요한 자기 역할을 수행하지 않음
심각한 문제행동	• 신체적 공격: 또래나 성인을 때리기, 꼬집기, 주먹과 발로 차기, 물기 • 사소한 문제행동이 자주 일어나거나 지속되어 기존 활동을 멈추어야 할 정도

구분	문제행동 무발생과 관계되는 요소	문제행동 발생과 관계되는 요소	문제행동과 관련된 가정
시간	• 등하교 시간 • 특별실 이용 시간 • 교실 이동 시간	• 학업 교과 수업 시간 • 점심시간 • 쉬는 시간	• 문제행동은 규칙을 따르는 행동에 대한 학생들의 기술 결함 때문 • 문제행동은 어떤 상황에서 어떤 규칙을 따라야 하는지에 대한 학생들의 수행 결함 때문 • 학기 초 강의식으로 제공되는 규칙 교수가 충분한 성과를 거두지 못함 → 학생들의 이해 수준에 맞는 교수 방법과 자료를 개발하여 적용한다면 문제행동이 감소할 것이다. • 문제행동은 사전 안내나 교수보다는 문제행동이 일어난 후에야 이에 대한 지시, 신체적 촉진을 제공하는 방식으로 적용하는 현재의 교육 방법이 효과를 거두지 못하였기 때문 • 문제행동은 긍정적 행동에 대한 칭찬이나 긍정적 피드백이 거의 제공되지 않기 때문 • 언어적 지시와 질책이 즉각적인 행동 변화를 이끌기도 하지만 때에 따라 수업을 멈추어야 할 정도의 심각한 문제행동을 촉발하기도 함
장소	• 버스 승하차장 • 특별실(놀이실, 감각통합실) • 복도 • 중앙정원	• 교실 • 식당 • 화장실	
상황	• 안전 문제가 있는 버스 승하차장에서 교사를 포함해 전 교직원이 적극적인 감독 • 놀이나 운동 시설 및 교구, 기자재가 갖춰진 상황 • 교사가 미리 시설이나 교구, 기자재의 안전하고 올바른 사용법을 안내하고 감독	• 일과 변화나 특정 장소에서 지켜야 할 규칙 등에 대한 사전 안내가 부재한 시간 • 교사나 보조원이 부재하거나 다른 일로 감독을 하지 못하는 시간 • 계속되는 과제 부여 • 잦은 지시와 지적	
교사 반응	• 무관심 • 비일관적 칭찬	• 언어적 지시나 질책 • 신체적 촉진	
효과 있던 전략	• 적극적인 감독 • 사전 안내 • 보조원의 근접성 및 신체적 촉진		

출처: 김영란(2012), p. 80.

2) 리더십팀의 구성

두 번째 단계는 학교차원 긍정적 행동지원을 이끌어가는 데 핵심 역할을 하는 리더십팀을 구성하는 것이다. 리더십팀은 학교차원 긍정적 행동지원의 주요 요소들을 계획하고 정기적인 팀 협의를 통해 시행 과정상의 문제점을 논의하며 교직원들이 실행 계획을 충실하게 실천하도록 이끌어 가는 중요한 역할을 수행한다. 리더십팀은 학교 관리자를 포함하여 학교구성원의 대표자들로 구성하는데 학교 업무에 대한 결정 권한을 가진 관리자가 리더십팀원으로 참여할 경우 리더십팀 결정에 힘을 실어 줄 수 있어, 관리자가 포함되는 것이 매우 중요하다. 리더십팀 구성원의 수에 대해서는 정확한 조사가 있지는 않지만, 학교 규모에 따라 6~9명부터 대규모 학교의 경우에는 11~15명까지의 리더십팀이 꾸려질 수 있다(손유니, 2015).

아울러 리더십팀 교사들이 학교차원 긍정적 행동지원에 관한 지식을 갖추고 이를 기반으로 학교 내 보편적 지원과 개별 지원 체계를 계획하고 실행할 수 있도록 하기 위해 다음 〈표 2-3〉과 같은 리더십팀 전문성 향상 프로그램이 제안될 수 있다(손유니, 2015). 즉, 학교차원 긍정적 행동지원 운영의 필요성 및 원리, 학교 생활지도 실태조사, 학교 규칙 개발 및 지도, 강화와 교정 규칙, 기능평가와 행동지원 계획 작성 등의 전반적 내용을 다룸으로써 보편적 지원과 개별 지원 운영을 앞서서 이끌기 위한 지식과 실천을 위한 역량을 높이고자 하였다.

✿〈표 2-3〉 학교차원 긍정적 행동지원 리더십팀 전문성 향상 프로그램 예

회기	지원 단계	주제	주요 내용
1	보편적 지원	학교차원 PBS 개요	• 문제행동 지도의 어려움과 새로운 훈육방법의 필요성 • 학교의 기존 생활지도 방식 검토하기 • 학교차원 PBS의 정의 및 주요 요소, 핵심 특성
2		리더십팀 역할과 학교 규칙의 개발	• 학교 체제 변화를 위해 필요한 것들 • PBS 리더십팀 구성 및 역할 • 첫 번째 과제: 실태조사 및 검토

3		학교실태 분석과 학교 규칙 개발	• 학교 실태 및 요구조사 결과분석 • 기존 학생 문제행동 및 교사들의 생활지도 방식 검토 • 학교 규칙과 장소별 규칙 개발 및 실행 범위 정하기
4		학교 규칙 가르치기	• 학교 규칙 교수 방법 • 누가, 언제, 어디서, 어떻게 학교 규칙을 가르칠지 결정하기 • 수업지도안과 수업 자료 제작 방안
5		강화와 교정 전략	• 학교차원 강화의 목적과 사용지침, 강화 전략, 매트릭스 개발 • 문제행동을 다루기 위한 교정전략 • 위기관리계획에서 예상되는 어려움과 해결 방안 모색
6		학교차원 강화와 교정 전략 개발	• 학교차원의 강화전략 및 교정전략 개발하기 • 심각한 문제행동을 보이는 학생들을 위한 위기관리 계획하기 • 보편적 지원 실행계획서 개발하기
7		자료기반 의사결정	• 자료 수집의 필요성 및 단계 • 자료 분석 및 자료에 기반한 의사결정 • 학교의 강점과 약점 규명 • 적절한 자료수집 양식 개발하기
8		학교차원의 자료수집 방법 개발	• 기존의 생활지도와 관련한 자료 검토하기 • 보편적 지원의 성과를 평가할 수 있는 자료수집 도구 개발하기 • 자료를 수집하는 방법 및 도구 개발하기
9	개별 지원	문제행동 정의 및 기능평가	• 보편적 지원과 개별 지원의 관계 • 문제행동에 대한 이해 및 행동지원계획 개발 단계 • 문제행동 정의하기와 우선순위 정하기 • 기능평가와 교사용 체크리스트 작성하기
10		가설 개발과 선행사건 중재	• 대상학생의 기능평가 결과 발표 및 토론 • 행동지원계획 수립 단계: 가설 수립, 선행사건 중재 개발 • 선행사건 중재로서의 학급 관리 및 효과적 교수를 통한 문제예방 • 행동지원계획 개발하기 I

11	대체기술 교수 및 후속 결과 중재	• 대상학생의 선행사건 중재 실행 결과 및 효과 보고하기 • 대체 기술 교수 및 후속 결과 중재, 안전 절차 • 중재 성과 평가하기 • 행동지원계획 개발하기 Ⅱ
12	행동지원계획 실행 평가와 실행계획서 재검토	• PBS 적용 결과 보고 • 실행 과정에서 나타난 문제와 해결을 위한 브레인스토밍 • 행동지원계획 수정하기 • 프로그램 참여에 대한 피드백

출처: 손유니(2015), pp. 102-104에서 요약함

3) 보편적 지원 실행 계획 개발

세 번째는 리더십팀에서 보편적 지원 실행 계획을 개발하는 단계로, 먼저 학교차원 긍정적 행동지원 실행 절차와 보편적 지원 중재 절차를 수립하여야 한다. 이를 기초로 리더십팀에서는 기존 자료를 검토한 후 앞서 수립한 올해의 목표에 따라 학생들의 행동적 · 사회적 성과를 성취하도록 돕기 위해 학교차원에서 강조되어야 할 기대행동을 정하고 장소별 행동 규칙으로 세분화한다. 다음으로는 학생들이 규칙을 인식하고 잘 따를 수 있도록 교수, 강화, 교정전략을 개발할 수 있다.

〈표 2-4〉는 김미선 연구(2005)에서의 기대행동 사례이다. 연구자는 기대행동을 결정하기 위해 먼저 학교에서 발생하고 있는 문제행동들을 연구하여 참여 교사들과 함께 나열한 후, 중요도 서열에 따라 수업시간에 교실에서 그리고 이동시간에 복도에서 반드시 지켜야 하는 규칙과 위배되는 행동들을 정리하였다. 이후 학교 구성원이 함께 '○○초등학교 주인다움'이라는 구호를 정하고 교실에서 수업시간에 지켜야 할 규칙과 복도에서 이동시간에 지켜야 할 규칙, 그리고 규칙을 실천했을 때 받을 보상과 위반했을 때 필요한 재지도 규칙(Jones, Dohrn, & Dunn, 2004)을 결정했다. 이후 학생들은 학교 전체에서 기대되는 일반적인 행동과 교실, 복도에서 요구되는 행동 규칙을 학습했다.

❋<표 2-4> 리더십팀에서 결정한 기대행동의 예

<table>
<tr><td colspan="2">학교 구성원 전체에게 기대되는
행동과 정의(학교 규율)</td><td>○○초등학교 주인답자!
• 우리 자신을 존중하자.
• 안전을 지키자.
• 다른 사람을 존중하자.</td></tr>
<tr><th>상황</th><th>세부행동 규약</th><th>학교규율과의 관계성</th></tr>
<tr><td>수업시간
(교실)</td><td>1. 자신의 입을 단속하자.
2. 교사의 지시를 따르자.
3. 학급비품이나 자신의 물건을 사용한 후 정리하자.
4. 정중한 단어를 사용하자.
5. 주어진 일에 최선을 다하자.</td><td>1: 우리 자신을 존중하자.
2, 4: 다른 사람을 존중하자.
3, 5: 안전을 지키자.</td></tr>
<tr><td>이동시간
(복도)</td><td>1. 걷자: 달리거나 뛰거나 미끄러지는 것이 아님
2. 통행방향을 준수하자: 좌측통행
3. 적당한 톤으로 이야기하자.
4. 자신의 몸을 간수하자: 손으로 타인을 치지 않고 발로 물건이나 급우를 차지 않는다. 물리적 공간을 확보하자.
5. 통로를 깨끗이 하자.</td><td>1: 우리 자신을 존중하자.
2, 4, 5: 안전을 지키자.
3: 다른 사람을 존중하자.</td></tr>
</table>

출처: 김미선(2006), p. 58.

4) 보편적 지원의 실행

네 번째 단계에서는 학교차원 긍정적 행동지원 참여 성인들이 앞의 과정에서 수립된 보편적 지원 계획을 실행하여야 한다. 이를 위해 참여 교사를 대상으로 리더십팀에서 결정한 보편적 지원 실행 계획을 자세히 설명한 후 교수 방법과 강화, 교정 전략을 정확하고 일관되게 실행할 수 있도록 지도 자료를 제공하고 중재 방법을 안내하도록 한다.

효율적인 학교차원의 긍정적 행동지원 운영을 위해 광범위한 중다요소 중재 계획의 필요성이 지적됨에 따라 대부분의 연구에서는 교실 행동 중재, 사회적 기술 교수, 또래 교수, 토큰 강화, 교사 훈련, 단서 제공, 기능평가, 사전교정과 감독, 행동지원팀의 강화와 지원, 선행사건 중재, 환경에서의 직접 교수, 사전 예방적 전략 사용 등 다양한 중재 전략을 교수 방법으로서 복합적으로 사용하고 있다. 예를 들어, 김영란의 연구(2012)에서는 기대행동과 세부 규칙을 교수하기 위한 전략으로 방송조회 훈화와 담임교사가 실시하는 실제 교육환경에서의 직접 교수, 사전 예고제 교수 방법을 사용하였으며, 김미선(2005)은 학교 환경과 교수 구조 개선, 사전 교수, 집단강화, 질서 당번제, 사회적 기술 교수, 교실 행동 관리 방법을 적용하였다.

규칙 준수의 경우 제공되는 강화 전략으로는 토큰 경제와 집단강화, 사회적 강화 방법이 많이 사용되고 있으며, 규칙을 지키지 못한 경우에는 재지도 방법을 적용한다. 아울러 문제행동을 보이는 경우에는 문제행동 수준에 따라 후속 결과의 범위를 제한하는 방식으로 교정(corrective) 전략을 적용할 수 있다(Scheurmann & Hall, 2008).

실행 교사들이 계획된 일정에 따라 보편적 지원 전략 실행 여부를 실행 점검표에 작성하면 리더십팀 협의회에서는 실행점검표 결과를 확인하도록 한다.

5) 데이터 기반 성과 점검

다섯 번째 단계에서 리더십팀은 연구 과정에서 수집한 데이터들을 기반으로 성과를 점검하고 관련 요인들과 효과를 확인한 학생 행동 관리 방법에 대해 논의한 후, 보편적 지원 계획의 수정 여부와 방법, 기타 협의 사항에 대한 의사결정을 한다. 이 과정에서는 4주마다 측정한 수업참여행동 발생률, 학생들의 강화 성과, 사후 ABC 기록, 교사들의 실행점검표 등의 자료를 검토하고 수정을 요하는 사항에 대하여 검토할 수 있다.

📖 3. 소집단 지원의 운영

학교가 1차 예방 중재에 반응하지 않은 학생들을 대상으로, 기능에 기초한 중재를 제공할 만한 자원을 가지고 있지 않다는 지적에 따라(Hawken & Horner, 2003), Colvin과 Kame'enui, Sugai(1993)는 문제행동 위험에 놓인 학생들을 대상으로 그룹 차원에서 중재를 제공하는 효율적인 소집단 지원 중재(2차 예방)를 제안했다. 보편적 지원은 보편적인 선별 과정을 통해 위험 학생을 조기에 판별하고 중재함으로써 심각한 문제로의 발전을 예방한다는 점에서 그 의미가 있지만, 여기에 그치기보다는 위험 학생들을 조기 판별하여 지원과 시간, 노력 면에서 효율적인 2차 예방 단계를 적용할 필요가 있다. 소집단 지원이란 보편적 지원 중재에 반응하지 않는, 심각한 위험으로 발전할 위험에 놓인 학생에게 모둠 차원에서 1차 예방 중재보다 집중적인 중재를 제공하는 것을 말한다(김영란, 이숙향, 2009).

우리나라는 아직까지 학교차원 긍정적 행동지원을 운영하는 학교의 수 자체가 적으므로 소집단 지원(2차 예방)의 실시는 더욱 제한적인 상황이지만, 최근 서울 소재의 한 지적장애 특수학교에서 보편적 지원(1차 예방)에도 불구하고 교사의 지도 거부, 수업 진행 방해 등의 이유로 추가 지원이 필요하다고 추천된 16명의 중·고등학생을 대상으로 하는 소집단 지원 연구가 실시되었다(김예리, 박지연, 2016). 연구자들은 대상 학생 대부분이 권리 의식이 높은 반면, 개인적·사회적 책임과 역할에 대한 의식이 낮은 것으로 파악하고 '이웃과 자연과 나를 아끼는 좋은 시민 되기'를 주제로 하는 9회기의 시민교육 프로그램을 적용한 결과 시민의식과 친사회성 기술이 향상되었음을 보여 주었다. 우리나라 특수학교의 경우에 학급당 법정 인원수가 4~7명으로 소수이므로, 소집단 지원 운영의 효율성이 적어 1차 예방과 3차 예방의 2층식 운영 방식이 제안된 바 있다(김영란, 2012). 그러나 학교차원의 긍정적 행동지원의 초기 노력인 1차 예방을 통해 조기 판별된 학생들에게 효율적인 2차 예방 단계를 적용하는 것은 여전히 매우 중요하며 필요한 과정이라고 사료된다.

다층 모델 안에서 실행된 국내·외 실험 연구 동향을 통해 살펴보았을 때, 2차 예방 중재의 참여자 선정은 주로 교사 등의 관련인 추천을 통해 이루어졌고 보편적 지원에도 불구하고 지속적인 문제행동을 보이는 학생들을 대상으로 하였다. 대상학생들은 대부분 훈육실 의뢰 수를 기준으로 하였으나 일관된 기준을 확인하기 어려웠고 부모와 학생의 중재 참여 동의를 선정 기준에 포함하고 있는 경우가 많았다.

심각한 행동문제를 보일 위험에 있는 학생들을 위한 소집단 중재 프로그램으로 Walker 등(1996)이 개발한 'Fast Track' '청소년 전환 프로그램' 'First Steps early intervention'이 있다. 또한 Todd, Campbell, Meyer와 Horner(2008)은 '사회적 기술 훈련'과 'Check in Check out' 'First Step to Success' '또래 멘토' '숙제 동아리(homework clubs)' 시스템을 제안하기도 했다. 사회적 행동을 위한 RTI 모델을 설명한 Hawken 등(2008)은 다층 체계 모델 안에서 실시할 수 있는 소집단 프로그램으로 'Check & Connect'라는 중도 탈락 예방 프로그램, 'Check in Check out'을 수정한 'Behavior Education Program' 등을 고안했다.

이 프로그램들 가운데 'Behavior Education Program'과 'Check in Check out', 그리고 'Check & Expect'는 다음 〈표 2-5〉와 같은 다섯 가지 기본 과정을 공통적으로 가지고 있었다(김영란, 이숙향, 2009).

❋<표 2-5> 소집단 지원(2차 예방)의 공통적 실행 단계

2차 예방 지원의 기본 과정	
1단계	• 대상학생 등교 후 학교 일과 시작 전에 담당자에게 체크인 • 담당자 확인 후 학생의 성취 목표 안내 • 학생이 일과를 기분 좋게 시작하도록 긍정적 상호작용 시작
2단계	• 학생은 매 수업 전 수업 담당 교사에게 일일 진보 보고카드(DPR) 제출
3단계	• 수업 후 교사로부터 평정과 피드백을 받음
4단계	• 일과 후 담당자에게 찾아가 체크아웃 • 총점 확인 후 성취 수준 도달 여부에 따라 강화물 수령
5단계	• 학생은 하루 수행 결과가 기재된 일일 진보 보고 카드를 가정에 가져감 • 부모의 확인(서명)을 받고 다음날 체크인 시 제출

출처: 김영란, 이숙향(2009), p. 122에서 발췌함

2차 예방 수준의 중재에 관한 연구는 거의 이루어지지 않고 있었지만(Hawken, Macleod, & Rawlings, 2007), 점차 증가하고 있다(Hawken & O'Neil, 2006). 학교차원

긍정적 행동지원의 소집단 지원 중재를 계획, 실행하고자 할 때의 고려 사항을 다음과 같이 정리할 수 있다. 첫째, 2차 예방 중재가 필요한 학생을 선별하고자 할 때 어떤 자료와 기준을 적용할 것인지 결정해야 한다. 아직까지 1차 예방 중재에 반응하지 않는 학생을 어떤 과정을 통해 소집단 지원 대상으로 선정하여야 할지에 대한 구체적 절차와 기준에 대한 합의는 다소 부족하며, 중재 방법에 대한 일관적인 범주화나 구체적 중재 요소들이 명확하게 제시되지 않고 있는 상황이다(김영란, 이숙향, 2009).

둘째, 2차 예방 중재는 문제행동의 기능에 기초하지 않을 경우 성공 가능성이 낮아지기 때문에 문제행동을 위한 중재 선택과 실행 전에 문제행동의 기능을 확인하는 것이 효율적이다(Carter & Horner, 2009). 예를 들어, 'Behavior Education Program'과 'Check in Check out' 방법은 ① 성인과의 긍정적 상호작용 증진, ② 학교 일과 전반에서 학생이 필요로 하는 구조 향상, ③ 개별 목표 성취 시각화를 통한 학생 수행 촉진, ④ 성인의 피드백과 강화 제공, ⑤ 가족의 자녀 행동에 대한 피드백 향상을 특징으로 하고 있어 문제행동의 기능이 성인이나 또래의 관심 얻기일 경우 매우 유용한 중재전략으로 확인되었다. 따라서 기능 분석을 할 수 있는 교사 역량강화가 필요하다.

셋째, 2차 예방 중재의 목표 중 하나가 가족의 자녀 행동에 대한 피드백 향상에 있고(Filter et al., 2007), 성공적 중재를 위해 학교와 학생, 가족의 협력이 필요하므로 가족과 학생을 포함하여 중재를 계획해야 한다(Janney & Snell, 2008). 부모 확인 충실도가 낮았던 연구들이 다른 연구 결과에 비해 특히 부정적 결과를 보였다고 할 수는 없으나, 어떠한 영향을 미치는 지에 대해 확인하기 위한 추후 연구가 필요하다. 아울러 이와 같은 상황을 고려할 때 향후 우리나라에서 2차 예방 중재를 실행하기 위한 논의가 필요하며, 이 경우 앞의 세 가지 사항을 고려하여야 할 것이다.

📖 4. 개별 지원의 운영

학교차원 긍정적 행동지원의 개별 지원(3차 예방) 단계에서는 보편적 지원(1차 예방)과 소집단 지원(2차 예방)에도 불구하고 복잡하고 심각한 문제행동의 패턴을

가진 학생을 대상으로 개별화되고 강도 높은 긍정적 행동지원 절차를 제공하고자
한다. 긍정적 행동지원은 사실상 문제행동을 지닌 개인에 대한 접근에서 시작되
었으며 이 과정은 행동전문가가 정교한 기능 분석을 바탕으로 임상 환경에서 적
용하는 응용행동분석에 바탕을 두면서도, 교사와 가족, 주변 사람들이 자연스러
운 환경에서 다양한 평가와 지원 절차를 사용하여 장애인의 행동을 지원함으로써
전반적인 생활양식의 변화를 함께 추구하고 있다(Turnbull & Turnbull, 1999). 개별
지원 적용 단계 및 절차는 연구자의 의도와 실제 상황에 따라 달라질 수 있으나,
개별 학생을 위한 행동지원의 일반적 절차는 목표 설정, 기능평가, 가설 수립과 확
인, 긍정적 행동지원계획 수립, 지원계획 실행과 점검의 5단계(박지연, 2014)를 기
초로 하고 있다.

　　우리나라는 학교차원 긍정적 행동지원 실행 초기로, 〈표 2-6〉에 기술한 바와
같이 전교생을 대상으로 보편적 지원과 개별 지원을 함께 적용한 연구는 아직까
지 제한적이다. 다음의 연구들을 참고하여 학교차원 긍정적 행동지원 실시 학교
에서 적용한 개별 지원 운영 절차를 [그림 2-3]과 같이 5단계로 제시할 수 있으며,
이러한 순서로 개별 지원 운영 5단계에 대해 설명하고자 한다.

✽〈표 2-6〉 학교차원 긍정적 행동지원(과정 · 학년)과 개별 지원 공통 적용 연구 사례

연구 사례	대상	개별 지원 적용 절차
최승희, 이효신 (2015)	특수학교 중학교 과정 + 개별 지원	• 문제행동에 대한 기능평가, PBS 계획 수립, PBS 실행
백종남, 조광순 (2014)	특수학교 유 · 초 · 중 · 고 · 전공과 + 개별 지원 1명	• 팀구성, 기능평가, 행동지원계획서 작성 및 실행(선행사건 중재, 대체행동 교수, 후속결과 중재, 삶의 질 증진을 위한 지원, 체제 개선)
김영란 (2012)	특수학교 초등학교 과정 + 개별 지원 3명	• 대상자 선정, 기능적 행동평가, 개별화 행동지원계획 수립 및 실행, 데이터 기반 성과 점검
이가정, 박지연 (2008)	특수학교 중학교 과정 + 개별 지원 2명	• 문제행동에 대한 기능평가, PBS 계획 수립, PBS 실행

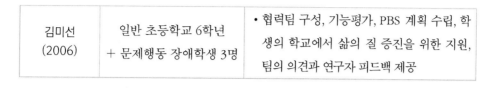

김미선 (2006)	일반 초등학교 6학년 + 문제행동 장애학생 3명	• 협력팀 구성, 기능평가, PBS 계획 수립, 학 생의 학교에서 삶의 질 증진을 위한 지원, 팀의 의견과 연구자 피드백 제공

[그림 2-3] 학교차원 긍정적 행동지원 개별 지원 운영의 일반적 절차

1) 대상학생의 선정

학교차원 긍정적 행동지원에서 개별 지원을 실시하기 위한 첫 번째 단계는 대상학생 선정이다. 개별 지원 대상학생은 보편적 지원 중재의 영향을 받지 않거나 효과가 비교적 적은 학생을 선택하게 되므로, 보편적 지원을 시작하고 나서 자료 수집을 통해 프로그램 효과를 파악하기 위한 시간이 어느 정도 경과한 후에 이루어지는 것이 통상적이다. 즉, 보편적 지원 운영을 통해 수집된 자료에 기초하여 선정 기준에 따라 팀 협의를 거쳐 선발한다.

예를 들어, 김영란의 연구(2012)에서와 같이 보편적 지원 중재 5주차에 이르렀을 때 실행 4주까지의 1차 데이터를 토대로 리더십팀 협의를 거쳐 사전검사에 비해 수업참여행동 발생률이 현저하게 감소한(33.3%) 학생 A와 반복적·지속적인 문제행동으로 인해 사전검사와 1차 자료 모두에서 수업참여행동 발생률이 10% 이하였던 학생 B를 대상학생으로 선정하는 식이다. 개별 지원 대상학생이 기준에 따라 선정되면 학부모 상담과 동의 절차를 거쳐 최종 선발한다.

2) 문제행동의 기능평가

다음 단계로는 개별 지원 대상 학생별로 문제행동 기능평가를 실시한다. 이 단계에서는 학생의 문제행동을 조작적으로 정의하고 문제행동을 유발하는 환경에 대한 자료를 수집하여 문제행동의 기능을 이해하고자 한다. 직접관찰 및 자료 검토, 관련인(부모, 교사, 통학버스 기사 등)들과의 면담을 통해 문제행동 발생/비발생 관련 요소를 수집하여 문제행동의 동기를 파악할 수 있다. 구체적으로 학생들의 생활기록부, 건강기록부, 개별화교육계획 및 학생실태조사서, 상담기록부 등의 문서를 검토하고 동기사정척도(Motivtion Assessment Scale: MAS(Durand & Crimmins, 1988), 행동원인규명척도(〈부록 3 도구 모음〉 참조, 연세대학교 심리학과, 2013), 교직원을 위한 기능평가 체크리스트(Functional Assessment Checklist for Teachers & Staff: FACTS, 〈부록 3 도구 모음〉 참조)(March et al., 2000) 등의 도구를 활용할 수 있다. 그리고 학급에서 문제행동 발생에 관한 사후 ABC 관찰기록을 작성하거나 교실, 식당, 복도 등에서 행동 빈도와 지속 시간, 관련 상황 등을 직접 관찰할 수도 있다.

이러한 평가 결과는 〈표 2-7〉의 사례와 같이 학생 문제행동의 유형, 행동 발생 시간, 장소, 함께 있었던 사람, 예상되는 문제행동의 기능, 문제행동의 발생/비발생 요인으로 정리한 후 팀 협의를 거쳐 문제행동 관련 사항을 선행사건과 배경사건, 행동 결과의 순으로 기술하고 문제행동 발생에 대한 중심가설을 수립해야 한다.

❇ **〈표 2-7〉 B학생의 기능적 행동평가 결과**

문제행동의 특징과 중재를 위한 우선순위	
• 수업시간 중 문제행동: 지시 거부, 수업 중 한 번씩 소리 지르기, 옆 친구 방해	
• 이동시간 중 문제행동: 뛰어다니기, 이동에 방해가 될 정도로 울거나 웃기	
• 기타 문제행동: 교실 이탈 행동, 맥락과 무관한 헛웃음, 부정적 의사표현	
문제행동 무발생	문제행동 발생
• 인형놀이나 작은 물건이 주어질 때	• 부적절한 행동에 뒤이어 관심을 얻을 때
• 노래를 부르거나 춤을 출 때	• 소그룹 활동을 할 때, 간식 시간
• 색칠을 하거나 단순히 보고 쓸 때	• 규칙이 있는 게임이나 놀이를 할 때
• 교사와 개인적인 공간에서 수업에 도움을 받거나 일상적인 이야기를 나눌 때	• 자신의 행동을 따라하거나 놀리는 친구가 있을 때
• 친한 친구와 주고받기 식으로 책을 읽을 때	• 자신의 말을 잘 들어주지 않는 친구가 옆자리에 있을 때
• 자신의 옷차림이나 외모, 행동에 대해서 긍정적인 관심을 받을 때	• 자신의 대답이나 행동 혹은 옷차림이나 외모에 대해서 부정적인 반응을 보이거나 자신의 의도와 다른 반응을 보일 때

		• 담임교사가 보일 때
		• 학생이 기대하는 반응을 담임교사가 보이지 않을 때
		• 꽤 시끄러워지는 교실, 복도, 또는 다른 환경에 있었을 때
문제행동의 기능		• 부적절한 행동에 이어 관심을 얻었을 때 문제행동을 보인다.
		• 자신의 말을 잘 들어주지 않는 친구가 옆에 앉거나 함께 이동할 때 문제행동을 보인다.
		• 자신의 대답이나 행동 혹은 옷차림이나 외모에 대해서 부정적인 반응을 보이거나 자신의 의도와는 다른 반응을 보일 때 문제행동을 한다.
		• 담임교사나 성인이 보이거나, 기대되는 반응을 하지 않을 때 문제행동을 한다.
중심가설		• 관심을 끌기 위한 문제행동은 담임교사와 효율적인 상호작용 상황에서 덜 발생할 것이다.
		• 관심을 끌기 위한 문제행동은 또래 친구들과 효율적인 상호작용 상황에서 덜 발생할 것이다.

출처: 김미선(2005), p. 56.

3) 개별화 행동지원계획 수립

개별 지원 운영을 위한 세 번째 절차는 기능평가 결과에 따라 개별화된 행동지원계획을 수립하는 것이다. 이 과정에서는 배경사건과 선행사건, 결과중재 방법 및 문제행동을 대신하는 바람직한 행동이나 대체행동을 통해 원하는 결과를 얻을 수 있는 중재 방법을 고안하여야 한다. 행동지원계획에는 현재 행동과 관련된 배경사건 및 선행사건, 문제행동의 기능과 문제행동에 따른 후속결과를 가설에 따라 요약한 후, 문제행동과 같은 결과를 이끌면서 사회적으로 수용 가능한 문제행동의 대체행동과, 장기적 측면에서 보다 긍정적 성과를 이끄는 바람직한 행동을 함께 계획한다. 이 과정에서는 문제행동의 원인과 결과를 모두 해결할 수 있는 다차원적인 중재 전략을 계획하고 조화시켜 예방, 장기적 성과, 삶의 양식과 질 향상을 강조한다(김영란, 2012). 〈표 2-8〉과 같은 행동지원계획 수립 시에는

✤ <표 2-8> 개별 지원 대상인 C학생의 행동지원계획 작성 예

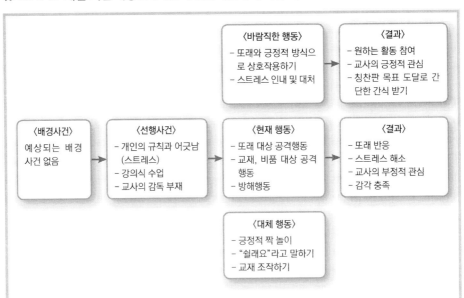

〈예방 전략〉	〈교수 전략〉	〈결과 전략〉
• 바른 수업참여행동에 대해 수업 시작 전에 안내 • 개별 과제 완수를 위한 재료(연필, 색연필의 색, 스티커 등) 선택 기회 제공 • 학생에 대한 교사의 근접성 증진: 리모컨(무선마우스)을 사용해 컴퓨터를 조작하여 근접 기회 높이기 • 성인의 관심 시간을 계획하여 제공: 수업참여 기회(제시된 어휘 따라말하기)를 주기적으로 제공 • 놀이 시간 전 또래와의 긍정적 상호작용 방법 안내	• 대체 기술 교수 　- 화가 난 상황에서 화를 가라앉힐 수 있도록 "쉴래요"라고 요구하기 　- 또래와 긍정적인 상호작용 방법 교수: 수업 중 다양한 짝 활동 놀이를 계획하고 긍정적 상호작용 방법 교수 • 대처 및 인내 기술 교수: 화가 났거나 스트레스를 받은 것에 대해 공감해 주고 스트레스를 풀고 싶은 방법을 선택하여 할 수 있도록 기회 제공 　예: 혼자서 쉴 수 있는 시간 제공, 노래 동영상 보기, 짐볼에 스트레스 풀기 • 또래가 공격행동에 방어할 수 있도록 교수	• 수업의 흐름이 끊기지 않도록 손뼉 치던 손을 잡아 책상 위에 바르게 놓도록 하는 신체적 촉진 • 긍정적인 행동에 대해 칭찬하고, 칭찬판 올려 주기 • 문제행동이 발생하면 감정 없는 어조로 바른 행동을 재지시하거나 결과를 복구하고 강화 전략 제공 • 문제행동에 대한 복구가 이루어지면 학생이 선택한 스트레스 해소 방법 또는 관심을 돌릴 수 있는 활동 참여 기회 제공
가정 연계 지원	• 스트레스 해소 전략 예시 자료 제공 • 여가 활동 계획: 컴퓨터 사용, 자전거 타기 등	

출처: 김영란(2012), p. 86.

문제행동의 발생, 비발생 관련 요인 및 각 학생의 의사소통 방식을 고려하고 학생들의 선호도와 강점이 전략에 반영될 수 있도록 하여야 한다.

4) 개별화 행동지원계획의 실행

팀 협의를 거쳐 개별화 행동지원계획이 확정되면 행동지원계획의 중재전략에 따라 행동지원계획을 실행하는 단계이다. 이 단계에서는 행동지원계획의 선행사건, 배경사건, 결과 중재 및 대체행동 교수를 담당할 교사에게 이를 실행할 역량을 가지도록 훈련을 실시하고 관련 자료를 제공하는 한편 멘토링과 교수적 지원을 제공하도록 하여야 한다.

5) 개별 지원 운영 성과 점검 및 수정

개별 지원 운영의 마지막 다섯 번째 단계에서는 개별 지원 운영 성과를 점검하고 계획의 수정 여부를 점검하도록 한다. 예를 들어, 매주 학생들의 수업참여행동 및 문제행동 발생률, 교사 실행점검표 등의 성과에 대한 정보를 해당 학생의 담임교사에게 전달하고 수업 시간 이외의 학생 변화에 대해 함께 논의하면서 중재 전략 지속 여부를 결정하여야 한다.

제2부

성베드로학교 이야기

제**3**장

긍정적 행동지원 실시 이전의 성베드로학교

성베드로학교는 우연한 계기로 재학생들의 문제행동 양상과 실태에 대해 조사하게 되었는데, 이를 통해 긍정적 행동지원에 대한 요구와 기본 인식을 가지게 되었다. 이 장에서는 성베드로학교에서 학교차원 긍정적 행동지원을 실시하게 된 배경에 대해 설명하고자 한다. 그리고 성베드로학교 학생들의 행동 실태 조사를 위해 사용되었던 서식과 절차, 업무를 진행했던 인적 구성과 여러 가지 조사 결과에 대하여도 상세하게 소개하고자 한다.

1. 성베드로학교 학생 생활 및 행동지도 실태 조사의 계기

성베드로학교는 서울시의 서남쪽 끝 구로구 항동골 개웅산 자락에 위치하고 있으며, 초·중·고·전공과가 각 2학급씩 총 26개 학급 180여명의 학생이 재학하는 중간 규모의 지적장애 특수학교이다. 학교법인 성공회대학교가 1974년 설립하여 이제 43살 장년층의 나이로 성장하였으며, 성공회대학교 캠퍼스 내에서 담장 없이 함께 생활하고 있다. 성베드로학교는 서울 지역 평균 정도의 지역적·사회경제적 배경을 가지고 있으며 종교단체에서 사회 기여를 위해 설립한 사립학교이니만큼 상당수 교직원들이 이곳을 '평생직장'으로 삼고자 하는 안정된 학교 분위기를 가지고 있다.

지난 2011년, 서울시교육청에서는 '학교 요구에 따른 자발적 요청과 교육청의 전문적 지원을 통하여 창의적 교육활동을 전개함으로써 학교 현장 중심의 장학 활성화를 도모'하기 위한 목적으로 단위 학교별 컨설팅장학 사업을 추진한 바 있다. 이후 5년이 지난 지금은 모든 특수학교에서 주제를 선정하여 해마다 1~2회 컨설팅장학을 실시하는 것이 보편화·의무화되었다. 하지만 사업 초기였던 2011년에는 컨설팅장학에 대한 이해가 적었기에 서울시교육청에서는 몇몇 특수학교에 컨설팅장학 실시를 권유하는 상황이어서 성베드로학교에서는 사업 취지를 이해한 후 이를 수용하여 업무를 추진하게 되었다.

컨설팅장학 실시를 결정한 이후 개최된 부장교사 회의에서는 이왕 학교가 외부 전문가에게 컨설팅을 받기로 한 이상 학교 교육활동에 도움이 될 의미 있는 주제를 선정하고 업무를 진행해서 실질적인 도움을 받는 것이 좋겠다고 의견을 모았다. 이어 평소 학교 업무 진행 중에 컨설팅이 필요한 부분이 있었는지에 대해 부장교사들이 각자 의견을 내고 장시간 협의한 결과, '학생들의 생활 및 행동문제를 다루는 교사들의 지도 방식이 서로 달라 비효율적이므로 문제 제기가 필요하다'는 데 의견을 모았다. 이에 성베드로학교 교사들의 '학생 생활지도 방법'을 주제로 선정하고 재학생들의 문제행동 현황과 개별 교사들이 문제행동을 하는 학생을 어떻게 지도하고 있는지, 지도상의 어려운 점은 무엇인지 실제 조사를 통하여 알아내고 전문가에게 이러한 정보를 제공한 후 컨설팅을 받아보기로 했다. 아울러 학생 생활지도를 위하여 성베드로학교가 실행하고 있던 여러 가지 절차와 기록, 업무 추진을 위해 갖추고 있는 인력 및 시스템에 대해 총체적으로 검토해 보기로 했다. 생각보다 커진 컨설팅장학 업무 추진을 위해서 TF팀을 꾸렸는데, 여기에는 주무부장인 교육과정부장과 학생생활부장, 초·중·고 과정을 대표하는 부장교사 각 1명씩, 자료 수집과 분석을 위해 교육과정부 지원 교사 1명(총 6명)이 포함되었다.

📖 **2. 학생 생활 및 행동지도 실태 조사 자료 수집 과정**

TF팀에 소속된 6명의 교사는 첫 회의에서 성베드로학교 재학생들의 '생활지도 실태'를 파악하기 위하여 역할을 나누었다. 교육과정부장이 TF팀 교사 2명과 함께 문제행동 관리 현황 검목표를 통한 '학급 단위'의 문제행동 및 지도 현황에 대한 조사와 분석 업무를 맡았고, 학생생활부장은 다른 2명의 교사와 함께 성베드로학교에서 이루어지고 있는 시스템과 위원회, 서류 등 '학교 단위' 자료를 수집하기로 했다. 다음 〈표 3-1〉에 2011년 당시 컨설팅장학 업무를 수행하기 위해 성베드로학교에 구성되었던 TF팀의 단계별 업무 분담표를 제시하였다. 팀원별 업무를 결정한 후에는 〈표 3-2〉와 같은 운영 일정표를 짰다. 〈표 3-3〉은 2011년에 실제로 운영했던 TF팀의 세부 운영계획표이다. 두 달간 방대한 업무를 추진하기 위해서는 철저한 업무 계획과 실천이 필요했기 때문이었다.

세부계획을 모두 확정짓는 회의를 마치고 난 후 '학급 단위' 조사팀에서는 재학생들의 행동지도 실태 조사를 위한 질문지 개발에 들어갔다. TF팀원 중 교육과정부장과 부원 교사 1명은 특수교육 서적과 관련 자료를 참고하여 학급 단위 행동지도 실태조사를 위한 질문지 초안을 작성한 후, 수차례의 소모임과 TF팀 회의를 거쳐 수정한 후 최종본 질문지를 완성했다(〈부록 3 도구 모음〉 참조).

〈표 3-4〉의 내용과 같이 제작한 질문지는 ① 성베드로학교에 재학하는 개별학생의 문제행동 종류 및 심각도와 그에 따른 중재 현황, ② 생활 및 행동지도 시 특별한 어려움이 있는 '한계 상황'의 문제행동 관리, 그리고 2011년 당시의 생활지도 상황에서 ③ 문제행동 및 안전지도를 위한 추가 관리가 요구되는 시간대와 장소 및 특별한 상황(예: 교외활동, 위생 관련 지도 등)에 대해 파악할 수 있도록 구성하였다. 질문지를 완성한 후에는 관리자를 제외한 전 교사를 대상으로 질문지 작성 방법에 관한 연수를 실시한 후 일주일간 조사 자료를 수집하였다. 자료 수집이 완료된 후에는 정리 및 분석 작업을 실시하였다.

학생생활지도 및 안전지도 실태를 조사하기로 한 '학교 단위' 자료 수집팀에서는 학생생활부장을 중심으로 ① 성베드로학교 학생생활 규정 및 안전지도 지침 자료를 찾아 검토하고, ② 학생 생활지도를 위해 연간, 일일, 학급별로 수립되어 있는 생활지도 목표 및 계획을 조사하였으며, ③ 안전한 학교생활을 유지하기 위해 수립되어 있는 학생 안전 대책 · 학교폭력 및 성폭력 예방 계획 · 응급 환자 관리 및 대처 등 안전지도 계획 수립 실태를 파악하였다. 이후에는 수합한 자료들을 정리하여 TF팀원들과 공유한 후 성베드로학교의 학생 생활지도 및 안전지도 현황 파악과 개선 방향 도출을 위한 회의를 진행했다.

�֎ <표 3-1> 성베드로학교 컨설팅장학 TF팀 업무 단계별 역할 분담표

2011 성베드로학교 컨설팅장학 TF팀 업무 단계별 역할 분담표

• 역할 분담

1단계: 컨설팅 준비

2단계: 학교/학급차원 자료조사 및 분석

3단계: 보고 자료 작성 및 컨설팅 자료 준비

4단계: 컨설팅 결과 송환(Feedback)

진행 업무			담당						비고
			김OO 교육과정부장	박OO 학생생활부장	성OO 중대표부장	문OO 초대표부장	최OO 고대표부장	박OO 업무지원	
1단계		– 컨설팅 세부계획 수립(안)	○						
		– 현행 본교 자료 수집 및 정리		○					
		– 기초조사 자료 개발(초안)	○					○	
		– 컨설팅 세부계획 확정	○	○	○	○	○	○	1차 회의
2단계	학교단위	– 현행 시스템 및 자료 수집		○	○				
		– 시스템 및 자료 공유	○	○	○				
		– 조사 자료 정리 및 분석	○	○	○				2차 회의
	학급단위	– 기초조사 자료 설명(초/중)				○	○		
		– 기초조사 자료 배부 및 수합				○	○		
		– 기초조사 자료 정리 및 분석				○	○	○	2차 회의
3단계		– 컨설팅 보고 자료 수합	○	○	○	○	○	○	3차 회의
		– 컨설팅 자료 송부	○						
		– 컨설팅 결과 보고 자료 제작							
4단계		– 컨설팅 결과 보고	○						
		– 컨설팅장학 및 관련 연수							컨설팅 교수님
		– 컨설팅 예산·결과 보고서 제출	○						
전체		– 컨설팅 관련 예산							박OO
		– 회의록 작성	○						
		– 컨설팅 당일 업무							각 부서

✳ <표 3-2> 성베드로학교 컨설팅장학 TF팀 운영 일정표

2011 성베드로학교 컨설팅장학 TF팀 운영 일정표

활동 내용 / 날짜		6월 13~14	15~16	17~19	20~21	22~23	24~25	26~27	28~29	30~7월2	4~6	7~9	11	12	13~19
I 단계	• 컨설팅장학 준비 – 세부계획 작성/확정														
	– 본교 현행 자료 수합														
	– 기초조사 자료 개발														
II 단계	• 학교/학급차원 자료조사 및 분석 – 자료 배부 및 수합														
	– 자료 분석 및 정리														
III 단계	• 보고 자료 작성 및 컨설팅장학 준비 – 보고 자료 수합														
	– 결과 보고 자료 작성 및 송부														
	– 컨설팅장학 결과 보고 자료 작성 및 보고회 준비														
IV 단계	• 컨설팅 결과 송환 – 컨설팅 결과 자료 보고														
	– 컨설팅장학 결과 보고회 실시														
	– 컨설팅장학 결과 보고서 제출														
II* 단계 세부 사항	– 자료 분석 및 정리	• 학급팀 – 남녀별/ 초중고별 자료 수합 및 입력 – 정리 틀 작성 및 수합 자료 엑셀 서식 입력 – 보고 자료 준비(초안) • 학교팀 – 현행 자료 수합, 확인 – 송부 자료 목차 잡기 – 보고 자료 작성 • TF팀 전체 미팅(2차): 6.28. – 학급팀/학교팀 작성 자료 검토 • 6. 29.~7.1. – 미비점 보완 • 7.2. – 최종 확인, 자료 송부														

*II단계 운영을 위한 세부 사항임

✽<표 3-3> 성베드로학교 컨설팅장학 TF팀 운영 세부계획표

2011 성베드로학교 컨설팅장학 TF팀 운영 세부계획표

기간	추진 내용	비고
2011. 4. ~ 5.	• 본교 컨설팅장학 수용 결정 • 컨설팅장학 분야 및 장학위원 결정	
2011. 6. 13. ~ 6. 18.	• 본교 컨설팅장학 세부계획(안) 수립 • 본교 컨설팅장학 세부계획 결정 • 컨설팅장학 TF팀 구성 • 컨설팅장학 TF팀 미팅(1차) 　– 본교 컨설팅장학 분야의 상황 공유 　– TF팀 일정 및 세부계획 수립 　– 2팀별 /개별 업무 분장	• 학급 및 학교 생활 　지도팀 별도 운영 • 학급팀 대표: 교육 　과정부장, 학교팀 　대표: 학생부장
2011. 6. 20. ~ 6. 25.	• 컨설팅장학 TF팀 운영 　– 컨설팅 진단 기초자료 서식 개발 　– 컨설팅 진단을 위한 자료 수집(학급/학교) 　– 자료 수합	• 팀별 운영
2011. 6. 27. ~ 7. 2.	• 컨설팅장학 TF팀 미팅(2차) 　– 자료 정리 및 분석 　– 기초 자료 및 분석 자료 컨설팅장학 위원 송부	
2011. 7. 3. ~ 7. 8.	• 컨설팅장학 TF팀 운영 　– 팀별 컨설팅 보고 자료 작성 • 부장회의 및 부별회의에서 컨설팅장학 준비 　상황 및 컨설팅장학 당일 준비 업무 분장	
2011. 7. 11.	• 컨설팅장학 준비 상황 및 당일 일정 점검 • 컨설팅장학 위원 연락	
2011. 7. 12. ~ 7. 18.	• 2011 본교 컨설팅장학(결과 보고) 실시 • 교사연수 실시 • 컨설팅장학 TF팀 평가회 실시 • 컨설팅장학 결과 보고서 작성 및 제출	

2. 학생 생활 및 행동지도 실태 조사 자료 수집 과정

✤ <표 3-4> 2011 성베드로학교 '학생 문제행동 관리 현황' 설문지(요약본)

학생 문제행동 관리 현황 설문지(요약본)

■ 설문 내용 체계 및 작성 안내

1. 본 설문에서의 '문제행동' 정의(이소현, 박은혜, 2006)와 채택 관점 설명

2. 개별 학생의 문제행동 정도와 그에 따른 중재 유형에 대해 설명

　• 문제행동 강도 및 지원 요구 정도: 1(덜 심각)~5(심각)으로 기술

　• 문제행동에 따른 중재 유형: 대체행동에 대한 물질적 강화, 대체행동에 대한 사회적 강화,
　　새로운 강화 인자의 중단(소거), 반응 대가, 타임 아웃, 혐오자극 제시, 신체적 제지(구속,
　　속박), 구어지도, 별도 중재 없음, 기타(서술) 등 열 가지 중재 방법 제시

■ 학생 문제행동 및 중재 현황 검목표

1. 기초 조사: 학년반, 학생 이름, 성별, 생년월일, 장애 유형 및 등급

2. 학생별 문제행동의 종류 및 심각도에 따른 중재 현황 기술(외현화 행동: 공격행동 등 아홉
가지, 내현화 행동: 슬픔과 우울 등 열두 가지) (중략)

행동 분류		세부행동 내용 예시	정도 덜 심각 ◀─▶ 심각					중재 현황 (번호 혹은 세부 내용 기술)
			1	2	3	4	5	
외현적	공격적 행동	기물 파괴, 공격, 자해						
	과도한 언쟁	비속어 사용, 공격적인 말						
	합리적 요청 불응	지시 불이행						
	지속적 성질 부리기	울분, 소리 지르기						

3. 학생들의 문제행동 지도 시 특별히 어려움을 느끼는 경우에 대해 기술(중략)

행동문제 유형	해당 유무 (○ 표시)	해당 경우의 조치 사항 (상세 기술, 절차가 있는 경우 단계별 기술)
학생의 건강 문제 (만성 질환, 안전 사고 등)		
교사의 체력적 한계		

4. '추가 관리' 요구 시간 및 장소, 상황 기술: 심각도 점수와 서술식 사례(중략)

구분	해당 경우 (기술 예: 5점, 중·고등부 화장실 이용 지도 시 다른 학생들의 관리가 이루어지기 어려움)						
	통학버스 이용	등·하교 시간	수업 중	쉬는 시간	전이(이동) 시간	점심 시간	방과 후 교육
시간							

*〈부록 3 도구 모음〉에 전문 수록함

📖 3. 학생 생활 및 행동지도 실태 조사 결과

이 절에서는 성베드로학교 학교차원 긍정적 행동지원 실시의 직접적인 계기로 작용한 '학급 단위'의 학생 문제행동 관리 현황 조사 결과와 '학교 단위' 생활지도 및 안전지도 실태에 관해 기술하고자 한다.

1) 학급 단위 문제행동 관리 현황

성베드로학교 재학생 문제행동 및 교사 중재 현황 파악을 위한 학급 단위의 문제행동 관리 현황 조사는 2011년 6월 20일부터 24일까지 5일간 이루어졌으며 개별학생 문제행동 사례 조사에는 초·중·고 전체 학급 담임교사(24명), 그 외 항목에는 관리자를 제외한 전체 교사(44명)가 참여했다.

✽〈표 3-5〉 항목별 참여 현황 및 조사 방법

조사 항목	참여 현황 및 조사 방법
1. 개별학생 문제행동 사례 및 심각도, 중재 현황 조사	• 검목표 조사지 작성: 초·중·고 담임교사(24명)
2. 한계 상황의 문제행동 관리	• 검목표 조사지 작성: 전체 교사(44명)
3. 문제행동 및 안전지도 추가 관리 요구 사항	• 검목표 조사지 작성: 전체 교사(44명)

✽〈표 3-6〉 2011학년도 '학생 문제행동 관리 현황' 설문지 조사 대상 교사 현황

	초등학교		중학교		고등학교		전공과		계		
학급 수	12 (초 1~6 각 2)		6 (중 1~3 각 2)		6 (고 1~3 각 2)		2 (1학년 2)		26		
교사 수	남	여	남	여	남	여	남	여	남	여	계
	4	12	5	7	6	6	1	3	16	28	44

✽<표 3-7> 2011학년도 성베드로학교 학생 기초 현황

		전체		초등학교		중학교		고등학교 (전공과 5명 포함)	
		남	여	남	여	남	여	남	여
남/여(%)		131 (68%)	61 (32%)	57 (70%)	24 (30%)	32 (71%)	14(13) (29%)	42 (65%)	23 (35%)
총 인원		192(191)		81		46(45)		65	

  2011년 당시 조사에 참여했던 교사 현황은 〈표 3-6〉, 재학생 현황은 〈표 3-7〉
과 같았다. 당시의 초·중·고등학교(전공과 학생 포함) 전체 학생은 192명이었고,
이 가운데 191명의 자료를 분석하였다(중학교 여학생 1명은 1학기 초부터 장기결석으
로 인해 자료 분석에서 제외).

(1) 학생 문제행동 관리 현황 설문 결과

  조사 결과 성베드로학교 학생 중 '문제행동 관리 현황' 설문지상의 문제행동
을 보이는 학생은 전교생 가운데 85%에 달하였다. 초·중·고 과정 참여 교사별
로 어느 정도 차이를 보이기는 했지만 문제행동을 한두 가지 보이고 있는 학생이
30%, 서너 가지 25%, 다섯 가지 이상의 문제행동을 가지고 있는 경우도 30%에 이
른다. 즉, 본교 학생 대부분(85%)이 복수의 크고 작은 문제행동을 보이고 있으며,
문제행동을 전혀 보이지 않는 학생은 소수(15%)로 나타났다(〈표 3-8〉 참조).

✽<표 3-8> 성베드로학교 재학생 개인별 문제행동 사례

	없음	한두 가지	서너 가지	다섯 가지 이상
초등학교(81)	9(11%)	27(33%)	19(24%)	26(32%)
중학교(45)	1(2%)	9(20%)	11(25%)	24(53%)
고등·전공과(60+5)	18(28%)	21(32%)	18(28%)	8(12%)
총합(191)	28(15%)	57(30%)	48(25%)	58(30%)

  한편 성베드로학교 재학생들은 내현적 문제보다는 외현적 문제행동을 1.8배 가

량 많이 보이고 있으며 이러한 추세는 초 · 중 · 고등학교 과정까지 일관성 있게 나타났다. 아울러 연령 증가에 따른 문제행동 감소 여부에 대한 추후 검증이 필요하겠지만, 고등학교 과정으로 갈수록 문제행동의 사례 수가 약간 감소하는 양상을 보이고 있었다.

✽**<표 3-9>** 성베드로학교 재학생 문제행동 구분(중복 측정)

사례수(%)	전체	초등학교	중학교	고등학교 (전공과 포함)
외현적	401(64%)	165(63%)	135(62%)	101(68%)
내현적	225(36%)	95(37%)	83(38%)	47(32%)
총합	626	260	218	148

다음으로 〈표 3-10〉에서 보이는 바와 같이 성베드로학교 재학생들의 실제 문제행동 사례를 살펴보면 외현적 문제행동 가운데 가장 높은 빈도의 출현률을 보이는 행동은 합리적 요청 불응(19.2%)이었으며, 그다음 순위는 자기조절력의 결여 및 지나친 행동 수준(18.7%), 공격적 행동(15.8%), 타인에 대한 방해행동(15.5%)이었다. 최고 빈도 출현률을 보인 내현적 문제행동은 행동집착으로, 내현적 문제행동 가운데 33.3%를 차지했다. 다음으로 비전형적 감정(15.6%), 특정 생각의 고착(14.2%), 활동수준의 심각한 제한(10.7%)이 조사되었다.

✽**<표 3-10>** 성베드로학교 재학생의 문제행동 사례와 심각도 수준

행동 분류		심각도					총합
		1	2	3	4	5	
외현적	공격적 행동	8	9	22	16	8	63
	과도한 언쟁	4	8	4	4	–	20
	합리적 요청에 대한 불응	9	18	22	19	9	77
	지속적 성질 부리기	11	10	13	21	6	61
	지속적 거짓말, 도벽	2	5	1	2	–	10
	자기조절력 결여 및 지나친 행동 수준	6	5	19	27	18	75

	타인에 대한 방해	8	15	13	20	6	62
	타인에 대한 복종 요구	2	3	9	7	–	21
	기타 외현적 문제행동	–	4	1	2	5	12
	합계	50	77	104	118	52	401
내현적	슬픔 및 우울	4	3	7	3	1	18
	환청 및 환각	1	–	–	–	–	1
	특정 생각의 고착	5	3	12	8	4	32
	행동 집착	7	11	19	24	14	75
	비전형적 감정	9	10	4	8	4	35
	자살 언급	1	1	1	–	–	3
	흥미 감소	2	2	1	–	–	5
	기피 대상	1	1	1	2	1	6
	활동 수준의 심각한 제한	2	2	5	12	3	24
	학대 증후	2	1	–	–	–	3
	위축, 회피, 자기 방치	7	2	5	3	2	19
	기타 내현적 문제행동	–	1	–	1	2	4
	합계	41	37	55	61	31	225

* 심각도: 행동 강도 및 지원 요구 수준에 따라 1(약간 심각)~5점(매우 심각)까지 기록함

이 조사에서는 문제행동을 보이는 본교 학생들에 대한 교사 중재 방법의 예로 다음 〈표 3-11〉과 같은 열 가지 방법을 제시한 후 교사들의 중재 방법을 기술하도록 했는데, 각각의 문제행동에 대한 교사들의 중재 현황은 〈표 3-12〉와 같았다. 내·외현적 문제행동 전체와 개별 문제행동 각각에 있어서 문제행동에 대한 본교 교사들의 중재 방법은 '구어 지도(중재 방법 8)'의 경우가 가장 많았다. 교사들이 사용한 중재 방법은 초·중·고 별로 약간씩 달랐으며 초등학교의 경우 외현적 문제행동에 신체적 제지와 반응 대가 또는 소거의 방법을, 내현적 문제행동에는 신체적 제지와 반응 대가보다 대체행동에 대한 사회적 강화 방법이 좀 더 많이 사용되고 있었다. 여기에서는 초·중·고 과정 전체의 합산 자료를 다음 〈표 3-12〉에 제시하였다.

<표 3-11> 문제행동 중재 방법의 예

번호	중재 내용	번호	중재 내용
①	대체행동에 대한 물질적 강화	②	대체행동에 대한 사회적 강화
③	새로운 강화 인자의 중단(소거)	④	강화 인자 박탈(반응대가)
⑤	타임 아웃	⑥	혐오자극의 제시
⑦	신체적 제지(구속, 속박)	⑧	구어 지도
⑨	별도의 중재를 하지 않음	⑩	기타

<표 3-12> 성베드로학교 재학생 문제행동에 대한 교사들의 중재 현황

행동 분류		〈표 3-11〉의 중재 방법에 따른 문제행동 중재 현황										
		①	②	③	④	⑤	⑥	⑦	⑧	⑨	⑩	비고
외현적	공격적 행동	1	8	8	10	17	7	25	34	1	2	알림장을 통한 협의, 지도
	과도한 언쟁	0	2	4	1	1	0	2	13	2	0	알림장을 통한 협의, 지도
	합리적 요청 불응	3	21	11	13	9	6	15	58	1	0	
	지속적 성질 부리기	2	3	6	9	19	1	14	40	7	0	
	지속적 거짓말, 도벽	0	1	2	0	2	0	1	5	0	1	가정 연계 지도
	자기조절력 결여 및 지나친 행동수준	5	16	4	12	11	5	19	52	2	3	주의를 다른 곳으로 유도하여 행동 예방, 약물 중재
	타인에 대한 방해	3	9	7	7	6	6	18	51	2	1	
	타인에 대한 복종 요구	1	2	3	3	3	1	3	16	0	0	
	기타 외현적 문제행동	1	3	1	2	4	0	4	11	0	1	알림장을 통한 협의, 지도
중재 항목별 합		16	65	46	57	72	26	101	280	15	8	686(전체)

	슬픔 및 우울	0	7	7	2	1	0	2	12	1	0	
	환청 및 환각	0	0	0	0	0	0	0	0	0	0	
	특정 생각의 고착	2	9	6	4	2	0	3	24	1	0	
	행동 집착	2	17	15	16	10	1	24	52	2	3	가정 연계 지도
	비전형적 감정	6	7	4	2	6	0	2	26	9	0	
	자살 언급	0	0	0	0	0	0	0	2	0	0	
	흥미 감소	1	0	0	0	0	0	1	2	0	0	
내현적	기피 대상	0	0	0	0	1	0	1	2	1	3	학급 전체 학생 또는 특정 학생에게 어울림 유도
	활동 수준의 심각한 제한	3	10	4	3	1	1	2	15	0	1	
	학대 증후	0	0	0	0	0	0	0	2	0	0	
	위축, 회피, 자기 방치	2	11	8	2	3	0	2	15	0	2	알림장을 통한 협의, 지도
	기타 내현적 문제행동	0	0	0	0	0	0	2	2	1	1	
	중재 항목별 합	16	61	44	29	24	2	39	154	15	10	394(전체)

〈표 3-12〉를 기초로 하여 고빈도 외현적·내현적 문제행동 사례를 그래프 서식으로 도표화하면 다음과 같다.

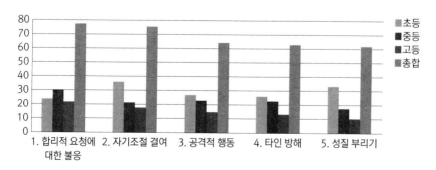

[그림 3-1] 고빈도 외현적 문제행동 사례

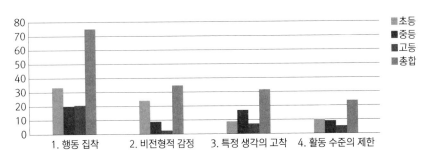

[그림 3-2] 고빈도 내현적 문제행동 사례

(2) 한계 상황의 문제행동 관리

'학생 문제행동 관리 현황' 설문 조사에서는 학생들의 문제행동 지도 시 경험하는 어려움에 대해 문제 유형에 대한 사례를 제공한 후 해당 유무와 그에 따른 조치 사항에 대해 기술하도록 했다. 몇몇 두드러지는 학생의 개별 특성, 혹은 교사 특성에 따라 전체 판도에 큰 영향을 미치는 특수학교 상황을 감안할 때 응답 결과에서 특별한 연관성이나 유형에 대해서는 단언하기 어렵더라도 학생 건강상의 문제가 연령 증가에 따라 감소한다거나, 행동지도 방법의 어려움이 커진다는 점 등은 유의하여 볼 만한 문제이다. 초·중·고등학교 교사들의 응답 결과를 합하여 요약한 결과를 다음 [그림 3-3]과 〈표 3-13〉에 제시하였다.

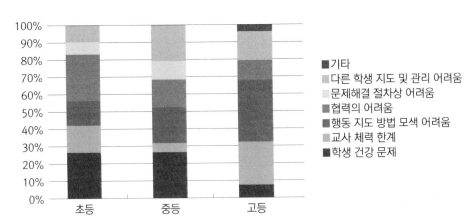

[그림 3-3] 성베드로학교 초·중·고등학교 교사들의 '문제행동 한계 상황' 사례 수 비교

✽ <표 3-13> 성베드로학교 초등학교 과정 교사들의 '문제행동 한계 상황' 서술 내용

행동문제 유형	빈도(%)	해당 경우의 조치 사항(혹은 상황 설명)
학생 건강 문제	12명 (25.5%)	• 발작으로 인한 안전사고 위험: 보건실과 연계하여 대비(4명) • 이동 능력 부족으로 인한 안전사고 가능성: 학부모와 협의(4명) • 이유 없이 공격행동을 보이는 학생의 경우 상황 예측이 어려움 • 몸이 아픈 상태로 자녀를 등교시켜 조치를 바람 • 문제행동을 예측하기가 어려워 위험 예상 학생을 분리시킴 • 문제행동 발생 시 선행자극의 제거나 감소에 중점을 두어 지도
교사 체력 한계	8명 (17%)	• 구어지도가 안 되어 신체적 제지를 요할 경우가 있음(2명) • 신체적 제지가 불가능할 경우 문제행동을 묵과하기도 함 • 교사가 몸이 아프거나 다쳤을 경우 학생지도에 어려움이 있음 • 힘이 센 학생이 한 가지 이상의 문제행동을 동시에 할 경우 • 혼자서 학생 관리가 어려우므로 전 학급의 보조원 배치가 필요함 • 체력적 한계 극복을 위한 노력(수면과 영양 보충, 긍정적 마인드)
행동 지도 방법 모색 어려움	7명 (15%)	• 학생의 문제행동 원인 파악 어려움 • 학생과 관계 형성의 어려움 • 공격적인 행동을 보이는 경우 • 배변 훈련이 안 되어 있는 학생의 경우 • 감각 이상으로 수업 중에 자해행동을 하는 학생 지도에 어려움 • 공격적, 폭력적 행동을 교사 힘으로 감당할 수 없을 때 어려움 • 야외 활동 시 자해를 하거나 다른 사람을 공격하는 경우 • ADHD와 불안장애 학생을 같은 공간에서 지도해야 할 경우 • 문제행동의 원인 분석이 어려움
행동 지도를 위한 협력 어려움	12명 (25.5%)	• 담임과 부모의 학생지도에 대한 견해차가 있어 어려움 • 학부모들이 학생 행동에 대해 회피 경향을 보이는 경우 협력에 어려움 • 가정에서는 일어나지 않는(학교에서만 발생하는) 문제행동에 대해 지도의 어려움 • 문제행동에 대해 지나치게 예민하거나 둔감한 학부모와의 협력에 어려움(2명)

		• 가정과 일관성 있는 지도가 되지 않아 어려움(3명) • 학부모가 학생의 작은 상처에 예민하게 반응하고 교사 탓으로 돌림 • 문제행동으로 인한 약물 복용의 필요성을 권유할 때 어려움(2명) • 자녀의 문제행동을 수용하지 못하거나, 수용을 하지만 잘못된 행동에 대해 적절하게 반응하지 않을 때 지도의 어려움
문제해결 절차상 어려움	4명 (8.5%)	• 문제 발생 시 절차보다 서로 공감하고 함께 대처하는 협력이 중요한데 학교에서는 절차, 전달의 신속성만 요구할 때 어려움이 있음 • 가해, 피해 학생(학부모) 간의 갈등 해소의 곤란함(2명) • 행정실의 안전사고에 대해 잘못을 추궁하고 따지는 태도. 금전 문제와 관련하여 비협조적인 태도를 보일 때 어려움이 있음
다른 학생 지도 및 안전 관리	4명 (8.5%)	• 물거나 할퀴어서 친구나 교사에게 상처를 입히는 학생 지도 • 문제행동 학생지도로 인해 다른 학생들의 수업이 방해를 받을 경우 • 문제행동 학생의 가해 위험으로 인해 전 학급에 보조원 배치가 필요함 • 주변 친구들을 공격하는 친구는 혼자만 있게 하거나 격리를 시키고 있으나 다른 친구들의 지도로 인해 지속적인 지도를 기울이기 어려움
기타		—

문제행동 지도 시 어려움을 묘사한 성베드로학교 교사들의 서술은 특수교육 현장에 대한 이해가 있는 교사들이라면 누구라도 충분히 예상할 수 있는 상황을 묘사한 것이라고 할 수 있다. 학교 단위 조사에서 함께 밝혀진 바에 따르면 성베드로학교 학생들 중 요보호학생 비율이 40%(〈표 3-19〉 참조)를 상회하는 만큼, 성베드로학교의 교사들은 재학생들의 건강상의 어려움을 문제행동 지도 이전에 기본적으로 감안해야 하였다. 즉, 교사들은 학급 학생들이 개별적으로 가지고 있는 건강상의 문제에 대해 충분히 숙지하고 적절하게 관리하는 한편 문제 상황에 대비하며 생활하여야 하는 어려움을 가지고 있었다. 또한 문제행동에 관한 가정과의

의사소통과 협력이 원활하게 이루어지지 않는 문제가 있었고, 문제행동이 발생했을 때 학교 당국과 가해·피해 학생(학부모) 간의 갈등, 행정적 문제 등에 대한 실제적 절차상의 어려움을 표현하고 있다. 교사가 문제행동을 보이는 학생 지도 방법을 찾기 어렵거나 체력적으로 한계 상황을 경험하는 것도 예측할 수 있는 문제 상황이다.

(3) 문제행동 및 안전지도 추가 관리 요구표 조사 결과

성베드로학교 교사들에게 재학생들의 문제행동 및 안전지도를 위해 추가적인 관리가 요구되는 시간과 장소 및 상황과 관리 요구 정도에 대해 기술하도록 하였을 때, 시간대와 공간, 상황별 교사들의 관리 요구 사항은 [그림 3-4], [그림 3-5], [그림 3-6]과 같다.

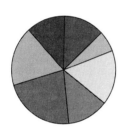

시간대별 추가 관리 요구 정도
- ■통학버스
- ■등·하교
- 수업 중
- ■쉬는 시간
- ■전이(이동) 시간
- 점심시간
- ■방과후교육

요구도가 높은 항목 세부 사항

[전이(이동) 시간대: 26건]
- 이동 시 안전 보장의 어려움
- 이탈의 위험
- 돌발 변수가 많아 통제 어려움
- 보조 인력의 부족

[그림 3-4] 시간대별 추가 관리 요구 현황

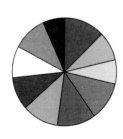

공간별 추가 관리 요구 정도
- ■주차장, 학교 주변
- ■출입구
- 놀이터
- ■계단
- ■교실
- ■복도
- ■화장실
- □식당
- ■특별실
- ■교무실

요구도가 높은 항목 세부 사항

[주차장 학교 주변: 17건]
- 생활 안전, 교출 위험
- 심한 문제행동 시 지도 어려움
- 공간에 비해 차량 혼잡
- 교통사고의 위험

[그림 3-5] 공간별 추가 관리 요구 현황

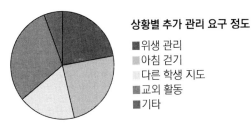

상황별 추가 관리 요구 정도

- ■ 위생 관리
- □ 아침 걷기
- □ 다른 학생 지도
- ■ 교외 활동
- ■ 기타

요구도가 높은 항목 세부 사항

[교외 활동: 20건]
- 외부 활동 시 자원봉사자 매우 필요
- 이탈의 위험
- 대소변 실수 시 관리 어려움
- 이동 능력 차이가 큰 학생들의 지도 어려움

[그림 3-6] 상황별 추가 관리 요구 현황

[그림 3-4], [그림 3-5], [그림 3-6]에 따르면 교사들은 재학생들이 성베드로학교에서 생활하고 있는 거의 모든 시간대와 생활 장소, 활동 상황에 대한 추가적인 관리 요구를 표현하였다. 추가 관리의 요구가 가장 크다고 서술한 시간대는 전이 시간이었는데, 이동 능력의 문제와 이탈, 돌발 변수 등으로 인해 교사들이 늘 긴장한 채 눈을 뗄 수 없는 상황임이 드러났다. 그다음으로 수업시간과 점심시간이 추가 관리가 요구되는 시간으로 조사되었는데, 그 외 예시한 나머지 시간대까지 모두 상당한 빈도와 정도로 추가 관리 요구를 표현하고 있어 사실상 모든 교사가 학생들이 하교하는 시간까지 전체 시간대에 대해서 추가적인 도움을 필요로 하고 있었다. 이와 함께 문제행동 관리를 위한 공간의 측면에서 살펴보면 학교 주변 및 주차장이 이동 시에 주로 사용되며 학교 밖 교외 공간이기 때문에 가장 높은 정도로 추가 관리 요구가 표현되었지만 교실, 계단, 복도, 화장실, 식당, 특별실, 놀이터 등, 그 외 학교 내 모든 장소에서 추가 도움을 요하는 것으로 나타났다. 상황별로는 앞선 두 가지 결과와 맥을 같이 하여 교외활동의 경우(아침 걷기 시간 포함)가 추가 관리가 가장 필요한 상황이었지만, 학생들의 화장실 지도 등 위생 관련 상황으로 인한 관리 요구 또한 높았다. 또한 동전의 양면과 같이 문제행동을 보이는 학생으로 인해 교사들의 지도에서 배제될 수 있는 학급 내 다른 학생 지도 문제가 똑같이 제기되고 있었다.

요약하면, 특히 학급 내에서 교사를 제외하고 특수교육 실무사와 사회복무요원, 자원봉사자 등 보조 인력으로 활동할 성인이 지금보다 부족했던 2011년, 성베드로학교의 전체 교사는 학교 일과 중 모든 시간대와 공간, 상황에서 추가적인 관리 요구를 나타내었다. 교사들이 실제로 서술한 내용을 정리한 시간대별 추가 관리 요구 사항을 〈표 3-14〉에 제시하였다.

❉ <표 3-14> 시간대별 추가 관리 요구 사항 및 정도(조금 필요는 1, 매우 필요는 5로 기술)

해당 시간	관리 요구 정도		세부 요구 사항
	정도	빈도	
통학버스 이용	1	1	• 버스 안에서 타 학생에 의해 상처가 생기는 위험
	2	2	• 학교에서의 문제행동 발생 장소로서 관리 필요 • 이동할 때 운전을 방해하는 행동 발생 시 위험
	3	2	• 만성 질환이 있는 학생이 버스 내 사고가 날 경우 위험
	4	1	• 소변 실수를 하거나 다른 학생을 때리는 경우가 있음 • 교내차량과 성공회대 출입차량 혼선으로 인한 안전 문제
	5	9	• 통학버스 내 자리 이동으로 인해 위험한 경우가 있음 • 하교 시 차량 혼잡으로 인해 안전지도에 어려움
등·하교 시간	1	1	• 학생 손을 교사가 모두 잡을 수 없어 차량 및 교출 사고 위험
	2	1	• 대학 운동장에서 축구를 하는 사람들의 공에 다칠 우려
	3	–	• 주차장에서 교실까지 이동의 어려움이 있음
	4	2	• 교사 혼자 하교 지도 시 학생 인도의 어려움 • 입실하여 교실에 혼자 있는 학생 관리의 어려움
	5	3	• 이동 시의 안전사고 및 이탈의 위험
수업 중	1	1	• 이탈 학생 안전 관리 • 교실 수업 이외 신체 활동 시 보조 인력 반드시 필요함
	2	1	• 문제행동이 가장 많이 발생하는 시간임
	3	4	• 수업 중 자리를 이탈하거나 소변 실수의 경우가 있음 • 교사나 다른 학생을 향한 공격행동 발생 경우
	4	3	• 보조 인력 추가 배치 필요
	5	8	• 화장실 이용 도움 요구 시 다른 학생 관리가 안 됨 • 정서적으로 불안한 상황의 학생에 대한 인적 지원 요망
쉬는 시간	1	2	
	2	1	• 보조 인력이 없는 경우의 용변 실수 시 나머지 학생 관리
	3	4	• 화장실에 가거나 복도를 뛰어다니는 경우 넘어질 위험
	4	3	• 교사가 용변을 해결해야 할 경우
	5	5	

전이(이동) 시간	1	2	• 이동 시 밀거나 다칠 위험이 있음
	2	4	• 학교 이곳저곳을 돌아다니는 경우가 있음
	3	4	• 이동 능력이 부족한 학생들로 인한 어려움
	4	1	• 보조 인력이 없는 상황에서 대면 인수인계가 안 될 경우
			• 교출 학생에 대한 안전보장이 어려움
	5	15	• 돌발변수가 많아 통제 어려움/보조 인력 필요
점심시간	1	1	• 편식지도와 잘 씹지 않고 삼키는 학생의 경우
			• 양치질을 지도해야 함
	2	–	• 편식으로 인해 음식물을 바닥에 뱉는 경우가 있음
	3	4	• 의자에 걸려 넘어질 위험이 있음
			• 개별적 식사지도
	4	6	• 식사 속도가 서로 다른 학생 지도가 어려움(교출 위험 등)
			• 자전거 타는 학생들의 관리를 담임교사가 하기 어려움
	5	8	• 식사지도 및 식사 후 자유시간에 대한 활동 지원 어려움
방과후 교육	1	1	• 방과후 교육에 부적응(예: 부모 요구에 따른 선택 등)
	2	3	• 개별 귀가 학생 안전 관리 및 지도의 어려움
	3	1	• 학생들에게 꼬집히거나 공격을 당하는 경우가 있음
	4	2	• 대소변 훈련이 안 된 학생은 방과후 교육 참여가 어려움
	5	7	

2) 학교 단위 생활지도 및 안전 관리 실태

성베드로학교에서 학교 단위로 운영하고 있는 학생 생활 및 안전지도 실태 파악을 위해 살펴본 사항은, 첫째로 학교 단위 생활지도 실태(예: 신변 자립, 생활습관 지도 등), 둘째로 학생 생활 및 안전 관리를 위한 서류 및 안전 관리 시스템 등이었다. 이 두 가지 조사 결과 그리고 셋째로 이러한 조사 결과에 따른 학교 단위 생활 및 안전지도 실태 개선을 위한 협의 결과를 보고하고자 한다.

(1) 학교 단위 생활지도 실태

성베드로학교에서는 학생들의 생활지도 및 안전 확보를 위해 공통적인 지침하에서 생활하고 있었다. 2011년 컨설팅장학 보고 자료로 작성하여 제출한 학생 생활지도 및 안전지도 지침의 내용은 다음 〈표 3-15〉와 같았다. 당시에는 〈표 3-16〉과 같은 연간 생활지도 운영 목표를 정하여 운영하였으며, 하루 동안의 학교 생활을 규정한 일일 기본 생활지도 계획(〈표 3-17〉 참조)과 학급별 중점 생활지도 계획(〈표 3-18〉 참조)을 수렴하여 갖추고 있었다.

❋<표 3-15> 생활지도 및 안전지도 기본 지침

1. 학생의 등교 시부터 하교 시까지의 모든 시간과 장소에 학생 생활지도 및 안전 관리를 위해 본교 전 교직원이 투입되어 지도한다.
2. 전교생을 위한 주간 혹은 일일 생활지도계획과 개별 학급 학생들을 위한 학급별 중점 생활지도계획을 정하고 학교생활 중 실천을 생활화한다.
3. 학생 자신 및 급우들의 학교생활 및 학습활동을 방해하는 문제행동 관리에 힘쓴다.
4. 교과, 재량 및 특별활동 시간 등 수업시간을 통해 지도하고 가정연계교육을 실시한다.
5. 학생 안전대책 및 학교폭력 · 성폭력 예방 계획을 수립하여 실천한다.
6. 분기별로 화재대피훈련을 실시함으로써 교사와 학생들의 안전의식을 고취하고 만일의 사태에 대비하기 위한 실제적인 방법을 익힌다.
7. 등 · 하교 시 전 교직원이 통학버스 하차 및 탑승과 자가통학 학생들의 학교 주변 교통안전 지도에 힘쓴다.
8. 교출 학생이 발생할 경우에 대비한 비상대책을 숙지하고 전 교사가 신속하게 대처한다.
9. 학생들의 일상적인 건강 관리 및 보건 교육과 전염병 예방에 힘쓰며 학생들의 손소독을 일상화한다.
10. 위생적이고 균형 잡힌 식단의 영양가 있는 학교 급식을 제공함으로써 학생들의 건강 증진 및 영양 공급에 만전을 기한다.
11. 학생들의 행동문제, 생활지도, 안전 문제와 관련하여 긴급한 사안이 발생하였을 경우 적정한 절차에 따라 대처한다.
12. 학생들의 안전 관련 사항을 담당하는 각종 위원회 운영과 제반 기록(예: 학교안전지킴이 점검표, 교출 학생 명단)을 철저히 작성, 관리한다.

❋ <표 3-16> 연간 생활지도 운영 목표(3, 4월)

월	생활 목표	주	기간	주생활 목표	
				초등학교	중·고등학교
3	규칙적인 생활을 하자	1	01~05	밝은 얼굴로 인사하자	바른 자세로 인사하자
		2	07~12	등·하교 시간을 잘 지키자	등·하교 시간을 잘 지키자
		3	14~19	수업 시간과 쉬는 시간을 구분하여 생활하자	수업 시간과 쉬는 시간을 구분하여 생활하자
		4	21~26	바른 식사 태도를 익히자	식사 예절을 익히자
		5	28~02	신발을 신발장에 정리하자	소지품을 사물함에 정리하자
4	친구와 사이 좋게 지내자	6	04~09	친구와 웃는 얼굴로 인사하자	친구와 바른 인사말을 나누자
		7	11~16	친구에게 곱고, 바른 말로 말하자	친구에게 고운 말을 쓰자
		8	18~23	친구들과 다 같이 사이좋게 지내자	친구의 좋은 점을 칭찬하자
		9	25~30	친구와의 약속을 잘 지키자	친구와의 약속을 잘 지키자

❋ <표 3-17> 일일 기본 생활지도 계획

구분	지도 중점	유의점
등교 시간	• 통학버스에서 질서 있게 내리기 • 실내화 바르게 신기 • 선생님께 바르게 인사하기 • 자기 소지품 잘 간수하기 • 준비물과 알림장 제출하기	• 등교 시 교통안전 지도 – 출결 상황 철저 확인 • 책임지도의 생활화 – 통학버스(담임, 기사, 부모, 안내원)
수업 시간	• 시작 시간과 끝나는 시간 알기 • 바른 자세로 공부하기 • 다른 사람의 이야기를 주의 깊게 듣기 • 학용품 바르게 사용하기	• 학용품, 놀이기구, 실험기구 등 안전사고 예방 및 사전·사후 점검

휴식 시간	• 화장실 바르게 사용하기 • 쓰레기와 재활용품 분리하여 버리기 • 복도에서 큰소리치거나 장난하지 않기 • 문 조심하여 여닫기	• 장난, 싸움 등으로 인한 안전사고 예방 철저
급식 시간	• 식사하기 전에 반드시 손을 깨끗하게 씻기 • 식당에서 질서 있게 차례 지키기 • 편식이나 과식하지 않기 • 바른 식사 습관 갖기 • 식사 후 뒷정리하기 • 식사 후 놀이 시 실내화 운동화 구별하여 신기	• 배식할 때, 식기 및 음식 운반, 식사 중의 사고에 대비한 안전지도 철저 • 교출 방지 → 비상탐색조 편성
하교 시간	• 전달사항 바르게 듣기 • 소지품 정리정돈하기 • 단정한 옷차림하기 • 책 · 걸상 바르게 정리정돈하기 • 신발을 바르게 신고 실내화는 제자리에 넣기	• 교통안전 사고, 도로 무단 횡단 및 배회 등에 대한 대비 철저

❈ <표 3-18> 학급별 중점 생활지도 계획

소속	담임	활동명	비고
초 1-1	문○○	만나면 반갑게 인사해요	
초 1-2	이○○	실내화를 바르게 신어요	
초 2-1	유○○	자리에 바르게 앉아요	
초 2-2	양○○	예쁜 자세로 앉아요	
초 3-1	곽○○	수업 시간에 바르게 앉아 공부해요	
초 3-2	한○○	자기의 일은 스스로 해요	

(2) 학생 생활 및 안전 관리를 위한 서류 및 안전 관리 시스템

2013년 당시 학생생활부에서는 학생 안전대책 및 학교폭력 · 성폭력 예방계획, 화재대피훈련 및 생활안전(교출학생) 운영계획을 수립, 운영하고 있었다. 이 내용은 학교교육과정 운영계획에 수록되어 있으며, 서울시교육청 지침에 따라 안전교육 프로그램과 교과, 재량 및 특별활동 시간을 통해 권장 운영되었다. 그리고 교

원, 학부모, 학생 대상의 학교 내 폭력·성폭력 예방교육이 연 2회 이상(1회 2시간 이상) 운영되고 화재 대피훈련이 분기별로 실시되었으며, 교출 학생이 발생한 경우의 비상 대책이 마련되어 있었다.

　한편 2011학년도 학교보건 일지에 따르면 전교생 192명 가운데 79명이 요보호 학생으로 분류, 추적 지도를 위한 특별 대상으로 관리 중이었으며(〈표 3-19〉 참조), 응급 환자 발생 시의 관리 및 대처를 위하여 '교내 응급 환자 이송 및 처리 요령'을 마련하여 이를 지키고 있었다. 예를 들어, 교내에서 학생 건강상의 문제나 안전사고로 인해 응급 상황이 발생했을 때 학생의 상태에 따라 보건실로 인도 조치 후 보호자에게 인계(후송)하거나 인근 병원으로 우선 후송 조치를 결정하게 되어 있다. 여기에는 환자의 상태와 치료비, 이송 경비, 기타 세부 사항에 대해 상세하게 기술하고 있었다. 〈표 3-20〉에 성베드로학교 응급 환자 이송 및 처리 요령을 제시하였다.

✤〈표 3-19〉 2011학년도 성베드로학교 요보호 학생 분류

경련성 질환	심장 질환	소아청소년과	기타 질환	요보호 학생
38명	11명	12명	18명	79/192명
(19.8%)	(5.8%)	(6.3%)	(9.4%)	(41.1%)

✤〈표 3-20〉 교내 응급 환자 이송 및 처리 요령

구분	환자 상태가 위급하거나 중한 외상	환자 상태가 위급하지 않으나 병원으로 이송해야 하는 경우
상황	• 기도 폐쇄, 호흡곤란(숨을 쉬지 않거나 1분에 30번 이상 숨을 쉴 때) • 맥박이 약하거나 없을 때 • 출혈이 심한 경우 • 개방골절인 경우 • 의식이 없을 때 • 응급 수술을 요하는 경우 등	• 경미한 부상 • 염좌(삠), 단순 골절 의심 • 경미한 봉합이 요구될 때 • 치아 손상 • 고열, 단순외상 등

치료비	• 학부모와 연락이 되어 동행할 경우 학부모가 병원비를 지불하고 학부모와 연락이 안 될 경우에는 후불로 처리(대납 후 안전공제회에 신청 가능)하고 학부모에게 연락한다. • 안전공제 급여신청 시 행정실에 문의하여 처리 → 상해 및 개인적으로 발생한 건은 제외 • 지불 능력이 없거나 생활보호대상자인 경우 행정실에 문의하여 처리
이송 경비	• 환자 후송 시 동행교직원(응급처치자 및 차량 운전자)은 공무 출장으로 처리
기타	• 보건교사가 출장 등 기타 사유로 부재 시 학교보건업무(응급처치)는 지정된 학교보건 업무 대행자가 담당한다. • 응급을 요하는 경우 119에 연락한 후 가능한 종합병원을 이용하도록 한다. • 응급환자 이송 및 처치기록은 후송 즉시 기록하도록 한다(사건의 날짜, 시간, 장소, 사고 현황, 환자 상태, 응급처치 내용 등을 구체적으로 기록). • 관리자는 후송 교직원(특히 학교 교직원 차량으로 이송)에 대해서는 교문을 떠남과 동시에 출장처리가 되도록 조치하여 이송 도중 안전사고로 인한 교직원의 피해를 최소화한다.

�֍ <표 3-21> 성베드로학교 안전사고 발생 현황(학교보건일지 기준)

	응급 환자 건수	연계 병원 진료	학교 안전공제회 의뢰
2010년	11	3	2
2011년	5	3	2

〈표 3-21〉은 학교 보건실 진료 이상의 응급 상황 발생 현황을 알아본 자료이다. 당시 성베드로학교의 요보호 학생 비율(41.1%)과 85% 학생이 복수의 문제행동을 가지고 있다는 조사 결과, 그리고 대다수의 교사가 문제행동 지도에 대한 어려움과 추가 관리 요구를 가지고 있음을 감안할 때, 성베드로학교 교사들의 생활 및 행동지도 실태는 상당히 우수하다고 판단되었다.

(3) 학교 단위 생활 및 안전지도 실태 개선을 위한 협의 결과

학교 단위 생활지도 및 안전지도 실태 조사 팀에서는 이상과 같은 운영 지침 및 실태, 기록 등의 자료를 정리하여 TF팀과 공유한 후, 각각의 운영 성과와 문제점,

개선 요구 사항을 파악하기 위한 회의를 실시하였다. 다음 〈표 3-22〉와 〈표 3-23〉은 전년도 학교 교육과정 자체 평가 내용 및 생활 및 안전지도 분야에 관한 TF팀 협의 결과를 요약, 정리한 것이다.

❋〈표 3-22〉 성베드로학교 학생 생활지도 성과 및 개선 방향

분야		성과 · 문제점 · 개선 요구사항 등
학생 생활 지도	연간 생활지도 운영 목표	• 성과: 시기별로 적절한 생활지도 목표를 주간교육계획상 기록하도록 해서 전체 교사가 공유, 인식하고 있는 점이 긍정적임 • 개선 요구사항: ① 매년 각 해의 특정 일정 등을 반영하여 새로운 내용으로 보완되어야 함, ② 지적장애학생에게 주생활목표를 인식하도록 매주 지도하기가 어려워 형식적으로 흐르는 측면이 있음
	일일 기본 생활지도 계획	• 성과: ① 전체 교사의 학교 생활 전반(수업시간뿐 아니라 등·하교, 쉬는 시간, 점심시간 등)에 걸친 전면적 생활지도는 매우 고무적인 측면, ② 전년도 학교 교육과정 평가 결과 학생생활지도에 관한 자체 평가 결과가 30여 개 중분류 가운데 매우 높은 점수(93.83점, 4위)를 보임
	학급별 중점 생활지도 계획	• 성과: 학급 학생들의 생활연령이나 특성에 맞게 중점적인 지도 내용을 연중 지속적으로 지도함으로써 일관성 있는 교육으로 이어짐 • 개선 요구사항: ① 개별 학급마다 자율적으로 정해지는 생활지도 계획에 학년별 체계를 갖출 수 있도록 큰 틀 제시가 필요함, ② 학급별 중점 생활지도 사항에 대한 구체적인 교육 방법과 가시화된 평가가 필요함

❋〈표 3-23〉 성베드로학교 학생 안전지도 성과 및 개선 방향

분야		성과 · 문제점 · 개선 요구사항 등
안전 지도	학생 안전대책 및 학교폭력 · 성폭력 예방계획	• 성과: ① 정기적 안내와 교육을 통해 전 교사가 충분히 중요 성과와 긴급 사항을 이해함(생활안전교육, 자살예방교육, 안전한 학교 만들기를 위한 아동성폭력 예방 교직원 연수 등), ② 시대적 요구인 체벌 금지에 대해 교육청 지침에 따라 학교 생활규

		정을 개정함, ③ 안전교육 및 성교육은 교과 시간과 재량 시간을 통해 이루어지고 있음(성교육: 연간 20시간 이상. 초5학년 재량 시간에 보건교사가 담당), ④ 야외활동 및 수련활동 시 담임 교사 중심 안전교육을 사전에 실시, ⑤ 학부모 및 학생 대상 가정통신문을 연 6회 이상 제공하고 있음 • 개선 요구사항: 일반학교 중심의 자료가 아닌 특수학교 학생에게 적절한 수준의 내용의 교육이 제공되었으면 함
	화재대피 훈련 및 생활안전 (교출 학생) 운영 계획	• 성과: ① 학교 교사 주변에 CCTV를 설치하여 안전한 교육환경 기반을 조성하였음, ② 등·하교 시 교통안전 지도와 교출 학생 발생 시 전 교사가 참여 협조하여 안전한 교육환경 제공을 위해 노력함, ③ 학급 학생의 문제행동 지도 시 학부모와 협의하여 '학생지도 동의서'를 작성하도록 함 • 개선 요구사항: 교출 학생 발생 시 신속한 보고 체계가 필요함
	응급 환자 관리 및 대처 계획	• 성과: ① 보건실을 중심으로 학교 감염 및 전염병 예방을 위해 학생 위생 지도 및 손 소독을 일상화함, ② 학생의 건강 및 안전에 관한 긴급 사안 발생 시 '학생 안전사고 상황일지'를 작성하도록 함 • 개선 요구사항: 실제 긴급 상황이 발생한 경우 사후에 공식적으로 간단한 브리핑이나 논의를 진행하는 것이 필요함. 이런 절차를 통해 사안에 대한 오해 여지를 없애고 추후 유사한 상황의 대처에 유용할 것임

📖 4. 학생 생활 및 행동지도 실태 조사 결과에 대한 인식의 공유

　학생 생활지도 및 안전지도 현황 파악을 위한 방대한 분량의 자료와 실태 조사를 통해 성베드로학교 교육 현장 실제와 발전을 위해 중요하고, 특수교육 분야의 학문적으로도 흥미로운, 괄목할 만한 내용이 조사되었다고 생각한다. TF팀원들은 수집한 자료를 정리하고 분석한 후 보고 자료로 작성하여 컨설팅위원들에게 송부했으며, 동료 교원들과 자료 및 인식을 공유하는 시간을 마련하였다.

　컨설팅위원들은 송부한 자료를 검토한 후 TF팀과의 의사소통을 통해 자료 조사 결과 새롭게 가지게 된 인식이 있는지 물었다. TF팀은 성베드로학교의 교사들이 '건강상의 어려움이 매우 크며(40% 정도가 요보호 학생), 자신의 의사를 상당 부분 문제행동으로 표현하는(85% 학생이 문제행동 가짐) 학생들과 생활한다. 하지만 우리가 처한 상황에 비하여 꽤 잘 해내고 있다(1년간 학교안전공제회 회부 3건)'라고 답하였다. 컨설팅장학 위원들은 성베드로학교의 전반적인 행동지도 실태를 자료 검토와 TF팀과의 의사소통을 통하여 이해하였으며 상황 개선을 위한 대책으로 '긍정적 행동지원 방식의 행동 지도 도입'을 제안하고 위기 상황의 행동지도 방법을 조언하는 교사연수[주제 1: 학교와 학급에서의 행동 관리(김○○ 교수), 주제 2: 문제행동을 지닌 장애학생을 위한 긍정적 행동지원(박○○ 교수)]를 제공했다. 아울러 컨설팅 결과보고서를 통해 학생 생활 및 안전지도를 위한 관리자의 역할을 강조하고 학교 단위의 단순화한 기대행동을 지도할 것과 리더십팀 운영을 제안하였다. 그리고 추후에 학교에서 요청할 경우 리더십팀 교육과 꾸준한 컨설팅 제공을 약속하였다. 〈표 3-24〉와 〈표 3-25〉를 참고하면 당시에 이미 컨설팅위원들은 학교 차원의 긍정적 행동지원 운영을 염두에 두고 리더십팀 교육 및 운영을 제안하고 있음을 알 수 있다.

❋〈표 3-24〉 2011학년도 성베드로학교 컨설팅장학 결과보고서 ①

주제		학교 · 학급차원 학생 생활지도 및 안전지도
장학팀원의 역할 분담		• 김○○ 교수: 성베드로학교의 전반적인 행동지도의 실태 파악과 점검에 따른 조언 • 박○○ 교수: 성베드로학교의 학생 위기행동 발생에 대한 자료 검토와 그에 적합한 지도의 실제 조언
실태 분석 단계	요청 내용	• 학생 생활지도 실태(연간, 일일) 및 안전지도 운영계획, 학급차원의 문제행동 관리 현황 자료
	전략 수립	• 학생 생활지도 내역 단순화, 안전지도 운영계획을 통한 구체적인 행동 사례 발굴
장학 실시 단계	지원 내용	• 학생 생활지도 및 안전지도 현황에 대한 조언: 특히 중점 지도할 행동을 단위 학교급별로 파악하고 이를 학교 전체에서 관리하는 것이 필요함. • 학교 · 학급차원의 문제행동 지도: PBS의 개요와 실천방안 제안

추가 지원 계획	• 학생 안전지도: 위기관리 행동체계에 대한 이해와 지도방안 제안 • 학교의 리더십팀 상시 운영
실행 단계 전반에 대한 제안 사항	• 학교 전체를 대상으로 학생 문제행동 실태를 파악해 본 것은 의의 있는 작업임 • 향후 이번 컨설팅을 기본으로 리더십팀을 운영하는 것이 바람직할 것으로 사료됨
비고	※ 후속적으로 학교의 장학 요청이 있을 경우 리더십팀 교육을 실시할 것이며 정기적인 모니터링을 실시하고자 함

❖ <표 3-25> 성베드로학교 컨설팅장학 보고서 ②

학교명: 성베드로학교	장학팀: 김○○ (서명)
우수사항	• 전체 교직원이 학교의 학생행동 관련 문제를 파악하고자 검목표를 통하여 행동 관리 현황 조사를 실시 • 정보를 공유 • 행동지원은 자료에 근거하여 계획되고 실행되는 것이므로 이 문제를 파악하는 단계가 매우 중요함 • 성베드로학교의 구성원은 이에 대한 인지가 높아 보임 • 이러한 인식은 향후 학교차원의 문제행동 개선활동을 가능하게 할 것임 • 지도 사례의 구체적인 어려움을 이번 컨설팅을 계기로 파악 • 개선방안을 협의하는 문화가 돋보임
개선사항	• 학교 단위의 기대행동 지도를 위해서 학교관리자(교장)의 활용이 필요 • 문제행동 발생 예방을 위한 교실구조화 요망(외부자극에 노출된 창문 등) • 리더십팀의 지속적인 운영이 필요 • 생활지도 내용의 단순화 작업이 요구됨 • 성베드로학교의 가장 큰 행동문제가 무엇인지 검토가 필요 • 위기관리 행동의 규정과 절차에 대한 교사 간의 합의가 요구됨
학교 건의사항	• 행동문제에 대한 지원계획을 수립할 수 있는 재정적·행정적 지원이 필요함 • 행동문제에 대한 이해를 돕기 위한 교직원 연수가 필요함 • 행동문제 개선을 위한 학교장의 역할에 대한 이해와 실제적 지지가 요구됨

성베드로학교에서 이루어진 컨설팅장학을 계기로 파악하게 된 방대한 양의 조사 결과 가운데 재학생들의 문제행동에 대한 교사들의 중재 방법에 대한 내용은 사실상 2011년도 컨설팅장학 조사 결과의 핵심으로, 2013년에 학교차원 긍정적 행동지원을 실시하게 된 직접적인 계기가 되었다. 성베드로학교 학생들이 문제행동을 보일 경우, 상당수 교사가 효과가 미미하다고 알려진 '구어지도'를 1차적으로 사용하여 지도하고 있으며 그다음 순위로 현재의 교육현장에서는 권장되지 않는 행동지도 방식인 '신체적 제지(속박, 구속)'를 주로 적용하고 있다는 사실이 그대로 밝혀진 것이다. 즉, 특수교육 현장에서 사라지고 있는 '벌' 위주의 전통적인 훈육 방법을 가장 전형적인 행동지도 방법으로 사용하고 있음이 드러났고, 이러한 상황이야말로 교육현장에서 '변화가 요구되는' 교육 실제이기 때문이다.

제4장
학교 전체의 체제 개선 노력

다수 구성원들이 합의하는 절차를 거쳐 학교차원 긍정적 행동지원 운영을 결정한다는 것은 '기존의 행동지도 틀과 체제로서는 해당 학교의 문제가 해결되지 않음'을 인정하는 것으로, 상황의 심각성을 의미하는 것이기도 하다. 구성원들의 동의와 협력이 전제되지 않으면 장기적·실질적인 학교차원 긍정적 행동지원 운영이 어렵기 때문에 설득과 합의를 위해 시간이 걸리더라도 이 절차는 매우 중요하다.

이후 학교차원 긍정적 행동지원 운영을 위한 체제를 갖추어야 하는데 이는 긍정적 행동지원 업무 추진을 위해 인력을 재배치하거나 물리적 환경을 조성하고, 시간 운용 효율화를 통해 긍정적 행동지원 운영에 대해 협의할 시간을 마련하는 등의 절차를 말한다. 아울러 구성원들의 질적 변화를 위한 지속적인 지원이 요구된다. 학교 관리자의 의지와 협력, 그리고 운영 예산을 마련하는 것 또한 학교차원 긍정적 행동지원 운영을 위해 필수적인 요소이다.

1. 학교차원 긍정적 행동지원 도입의 배경

2011학년도 1학기에 컨설팅장학을 계기로 성베드로학교 학생들의 생활지도 및 안전지도에 관한 방대한 분량의 조사를 거쳤지만 추후 과정은 계속되지 못했다. 당시의 TF팀이 엄청난 수고를 거쳐 의미 있는 성과물을 얻었음에도 그것이 의미하는 바에 대한 정확한 인식이 부족하였고, 무엇보다 성베드로학교 내부 상황이 변하여 2011년 9월에 학교의 관리자(교장, 교감)가 모두 교체되어 구성원들이 새로운 상황에 적응하기 바빴던 것이다.

하지만 2012년 중반을 지나면서 특수교육 현장의 분위기가 심상치 않았다. 장애학생의 행동 및 생활지도를 담당하는 성인들의 잘못된 대처가 사회적으로 큰 이슈가 되는 일이 곳곳에서 발생한 것이다. 이러한 상황은 주로 특수교사나 교직원, 특수교육 보조 요원들(실무사, 사회복무요원 등)의 장애학생에 대한 비윤리적인 처사에 관한 것이었다. 이전에도 종종 학생들에게 지나친 태도로 대하는 교사들의 문제가 여론의 관심을 끄는 일이 있었고 이는 아동을 선도해야 하는 성인이 미성년인 아동에게, 더욱이 학생을 훈육해야 하는 교사가 학생에 대하여 부적절한 말과 행동을 한 경우였다. 하지만 여기에 더하여 장애학생이 그 대상이 된 경우, 이들이 자신의 목소리를 내어 주장할 수 없는 절대적 약자라는 점 때문에 훨씬 큰 문제로 부각될 수 있다.

한 가지 문제가 불거지자 이곳저곳에서 유사한 상황이 보도되거나 알려져 2012년 늦가을 무렵 특수교육 현장의 분위기는 상당히 혼란스러웠다. 그리고 특수교사 직분에 대해 정서적·실질적 위기감을 갖게 된 성베드로학교의 교사들 역시 당시 교육현장의 상황에 대하여 진지한 걱정을 나누었다. 당시의 상황은 이슈가 된 한 학교나 특정한 교사의 문제라기보다는 특수교육 현장 전체에서 상당히 만연한 모습이라고 인식되었기 때문이다. 즉, 특수학교를 비롯한 학교 현장에서 '학생들의 행동문제에 대한 교사들의 전통적 중재 방법(행동의 기능을 고려하지 않은 벌 위주의 방식)이 사회적으로 용인될 수 있는 교육적인 대처 방식으로 변화하지 못하고 있는 것'이 사실이기에 누구도 이러한 상황에서 자유로울 수 없는 현실이었다.

간단치 않은 특수교육 현장 상황에 대해 성베드로학교의 관리자와 교사들이 걱정을 나누고 대책을 논의하던 끝에 2011년도 컨설팅장학 TF팀 소속 몇몇 교사는 긍정적 행동지원 분야의 권위자이며 컨설팅장학 위원이었던 A대학 박○○ 교수를 찾았다. 그리고 당시 상황에 대한 열띤 토론 결과 박교수는 이렇게 제안했다. "학교차원 긍정적 행동지원을 준비해 보세요!"

특수교육 현장이 변화해야 했기에, 힘들더라도 그로 인해 향후 바람직한 결과가 엿보일 노력을 해야 공동체의 위기감을 덜 수 있었기에 대화를 마친 교사들은 성베드로학교에 돌아가 학교장에게 박교수와의 대화 내용을 전하고 결단과 협력을 구했다. 교장선생님은 학교차원 긍정적 행동지원 운영을 위한 협력을 흔쾌히 약속했고, TF팀은 교사회의에서 조심스럽게 협의된 내용에 대해 전달했다. "특수교육 현장 상황을 볼 때 특수교사들이 변하는 것이 타당하다, 무엇인가 해 보아야 한다, 전문가는 '학교차원 긍정적 행동지원'을 시도해 보라 한다, 교장선생님도 적극 협조하기로 했다, 서울시교육청에서 긍정적 행동지원 사업을 계획 중이다, 사업 공모에 신청하려 한다, 만일 선정된다면 힘들겠지만 함께 해 보는 것이 어떠한가" 라고 전체 교사에게 전달했고, 동료 교사들 중 소리 내어 반대할 수 있는 사람이 없었다. 당시의 상황이 그러했다!

📖 2. 학교차원의 제도적 지원 체제 수립

학교차원 긍정적 행동지원의 도입을 결정하고 난 후 가장 먼저 한 일은 서울시교육청이 행정적·재정적 지원을 제공하는 '2013 긍정적 행동지원단' 공모에 선정되기 위해 성베드로학교 긍정적 행동지원단 운영계획서를 작성하는 것이었다. 당시에는 알지 못했지만 외국에는 이미 국가 단위로 긍정적 행동지원 실행을 장러하고 지원하기 위한 기관[예: 미국 긍정적 행동지원 기술지원센터(OSEP Center on PBIS)]이 설립되어 있었다. 아울러 대학이나 지역교육청이 협업으로 일선 학교의 긍정적 행동지원 도입과 운영을 위해 특히 초기의 집중 지원을 통해 구성원 교육과 사업 추진을 돕고 난 후 점차 도움의 강도를 줄이는 시스템이 자리 잡고 있었다. 교육적 열정을 가진 소수의 교사만이 아니라 전체 교직원이, 한시적인 기한만이 아니라 장기적으로 학생지도 습관과 태도를 바꾸는 질적인 변화를 꾀하기 위해서는 보다 큰 틀의 계획과 실천이 필요하며 이를 돕기 위한 국가 단위의 체계적인 지원이 필수적인 것이다.

계획서에서는 '특수학교에 재학하는 장애학생들은 문제행동 발생 비율이 상당히 높아 행동 관리에 대한 개별 특수교사들의 어려움과 교육적 요구가 매우 크다. 이에 따라 문제행동 감소에만 초점을 두는 단기적 접근보다는 장기간에 걸쳐 지속되는 변화를 추구하는 긍정적 행동지원의 관점을 기관의 문제행동 접근 방식으로서 채택하고자 한다. 또한 이러한 목표 달성을 위하여 '2013 성베드로학교차원 긍정적 행동지원단'을 구성, 교직원 전체가 공유하는 기대행동과 행동지원 지침을 세우고 지속적인 교수적 지원하에 학교차원 긍정적 행동지원 체계를 마련할 것이다. 그리고 이러한 보편적 지원(1차 예방)과 개별 지원(3차 예방) 방식의 특수학교차원 긍정적 행동지원 실시를 통하여 '본교 학생들의 수업참여행동 및 문제행동 양상, 개별화교육계획 성과의 변화, 교사와 학부모의 인식 변화를 꾀하고자 한다'라고 기술하였다.

2013 긍정적 행동지원단 공모에 선정되어 예산 지원과 교수적 지원을 받기로 결정된 후 본격적으로 학교차원 긍정적 행동지원 운영을 위한 성베드로학교 전체 체제 개선 업무에 들어갔다. 다음에서 성베드로학교에서 체제 개선 업무 일환으로 이루어졌던 인적자원의 재배치(팀 구성), 물리적 환경 개선, 시간 운용 및 의사소통 체제 개선 사항 등에 대해 기술하고자 한다.

1) 인적자원의 재배치: 성베드로학교 긍정적 행동지원단의 구성 및 역할 부여

'2013학년도 긍정적 행동지원단'에 지원하기 위해 학교장(행동지원단 단장)을 포함하여 리더십팀(T2), 실행팀(T3) 등을 담당할 교사들을 긍정적 행동지원단으로 이미 구성해 두었지만 실제 운영을 위해 〈표 4-1〉과 같이 업무 분담과 역할을 상세화하였다. 성베드로학교 긍정적 행동지원단 실무팀(T1)은 교육청과의 행정 업무 및 서울시교육청 소속 긍정적 행동지원단과의 의사소통 업무를 맡았고 운영 예산 등 지원 업무를 담당했다. 리더십팀은 실무팀 5명의 교사와 2013년 학교차원 긍정적 행동지원 운영 과정별 대표교사(초고 · 중) 2명씩을 포함하여 9명의 교사로 구성했다. 리더십팀은 학교차원 긍정적 행동지원 실행 교사들로부터 대표성을 부여받아 긍정적 행동지원 운영을 이끌고 중요한 사항을 결정하는 역할을 담당하며, 3명의 부장교사를 포함하여 활동의 추진력을 가지고 있다. 아울러 관리자(교장, 교감)의 역할이 중요하므로(손유니, 2015) 성베드로학교에서는 교감선생님이 긍정적 행동지원단 리더십팀의 회의에 당연직으로 참석하며 팀의 결정을 존중하는 등 힘을 실어 주기로 하였다. 실행팀은 학교차원 긍정적 행동지원을 직접 실천하는 전체 교사를 의미하며, 성과 파악을 위한 사전 · 사후검사와 연수 참여, 긍정적 행동지원의 철저한 실행 역할을 다하고자 했다.

❖〈표 4-1〉 2013학년도 성베드로학교 긍정적 행동지원단의 구성

	PBS 실무팀	리더십팀	PBS 실행팀
구성	교육과정부＋학생생활부 ＋연구부	T1+과정별 대표	T2+대상 학년 학급 담임
인원	김○○(총괄), 박○○ (중 대표), 홍○○(초 대표), 박○○(예산), 이○○ (행동지원실, 회의록)	T1, 송○○, 박○○(초), 홍○○, 조○○(중)	T2, 우○○, 이○○, 차○○, 연○○, 이○○, 이○○, 이○○
회의	매주 수요일	1, 3번째 주 수요일	월 1회
역할	• 교육청 및 지원단 업무 • 예산 관련 업무 • 행동지원실 운영 및 관리	• PBS 학교 규칙 수립 • PBS 장소별 규칙 수립 • 장소별 규칙판 및 PPT 제작	• 사전/사후 검사 실시 • 전체 학생 대상 보편적 지원 • 선정학생 대상 개별 지원
특징	• T1 인원(5명)이 보편적 지원과 개별 지원 업무 등 전체 PBS 업무 운영 • 소수 정예 인원으로 T1이 구성되어 친밀도와 업무 협력이 우수했음 • 업무 조정 없이 PBS T1에 포함(기존 부서별 연간 업무에 PBS 업무가 추가됨)		

　하지만 2013학년도 12월에 실시한 1차년도 성베드로학교차원 긍정적 행동지원 평가 결과, 실무팀의 업무가 지나치게 과중해 이러한 팀 구성으로는 장기적 안목으로 살펴볼 때 긍정적 행동지원의 학교 정착이 어렵다는 결론에 도달했다. 그리하여 그해 말 리더십팀 평가회에서는 운영 팀 구성 문제에 관한 협의 끝에 현행 실무팀 업무를 '다수의' 교사가 나누어 맡는 것이 좋겠다는 데 의견을 모으고, 다른 학교의 예를 참고하여 기존 부서별 고유 업무에 긍정적 행동지원 관련 업무를 분담하여 포함시키기로 하였다. 다음 〈표 4-2〉는 부서별 업무분담 형식으로 개편한 2014년 긍정적 행동지원단 구성 현황을 기초로, 2015년을 지나며 다소간의 수정을 거친 2016학년도 학교차원 긍정적 행동지원 업무 분담 내용이다.

　2014년 이후 성베드로 긍정적 행동지원단 실무팀은 2주마다 실시되는 부장회의 구성원과 동일하므로 별도로 회의 시간을 마련할 필요가 없었다. 총괄 업무를 맡은 교육과정부장은 필요시에 협의와 결정이 필요한 안건을 상정하여 결론을 도출하며 팀원들의 협조를 구하고 있다. 아울러 성베드로학교의 각 업무 부서에 긍정적 행동지원 업무를 담당하는 교사를 정하여 부장교사의 책임하에 해당 업무를 실질적으로 수행하도록 하는 체제가 정착되었다. 또한 이러한 사항을 2016학년도부터 학교교육과정 운영계획 책자에 교원 업무분장 사항으로서 정식으로 수록했다. 요약하면, 현재 성베드로학교의 관리자를 포함한 모든 교원은 학교차원 긍정적 행동지원 사업을 자신의 업무 및 학생 생활지도 방식으로 인지하고 있으며, 합리적 업무 분담 방식으로 업무 부담의 문제를 해결하고 있다.

❉ <표 4-2> 2016학년도 성베드로 긍정적 행동지원단의 구성 및 세부 역할

	PBS 실무팀		리더십팀	PBS 실행팀
구성	부장회의(12명): 교장, 교감, 각 부서장, 행정실장		과정 부장(총괄 포함 4명), 초중고별 자원/선발교사 (8명)	전체 교사(45명)
회의	부장회의(필요시)		월 1회(4월 2~3회)	과정별 회의
역할	PBS 운영 점검, 포상	교장, 교감	• 2016 PBS 학교 규칙 결정(학교/과정/학급별) • PBS 규칙 교수 자료 제작 • PBS 규칙 교수방법 구안 • 운영 및 개선방안 협의 • 솔루션팀 운영 • 팀원: 문○○, 한○○, 이○○(초저), 김○○, 우○○, 박○○(초고), 박○○, 배○○, 김○○(중), 김○○, 이○○, 한○○(고)	• PBS 규칙지도 수업 운영 • 수업참여행동, PBS 개별 규칙 지도 및 강화 • 교정 계획 및 위기관리 계획 운영 • 개별 지원 의뢰 및 참여 • 관련 서류 작성 • 교사연수 참여
	총괄/교육청 관련, 예산	교육과정		
	포상 1(구입)	진로		
	포상 2(관리 및 포장)	교육과정		
	포상 3(성과 관리 및 시상)	교무		
	교사/교직원/부모연수	교육과정		
	개별 지원, 행동지원실	학생		
	사전 · 사후검사(IEP)	연구		
	사진 촬영 및 홈페이지 업로드	창인		
	미디어월 운영	지원		
	교수 자료 제작 지원	체정		
	예산 지원	행정실		
특징	• 학교 전체 업무 부서와 관리자가 함께 PBS 업무 고루 분담 • 학교교육계획서의 부서별 업무분장 사항에 PBS 부서별 · 개별 업무 명시 • PBS T2의 업무 수행에 대한 인센티브 부여(성과상여금 참고 사항, 조퇴권 등) • 전체 PBS 운영 교사 및 교직원 강화 체제 운영			

2) 물리적 환경의 개선

(1) 학교차원 긍정적 행동지원 운영 안내를 위한 물리적 환경 개선

학교차원 긍정적 행동지원 운영을 위해 물리적 환경 개선 작업 또한 이루어졌다. 우선 학교 내 여러 공간(교실, 식당, 계단, 엘리베이터, 화장실, 출입구 등)에 학교

차원 긍정적 행동지원의 운영을 알리는 표지판과 포상판, 칭찬판을 설치하고 장소별 긍정적 행동지원 규칙을 안내하는 코너판 등을 부착하였다.

　성베드로학교 1층 현관 로비에는 [그림 4-1]의 사진 1과 같이 긍정적 행동지원 운영을 안내하는 배너와 2주마다 진행되고 있는 보편적 지원 포상을 축하하는 배너가 나란히 설치되어 있다(2017년에 사진 2와 같이 새로운 배너로 교체함). 그리고

1. PBS 안내 배너(1층 현관: 2013~2016년)

2. PBS 안내 배너(1층 현관: 2017년~)

3. 학교 규칙 안내판(1층 식당 입구: 2013~2014년)

4. 전체 포상판(1층 식당 입구: 2013~2014년)

5. 미디어월 학교 규칙 안내판(2015년~)

6. 미디어월 전체 포상판(2015년~)

[그림 4-1] 교내에 설치된 긍정적 행동지원 안내 표지판 및 전체 포상판

1층 현관을 들어서서 좌측 복도 끝에 식당(마리아홀)이 있는 데, 식당 입구 좌측 벽면에는 긍정적 행동지원 학교 규칙을 소개하는 아크릴 재질의 대형 안내판(사진 3)과 전체 포상판(사진 4)을 부착했다. 2013년도에 긍정적 행동지원 사업을 시작하면서 학교 구호를 '스스로 바르게 다 함께'로 정하였기에, 학교 규칙판에는 전체 구호와 학교 각 구역(교실, 식당, 복도, 엘리베이터, 화장실)에서 지켜야 할 규칙이 요약되어 있다. 학교 규칙판과 전체 포상판은 2013년부터 2년간 사용하다가 2015년에 관련 업체의 재능 기부를 받아 '손으로 터치하면 화면과 상호작용이 가능한' 미디어월(media wall)로 교체하여 현재까지 사용되고 있다. 미디어월은 계절별로 화면을 바꿀 수 있어 네 가지 버전으로 운영할 수 있으며 학교 구호와 규칙을 담아 학교 규칙판(사진 5)으로 사용하는 동시에, 매 2주마다 상을 받는 학생의 사진을 교체하여 적용하면서 전체 포상판으로도 활용하고 있다(사진 6).

(2) 긍정적 행동지원 규칙 교수를 위한 물리적 환경 조성

교내 각 구역(교실, 식당, 화장실, 복도, 엘리베이터)에는 긍정적 행동지원을 안내하는 코너판을 부착했다. [그림 4-2]의 모습과 같이 성베드로학교의 각 교실과 층별 복도(사진 1), 화장실(사진 2), 엘리베이터(사진 3)와 식당에는 해당 장소에서 학생들이 지켜야 할 학교 규칙을 묘사한 코너판을 게시했다. 그리고 각 학급 전면 우측 게시판에는 학생들의 수업참여행동과 개별 규칙 준수를 강화하기 위한 칭찬판을 공통적으로 설치했다. '날마다 크는 우리 반'이라는 이름의 칭찬판을 초등학교(사진 4)와 중·고등학교(사진 5) 별로 사용하고 있으며 칭찬판 하단에는 성베드로학교차원 긍정적 행동지원 학교 규칙 중 학생 개인별 규칙을 지도하기 위한 개별 칭찬판을 부착하였다(사진 6).

1. 학교 규칙 안내 코너판(복도)

2. 학교 규칙 안내 코너판(화장실)

3. 학교 규칙 안내 코너판(엘리베이터)

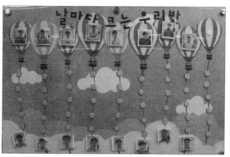

4. 학급별 칭찬판(날마다 크는 우리 반: 초등부 용)

5. 학급별 칭찬판(날마다 크는 우리 반: 중등부 용)

6. 개인별 칭찬판(○○의 약속)

[그림 4-2] 학급별 칭찬판 및 장소별 코너판

(3) 학생 생활 안정을 위한 물리적 환경 조성

성베드로학교 곳곳에 긍정적 행동지원 학교 규칙을 게시한 것은 학생들로 하여금 학생들에게 요구되는 기대행동을 어느 장소에서나 인식하고 스스로 지키도록 하기 위함이었다. 학교 내 장소별 규칙을 안내하는 전체 규칙판과 코너판, 학급별 칭찬판을 설치하는 등의 일반적인 학교 환경을 조성한 이후에는 교수 구조와 학교 체제에 대한 점검을 실시하고 학급별로 학생들의 학습집단 구성을 변경하거나 학급 출입문을 보수하는 등의 후속 작업을 진행했다.

그리고 기존의 수업 시간 시작을 알리는 종소리 외에 하교 시간을 알리는 종소리를 멜로디가 있는 조용한 음악으로 바꾸어 학생들이 학교생활의 시작과 끝을 알리는 패턴을 인식하도록 했다. 특히 전체 학급에서 성베드로학교차원의 긍정적 행동지원 학교 규칙을 교수하는 월요일 1교시에는 몇몇 재학생이 활발한 음성

1. 행동지원실 안내 표지판(3층)

2. 행동지원실 출입문 내부 모습

3. 행동지원실 내부

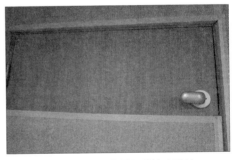

4. 행동지원실 출입문 상부 손잡이

5. 행동지원실 이동 경고 카드

6. 행동지원실 이용 시간 체크용 타이머

[그림 4-3] 성베드로학교 행동지원실

으로 긍정적 행동지원 수업시간임을 안내하는 시종을 제작하여 2015년 6월부터 활용하고 있다.

이와 함께 폭발행동을 보이는 학생들을 안정시키기 위한 공간으로 활용하고자 성베드로학교 3층에 '행동지원실'을 마련했다. 행동지원실은 안전한 환경에서 분노 혹은 울화 수준이 낮아져 안정될 때까지 학생을 보호하는 곳으로 활용되고 있다. 앞의 [그림 4-3]에서 행동지원실의 출입문 내·외부 모습을 소개하고 있다. 행동지원실 외부에는 이용 방법 안내문과 안내 표지판이 부착되어 있으며(사진 1), 바깥 출입문 안쪽으로는 내부를 관찰할 수 있는 유리창과 의자, 출입문 위쪽에 손잡이가 달린 문을 설치했다(사진 2, 4). 행동지원실은 2~3평 정도의 작은 공간으로 냉·난방 장치를 갖추었으며 사방 벽면에 날카로운 모서리가 없고 온화한 색상의 폭신하고 질긴 섬유 재질로 되어 있다(사진 3). 아울러 학급에서 행동지원실 이동 계획에 대해 단계별로 안내하기 위한 경고 카드(사진 5)와 행동지원실 이용 시간을 체크하기 위해 타이머(사진 6)와 LED 탁상용 등을 마련해 두었다.

3) 시간 운용 및 의사소통 개선

앞서 기술한대로 일선 학교에는 학교차원의 긍정적 행동지원을 운영하지 않더라도 학사 일정에 따른 상시 업무가 진행되기에 긍정적 행동지원 업무를 새로이 수행하는 것은 실상 부가적 업무와 부담으로 다가오기 쉽다. 따라서 학교차원의 긍정적 행동지원을 운영하기 위해서는 구성원들의 구두 동의를 얻는 것뿐 아니라 관련 업무 추진 및 회의 시간 확보를 위해서 합리적인 시간 조정이 필요하다. 성베드로학교에서는 개인별 업무 분장 사항으로 긍정적 행동지원 운영 업무를 합리적으로 배분하는 동시에 긍정적 행동지원 업무 추진 사항을 전달하기 위해 기존 회의 시간을 최대한 활용하고 있다.

실무팀 회의는 관리자뿐 아니라 부장교사들이 참여하는 회의를 통해 업무를 추진하고 있어 '학교 전체의 업무'로서 추진력을 가지고 업무 협조가 잘 이루어지는 장점이 있다. 업무를 총괄하는 교육과정부장 교사는 안건이 있을 경우 관련 자료를 미리 준비하여 배부함으로써 신속한 협의와 결정에 이르도록 하며, 부장교사들과 수시로 긍정적 행동지원 관련 업무를 상의하고 추진한다. 부장회의는 학교 전체 업무를 총괄하는 협의체이므로 긍정적 행동지원이 학교 전체 업무로서 자리 매김하는 데 큰 도움이 되고 있다.

실행팀과의 의사소통은 별도 회의를 하기보다는 기존에 매주 월요일(1주: 초/중·고, 2주: 초저/초고/중/고/전공과, 3주: 초/중·고, 4주: 업무부서별)마다 실시되는 회의 시 대면 안내와 협의가 이루어지도록 하고, 중요 사항은 회의 자료를 배부하여 안내한다. 그 외에 자료 수집 등이 필요할 경우 정해진 장소에 안내문을 게시하거나 학교 내 인트라넷상에 자료를 탑재하여 수집한다. 아울러 긴급한 필요가 있거나 안내가 요구될 때에는 담당자가 교내에 방송을 하기도 한다.

리더십팀은 최소한 월 1회 정도의 회의가 요구되며 보편적 지원을 준비하는 4월에는 전체 모임 2회와 수시 소모임도 2회 정도가 필요하다. 리더십팀을 총괄하는 부장교사는 ① 회의 시간이 1시간을 넘지 않도록 애쓰고, ② 원활한 회의 진행을 위해 회의 자료를 미리 준비하며, ③ 회의 분위기를 돕기 위해 간단한 간식을 준비하고 있다. 그리고 리더십팀 교사의 업무 강도에 대한 구성원 공감대가 형성되어 2016년부터 교원성과급에서 참고 조건으로 포함하기로 하였고, 긍정적 행동지원 운영 교사 강화 시 추가 인센티브를 부여하기로 결정하였다.

✽ **<표 4-3> 팀 구성 및 업무 체제 합리화를 통한 긍정적 행동지원 체제 구축 내용**

	PBS 실무팀	리더십팀	PBS 실행팀
회의 시간 합리화	• 기존 부장회의 시간 활용 • 논의 및 결정을 돕기 위한 자료 준비로 회의 시간 단축	• 회의 시간 엄수(1시간 이내)	• 기존 교사회의 시간 활용
의사소통 방법	• 연간 운영 매뉴얼에 따른 총괄 부장교사 진행 • 부서별 부장교사 개별 접촉을 통한 업무 진행	• 논의 및 결정을 위한 자료를 회의 전 미리 배부 및 활용 • 최대 발언 및 반복 발언 제한 • 전원 의견 개진 후 결정	• 다양한 방법을 통한 의사소통 및 업무 추진: 안내 자료 부착, 인트라넷 개별 교사 입력, 안내 방송, 문자메시지 등

4) 교사 연수

학교차원 긍정적 행동지원을 효율적으로 운영하기 위해서는 참여 교사들에게 긍정적 행동지원에 대한 지식뿐 아니라 세부 운영 사항들에 대한 구체적인 안내가 제공되어야 한다. 이러한 요구를 충족시키기 위해서는 교사연수, 워크숍, 참고자료 제공 및 전문가 자문 방식의 교수적 지원이 필요하다. 성베드로학교에서 연도별로 제공했던 전체 교사 대상의 연수 주제와 내용은 다음 〈표 4-4〉과 같다.

❋〈표 4-4〉 전체 교사 대상 긍정적 행동지원 관련 연수 운영 사항

연도	구분	날짜	주제	강사
2013	1차	2. 28.(목)	특수학교차원의 PBS: ○○학교 사례를 중심으로	김○○ 교사
	2차	5. 3.(목)	액션러닝을 통한 문제행동 지원방향 탐색*	박○○ 교수
	3차	6. 11.(화)	PBS: 개별학생 지원*	김○○ 교사
	4차	10. 22.(화)	교실에서 할 수 있는 감각통합 활동	지○○ 원장
2014	1차	5.9.(금)	특수학교차원의 PBS	박○○ 교수
	2차	9. 23.(화)	특수교육 대상학생의 훈육과 안전절차	박○○ 교수
2015	1차	5. 7.(목)	지적장애학생을 위한 의사소통방법으로서의 AAC 적용 실제	임○○ 교수
	2차	9. 10.(목)	학교차원 PBS 실행 3차년도를 맞으며	손○○ 교사
2016	1차	6. 14.(화)	문제행동 예방을 위한 효과적 교수	김○○ 교수
	2차	10. 31.(월)	개인차를 고려한 수업의 운영	정○○ 교수

* 2013학년도 PBS 운영 참여 교사(초등학교 4학년~중학교)만을 대상으로 실시함

〈표 4-4〉의 내용과 같이 2013년도에는 성베드로학교차원 긍정적 행동지원 운영을 결정한 후 교사들이 학생들의 생활 및 행동 지도 방식으로 긍정적 행동지원 관점을 채택하고 그 방법을 이해하며 실제로 적용할 수 있도록 돕는 데 연수의 초점을 두었다. 새 학년도 시작을 준비하면서 학교차원 긍정적 행동지원 도입의 필요성과 운영 방법 및 성과에 대한 첫 번째 연수를 실시했다. 2차 및 3차 연수는

1차년도 운영 대상이었던 초등학교 4학년~중학교 교사들만을 대상으로 보편적 지원의 운영을 시작하기 직전과 개별 지원 시작 바로 전에 보편적 지원과 개별 지원에 대한 이해 및 적용 방법에 대한 구체적인 정보를 제공했다. 2학기에 실시한 감각통합 활동에 대한 연수는 학급 학생들의 행동과 움직임을 이해하고 교실에서 적용할 수 있는 실제 활동 사례를 익히는 데 매우 유익하였다.

2014년도에는 성베드로학교차원 긍정적 행동지원을 전교생 대상으로 확대하면서 전체 교사 대상으로 다시 한 번 긍정적 행동지원의 운영 방법에 대한 이해를 높이는 내용과, 보편적 지원만으로 감당하기 어려운 학생의 폭발행동에 대처하기 위한 안전절차를 살펴보는 연수를 실시했다. 긍정적 행동지원 실행 3차년도인 2015년도에는 다소 이완된 학교 분위기를 다잡기 위해 1학기 말 실시한 긍정적 행동지원 실행충실도 조사를 바탕으로, 현재 상황을 점검하고 향후 혁신과 유지가 필요함을 인식하는 연수를 제공했다. 이를 통해 긍정적 행동지원의 실질적 운영을 위해서는 증거 기반 실제에 기초해야 함과 다양한 교수법의 적용이 필요함을 인식하는 계기를 마련하였다. 2016년도에는 교사들의 효과적 교수가 곧 문제행동 예방의 한 방법이라는 인식하에 흥미롭고 다양한 교수 자료 활용을 통한 교과수업의 실제 및 특수학교에서의 수준별 수업 방법에 관한 연수를 제공했다.

5) 관리자 협력

성베드로학교는 최초에 학교차원 긍정적 행동지원을 시작하기로 결정하는 데 관리자(교장, 교감)가 결정적인 역할을 하였을 뿐 아니라 이후 리더십팀의 결정에도 최대한 지원을 제공하는 방식으로 사업 운영을 위한 매우 중요한 역할을 하고 있다. 예를 들면, 긍정적 행동지원 학교 규칙을 '스스로 바르게 다 함께'로 결정한 후 리더십팀에서는 관련 교수자료를 제공하고 아침 조회 시간마다 교장선생님께 훈화해 줄 것을 부탁하여 실시한 바 있다. 그리고 매 2주 월요일마다 수업참여행동과 개별규칙 준수 학생에 대한 시상을 위해 관리자가 한 번도 빠짐없이 적극적으로 참석하고 있다. 2015년에는 긍정적 행동지원 중재충실도 결과 미진한 사항이었던 '교사 강화' 부분을 개선하기 위한 리더십팀 요청에 따라 '운영 모범 교사 조기 퇴근제' 운영을 결정, 한시적으로 시행하였다. 아울러 2016년도에는 학급별

학교차원 긍정적 행동지원 운영 사항 점검과 긍정정 행동지원 로고송 동영상 제작에도 관리자들이 직접 출연하는 등 협조를 아끼지 않고 있다.

제5장

보편적 지원의 운영 1: 개요 및 실행 단계별 전략

성베드로학교차원 긍정적 행동지원은 2017년 현재 5년째 실시되고 있다. 긍정적 행동지원을 처음으로 운영하기 시작한 2013년에는 전교생이 아닌 초등학교 4학년~중학교 학생들을 대상으로 하였다. 2013년도에 당시 부장교사 회의를 통해 긍정적 행동지원 적용 대상에 대해 협의한 결과 '사춘기로 인해 행동 양상이 변화하는 초등학교 4학년부터 중학교까지의 재학생이 보다 시급한 적용의 필요성이 있다'고 논의되었기 때문이다. 2014년부터는 전교생을 대상으로(전공과 제외) 확대하여 긍정적 행동지원을 실시하고 있다. 전공과 학생들을 긍정적 행동지원 운영에 포함하지 않기로 한 것은 졸업 후 성인기 진입을 준비하는 '전환'의 의미에서 이 시기에는 규칙 준수가 스스로에게 내면화되어 특별한 강화 없이도 바람직한 행동 수행이 이루어져야 한다고 보기 때문이다. 전공과에서는 자체적인 방법으로 행동지도가 이루어지고 있다.

1. 보편적 지원 운영의 개요

〈표 5-1〉에 소개된 바와 같이 성베드로학교차원 긍정적 행동지원은 2013년부터 현재까지 매해 보편적 지원과 개별 지원을 함께 적용하고 있으며, 2016년부터 2차 예방인 소집단 지원을 시범적으로 운영하고 있다.

✵ **〈표 5-1〉 성베드로학교차원 긍정적 행동지원 운영 개요**

구분		2013년	2014년	2015년	2016년
보편적 지원 (1차 예방)	참여 학생	89명 (초등 4학년 ~중학교)	157명 (전공과 제외 전교생)	165명 (전공과 제외 전교생)	164명 (전공과 제외 전교생)
	기간	5. 27.(월) ~12. 6.(금)	5. 26.(월) ~12. 12.(금)	5. 11.(월) ~12. 11.(금)	5. 2.(월) ~12. 16.(금)
소집단 지원 (2차 예방)	참여 학생	–	–	–	12명 (중·고학급별 1명)
	기간	–	–	–	4. 5.(화) ~12. 14.(수)
개별 지원 (3차 예방)	참여 학생	3명 (초4, 초5, 초6)	4명 (초4, 초6, 중2, 중3)	4명 (초4, 초4, 중1, 중3)	3명 (초3, 중2, 중2)
	기간	6. 24.(월) ~12. 6.(금)	6. 23.(월) ~12. 12.(금)	6. 1.(월) ~12. 11.(금)	5. 30.(월) ~12. 16.(금)

* 2016년도에 학생자치회(인권·시민교육 활동 수행)를 소집단 지원의 의미로 시범 운영함

성베드로학교차원 긍정적 행동지원 중 보편적 지원은 통상 1년을 단위로 운영되고 있다. 예를 들어, 2016학년도 연간 운영 일정을 소개하면 다음 〈표 5-2〉와 같다. 2~3월 초에 전년도 긍정적 행동지원단 리더십팀의 운영 평가 결과를 반영하여 교육과정부(총괄)에서 새학년도 긍정적 행동지원단 운영계획(안)을 수립하면 실무팀인 부장회의에서(관리자＋부장교사＋행정실장) 운영계획(안)을 검토하고 부서별 협조 사항을 확인한 후 계획을 확정한다. 3월 초에 새 학기가 시작하면 전체 회의를 통해 리더십팀 교사를 모집, 팀을 구성하고 실무팀에서 확정한 신학년도 긍정적 행동지원 운영 연수를 실시한다. 이때, 전년도 운영과 달라진 사항과 주요 운영 사항에 대해 중점적으로 안내하는 것이 중요하다. 4월은 보편적 지원 운영 준비를 위해 실무팀과 리더십팀이 가장 바쁘게 활동하는 시기이다. 실무팀은 칭찬판, 포상판 등 긍정적 행동지원 운영을 위한 물리적 환경을 정비하고 강화물을 준비해야 하며 리더십팀은 교수 규칙을 확정하고 교수자료를 만들어 배부한다.

❉〈표 5-2〉 2016학년도 성베드로학교차원 긍정적 행동지원 연간 운영 일정

일정	추진 내용	비고
2~3월	• 2016 성베드로학교차원 PBS 운영계획 수립	교육과정부
	• 4차년도 PBS 운영을 위한 협의	T1
	• 2016 성베드로학교 PBS T2 구성	T3
	• 4차년도 PBS 운영을 위한 전체 교사연수(1차)	T3
4월	• (학생별 개별화지원팀 협의 시 PBS 목표 결정)	(T3)
	• 2016 PBS 학교/과정/학급별 생활 규칙 및 행동지침 결정	T2
	• 교수자료 제작 및 기타 사항 협의	T2
	• 2016 PBS 운영 설비 · 체제 점검 및 물품 구입	교육과정부
	• 전교생 학부모 대상 PBS 운영 안내문 발송	교육과정부
5~6월	• 보편적 지원 운영 시작	
	• T2 내 솔루션팀 운영	T3
	• 개별 지원 대상학생 선정 작업	학생부
	• 개별 지원 대상학생별 학부모/교사상담 및 기능평가	교육과정부
	• 개별 지원 대상학생별 행동지원계획안 작성	

	• 개별 지원 대상학생별 솔루션위원회 실시	
	• 개별 지원 대상학생 학부모/교사상담 및 동의서 작성	
	• 개별 지원 운영 시작	
	• 4차년도 PBS 운영을 위한 전체 교사연수(2차)	
7월	• 보편적 지원 및 개별 지원 운영	T3
	• 2016 성베드로학교차원 PBS 운영 성과 조사(1학기 GAS)	T3
	• 1학기 PBS 운영 평가	T2
8~11월	• 보편적 지원 및 개별 지원 운영	T1, T2, T3
	• 4차년도 PBS 운영을 위한 전체 교사연수(3차)	
12월	• 2016 성베드로학교차원 PBS 운영 성과 조사(2학기 GAS)	연구부
	• 2학기 PBS 운영 평가(T3, T2)	교육과정부
	• 성베드로학교차원 PBS 운영 결과 보고회	교육과정부
	• 2017 PBS 운영계획 수립	T2

지난 4년간의 운영 사항을 참고해 볼 때 4월 한 달 동안의 준비를 거쳐 5월 첫 주에 보편적 지원을 시작하고, 보편적 지원이 순조롭게 진행되면 5월 말까지의 운영 결과를 바탕으로 보편적 지원에 적응하지 못한 학생들을 중심으로 개별 지원 학생 선정 절차를 시작하는 것이 적절하였다. 7월부터 11월까지는 보편적 지원과 개별 지원을 안정적으로 운영하고 12월 초에는 긍정적 행동지원 운영 성과를 학생들과 교사를 대상으로 수집한다. 그리고 실행팀이 작성한 '긍정적 행동지원 운영평가' 결과에 대해 리더십팀의 협의를 거쳐 새 학년도 운영을 위한 개선 사항을 도출하고, 연간 운영 보고회를 실행하는 것으로 1년간의 학교차원 긍정적 행동지원 운영을 종료한다.

2. 보편적 지원의 실행 단계 및 중재 전략

성베드로학교에서는 학교차원 긍정적 행동지원 실행을 위한 체제를 어느 정도 갖춘 후 보편적 지원 운영 준비를 시작하였다. 다음으로 성베드로학교차원의 긍정적 행동지원 보편적 지원 실행 단계를 ① 리더십팀의 구성 및 운영, ② 행동 자료 수집 및 문제행동 확인, ③ (데이터 기반) 실행 계획 수립, ④ 실행: 강화, 교정, 위기관리, ⑤ 평가(실행 계획 점검)에 따라 기술하고자 한다.

❶ 단계 1: 리더십팀의 구성 및 운영

앞 절에서 기술했듯이 성베드로학교는 실무팀에서 운영 및 지원 업무를 담당하고 리더십팀에서는 1년간 학교차원 긍정적 행동지원 운영에 관한 모든 내용과 세부사항을 결정하는 중추적 역할을 담당하고 있다. 리더십팀에는 과정별 부장교사 1명을 대표교사로 포함하며 그 외 2명의 인원은 3월 초에 과정별 교사회의에서 새로 선정하였다. 이 경우 자발적으로 팀의 일원이 되고자 하는 교사는 무조건 포함하며, 복수의 교사가 팀의 일원이 되고자 할 경우 협의를 거치는데, 이때에는 전년도에 리더십팀으로 활동했던 교사에게 선정의 우선권을 주고 있다. 만일 자원 교사가 없을 경우에는 리더십팀에 소속된 적이 없는 교사들끼리 협의하여 선정하도록 내부 규칙을 정하고 있다. 즉, 성베드로학교의 모든 교사가 순차적으로 리더십팀 소속 교사가 되는 것이다.

연도마다 내용이 다르기는 했지만 2015년도 리더십팀 회의에서 논의했던 주요사항은 다음 〈표 5-3〉과 같았다. 3월 중순 교사 회의를 통하여 리더십팀 교사가 선정된 후에는 약속된 연락망을 통해(정기회의 시 회의 자료, 안내문 게시, 문자메시지 등) 리더십팀 회의 일정을 공개하였다. 4월에 열린 첫 번째 공식 회의에서는 '매월 1회 회의가 개최되지만, 4월에는 보편적 지원 학교 규칙 결정과 교수자료 제작을 위해 회의 2~3회와 과정별 소모임 2~3회 정도가 요구됨'을 미리 안내하였다. 5월에 보편적 지원이 시작되고 난 후에는 정해진 주제에 따라 월 1회 팀원들이 결정한 회의일과 시간에 모여 협의를 진행할 수 있다. 2015년 6월에는 새로 구성된 리더십팀 교사들의 역량강화를 위해 연수를 실시하였고 7월에는 성베드로학교 차원 긍정적 행동지원 운영 평가를 위해 중재충실도 검사(BoQ)를 사용하여 평가하고 자료를 분석하였다. 2학기 중 9월 모임에서는 BoQ 자료에 근거하여 개선이 요구되는 사항에 대해 월별로 논의하기로 의견을 모은 후 '교사 강화' 방법을 결정했고, 10월과 11월 모임에서는 2013년에 수립했던 교정 계획과 위기관리 계획을 다시 검토하고 실제 활용을 위해 내용을 현실화하였다. 12월 마지막 모임에서는 위기관리 계획의 체계를 다시 정리하고 기존 학생생활부의 생활지도위원회와 학교폭력대책위원회 등과의 관련성을 협의한 후 흐름도를 완성하였다. 2016년도에는 리더십팀 구성 후 초저·초고·중·고 과정별 소모임에서 문제행동으로 인해 생활지도위원회가 열리게 되는 학생들의 문제행동 기능평가와 행동중재계획 (behavior intervention plan: BIP) 등을 협의하기 위한 '솔루션팀'을 운영하기로 결정하였다. 그리고 실행팀인 성베드로학교차원 긍정적 행동지원 참여 교사를 대상으로 운영평가서를 수합, 개선사항을 협의하는 최종평가회와 전체 교직원 대상 '성베드로학교차원 긍정적 행동지원 운영 보고회'를 개최했다.

　매달 열리는 리더십팀 회의를 위해 〈표 5-4〉와 같이 회의 내용이 담긴 자료를 미리 준비해서 회의에 임한다. 회의에서는 지난 회의의 결정사항을 상기한 후 이번 달에 협의하여야 할 내용에 집중하도록 유의한다. 리더십팀 회의에서는 주요안건을 팀원들에게 소개하고 의견을 모아 협의하고 결정해야할 많은 주제를 토론하게 되므로, 회의시간 단축을 위해서 협의 사항에 대한 빠른 이해와 신속한 결정을 도울 수 있도록 회의 자료를 충실하게 준비하는 것이 바람직하다. 성베드로학교의 관리자(교장, 교감)들은 리더십팀에 대한 신뢰가 높은 편으로, 가능한 한 모든 회의에 참석하고 있으며 회의 결과 결정된 사항에 대해서 최대한의 지원을 제공하고 있다.

❋〈표 5-3〉 2015학년도 리더십팀 회의 주요 협의 사항

회의일	주요 협의 사항	비고
4. 8.(수)	2015 학교차원 PBS 운영 안내(T2 업무 중심)	회의일 및 시간 결정
4. 21.(화)	2015 PBS 학교 규칙 결정, 교수자료 제작	과정별, 전체 모임
5. 6.(수)	2015 PBS 교수자료 전체 검토	보편적 지원 시작(5.11.)
6. 21.(수)	연수: PBS 교수규칙 지도(필요성, 방법, 전략)	T2 연수
7. 15.(수)	1학기 BoQ 실시	BoQ 결과 분석
9. 16.(수)	BoQ 결과 공유 및 개선사항 협의 1(교사 강화)	2학기 T2 주제
10. 21.(수)	개선사항 협의 2(교정계획 검토 및 재구성)	교정 계획 안내 연수
11. 18.(수)	개선사항 협의 3(위기관리계획 검토 및 재구성)	추후 논의
12. 17.(수)	위기관리 계획 및 학생부 업무와의 흐름도 완성	T3 평가회(2016. 2. 1.)
2016. 2. 1.(수)	2015 성베드로학교차원 PBS 운영 평가	개선사항 협의

❋ <표 5-4> 성베드로학교 리더십팀 협의록

2015 성베드로학교차원 PBS T2 회의

회기	8차	날짜	2015. 11. 18.(수) 15시~
기록자	김○○	장소	회의실
참석자	성베드로 PBS T2		

협의 사항	이전 회의 주요 내용(10. 21.): 교정계획, 위기관리계획 관련 자료 검토 → 본교의 2015 교정계획, 위기관리계획 再작성. PBS와 학생부 생활지도위원회 및 학폭과의 관계 정립을 위한 '흐름도'를 마련하기로 함
	
	1. '학생행동지원체계표' 검토
	  • 체계표(안) 설명
	  • T2 교사 의견 수렴
	  • 학생부장 의견 및 학교장 의견 수렴
	  • T2 최종안으로 결정
	2. 위기관리계획 관련 협의
	  간략화한 위기관리계획(안) 검토: 3종(우T, 임T, 박T)
	  1) 서식 결정, 2) 내용 검토 및 결정, 3) 최종안 정리
	3. 교정규칙 협의
	  1) 내용 결정, 2) 배포·숙지 및 실행 방안 협의
	4. 기타 사항
	  • 2015 T3 평가회 일자 및 방법 결정: T2 준비
	  • IEP 성과(GAS) 집계(연구부)
	  • 포상 결과(교무부)
	  • BoQ 결과(교육과정부)
	  • T3 평가서 집계(교육과정부)
	  • 개별 지원 성과(학생부)		

비 고	학생행동지원체계표 및 위기관리계획 안내 연수 실시 요망		

❷ 단계 2: 동의 구하기와 지원 확보하기

1) 학교차원 긍정적 행동지원 운영 동의 구하기

앞서 2011년에 성베드로학교 학생들의 행동 및 생활지도 실태 자료를 기술한 바 있는데, 2013년에 성베드로학교가 긍정적 행동지원단에 선정되어 운영을 시작하는 안내 연수에서 이 자료를 교사들에게 다시금 제시하였다. '건강상의 문제를 가진 요보호 학생이 40% 정도에 이르며 한 가지 이상 문제행동을 보이는 재학생의 비율이 85%에 이른다는 사실, 그리고 교사들이 스스로 밝혔듯이 교내 모든 장소와 시간대, 상황에서 학생들의 생활 및 행동지도를 위한 추가적인 생활지도 요구가 있다'는 내용의 당시 자료를 인용하여 재언급하자 교사들은 성베드로학교가 처한 심각한 상황을 새로이 인식하였다. 그리고 이러한 상황에서 학생들을 잘 지도하고 교사 자신 또한 도움 받을 수 있는 방법론으로 2011년에 컨설팅장학위원이 제언하였던 '학교차원 긍정적 행동지원' 도입의 필요성을 제시하자 교사들은 자연스러운 현실로서 긍정적 행동지원의 실행을 수용하게 되었다.

이어서 학교차원 긍정적 행동지원의 운영은 교사들의 '습관 바꾸기'를 요하므로 최소한 3년 정도의 운영이 필요하며 2013년 부분적 실시를 시작으로 2014년에는 전교 실시로 확대한다는 것, 그 기간 동안 긍정적 행동지원 방식의 행동지도를 실행하기 위한 교사 역량 강화와 실제 변화를 위해 노력할 것을 약속했다. 다음 [그림 5-1]은 2013년도 긍정적 행동지원 실무팀에서 제시한 성베드로학교차원 긍정적 행동지원 운영 목적이다. 즉, 이제까지의 결과 중심·벌 중심 행동 훈육 방식을 예방 중심이며 삶의 질 증진을 위한 긍정적 행동지원 체제로 대체하자는 것이다. 그리고 이러한 내용이 몇몇 교사의 방법론이 아니라 전체 교사와 교직원이 인식하고 실현하는 체제로서 정착시켜 학부모와 지역사회가 신뢰하는 성베드로학교로 거듭나고자 하였다.

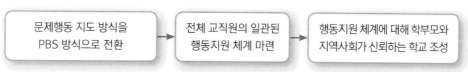

[그림 5-1] 성베드로학교차원 긍정적 행동지원 운영 목적

연수를 통하여 장기간의 노력이 요구될 것임에 대해 교사들과 인식을 공유하고 동의를 구한 후에는 특수교육 실무사와 돌봄교실 강사, 행정실 직원과 통학버스 기사, 영양사 등 행정직원, 사회복무요원을 대상으로 긍정적 행동지원 운영에 대해 소개하고 운영 방법을 안내하는 연수를 실시했다. 최근 들어 학교 현장에는 특수교사 이외에도 다양한 주체가 함께 근무하게 되어 이들이 학교의 운영 방침을 이해하고 호흡을 함께하는 것이 중요한 현안이 되고 있으므로 만일 이들이 학교 당국이나 교사의 학급 운영 및 학생 지도 방침에 대해 충분히 공감하지 못하고 있을 경우에는 학교차원 긍정적 행동지원의 효과가 현저하게 감소할 수 있기 때문이다.

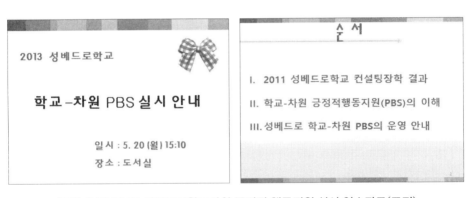

[그림 5-2] 2013 성베드로학교차원 긍정적 행동지원 실시 연수자료(표지)

아울러 학부모들에게도 학교 특색사업으로 성베드로학교차원 긍정적 행동지원을 도입하기로 하였음을 알렸다. 2013학년도에는 긍정적 행동지원 참여 학생들의 가정에 편지 형식의 통신문을 보내 학교차원 긍정적 행동지원 운영을 알리고([그림 5-3] 참조), 학부모대표회의 부모님들에게 안내 연수를 실시했다. 학교차원 긍정적 행동지원 운영에 전교생이 참여하게 된 2014년부터는 보편적 지원 운영을 준비하는 4월에 가정통신문을 통해 학부모에게 안내하고 있으며(2016학년도 가정통신문을 〈부록 2 서식 모음〉에 수록함), 2016년 3월 중순 학부모 총회에서는 2013년도 학교차원 긍정적 행동지원 도입 후 처음으로 운영 내용에 대해 상세하게 안내하는 연수를 실시했다.

성베드로학교의 재학생 학부모들에게 긍정적 행동지원 운영에 대한 안내를 서두르지 않은 것은 우선적으로 교사와 교직원들이 긍정적 행동지원 운영의 세부사항에 대해서 충분히 인지하고 숙달할 시간을 갖고자 하였기 때문이다. 따라서 실행 4년차로 긍정적 행동지원 운영에 대해서 필요한 전체 교사들의 기본적 인식이 갖춰졌다고 판단되는 2016년까지 전체 학부모를 대상으로 한 상세한 홍보를 미룬 측면이 있었다.

학부모님께

　싱그러운 신록의 향기가 가득한 계절입니다. 우리 학교에서는 '스스로 바르게 다 함께'라는 긍정적 행동지원 프로그램을 학교특색사업으로 운영하고 있습니다. 이와 관련하여 초등학교 4학년부터 중학교 각 학급에서는 다음과 같은 운영계획을 수립하여 진행하고자 합니다.

　첫째, 성베드로학교 학생이 지켜야 할 학교 규칙 자료를 개발하여 각 학급과 상황에 맞게 적극적으로 지도하고자 합니다.
　둘째, 각 학급별로 준비된 칭찬판을 활용하여 바른 수업참여행동을 보인 학생들을 칭찬하고, 월요 조회에서 상장과 상품을 수여합니다. 그리고 매일 칭찬판의 목표에 도달한 학생들은 학교 현관 우측에 게시된 포상판 '성베드로학교 으뜸이'에 일주일간, 칭찬나무의 목표에 도달한 학생은 한 달간 학생 사진을 게시할 예정입니다.
　셋째, 학교생활 중 개별 학생들의 특성에 따라 '스스로 바르게 다 함께' 행동하는 모습을 보일 때에는 매일 '칭찬나무'에 스티커를 붙여 주며 칭찬하고, 이 칭찬나무가 완성되었을 때 월요 조회를 통해 공식적으로 시상(상품 포함)하고자 합니다. 이 상을 받은 학생들은 가정에서도 함께 칭찬해 주시고, 앞으로 이런 긍정적 행동을 지속할 수 있도록 격려해 주시기 바랍니다.

　성베드로학교 학생들이 더욱 즐겁고 행복한 학교생활을 할 수 있도록 많은 관심과 협조 부탁드립니다. 감사합니다.

2013 성베드로학교차원 긍정적 행동지원팀

[그림 5-3] 1차년도(2013년) 학교차원 긍정적 행동지원 운영 안내문

2) 외부 지원 확보하기

학교차원 긍정적 행동지원을 잘 운영하기 위해서는 실시 학교가 긍정적 행동지원 운영 체계를 마련하고 발생하는 상황에 대해 긍정적 행동지원 방식의 해결 역량을 갖출 때까지 도움을 줄 수 있는 외부의 지원 체계가 확보되어야 한다. 다행스럽게도 성베드로학교는 긍정적 행동지원 도입 초기에 서울시교육청의 예산 지원 외에도 긍정적 행동지원단의 교수적 지원을 받을 수 있었다. 긍정적 행동지원단은 교사연수를 제공하는 것은 물론 실무팀, 리더십팀의 세세한 사항에 대한 궁금증까지 해결해 주었다.

다음 〈표 5-5〉는 2013년 교육청 긍정적 행동지원단과 나누었던 이메일 자문 내용의 일부를 정리해 본 것이다. 2013학년도에 서울시 교육청 긍정적 행동지원단에 소속되어 성베드로학교에 도움을 주었던 김○○ 교사와 박○○ 교수는 교사 연수 및 리더십팀 교육, 개별 지원 대상학생 학부모 상담 등을 위해 학교 방문 자문을 각각 3회 이상 실시해 주었고 이메일 자문과 전화 자문 회수가 20여 회에 이른다.

그러나 2014년에 이르러 성베드로학교가 1년간의 학교차원 긍정적 행동지원 운영 경험을 가지게 되고 서울에서 학교차원 긍정적 행동지원 실시 학교도 2개 교가 늘어 4개 교로 늘어나자 교육청에서 제공받는 교수적 지원은 전년도에 비해 1/3 미만으로 줄어들었다. 성베드로학교는 교수적 지원을 받던 위치에서 어느새 다른 학교와 기관에 학교차원 긍정적 행동지원 운영 경험에 대한 교사연수와 운영 안내를 제공하는 입장에 서게 되었고, 성베드로학교에서 긍정적 행동지원 운영을 총괄했던 교육과정부장 교사는 바로 서울시교육청 긍정적 행동지원단에 소속되어 긍정적 행동지원 운영계획을 가지고 있는 학교에 대해 가능한 한도의 교수적 지원을 제공하는 역할을 하게 되었다. (이는 교육청 긍정적 행동지원단으로부터의 자문이 자연스럽게 감소하는 과정이자 지원 인력이 부족해져 부득이 발생하게 된 상황이기도 하다.) 2016년에는 성베드로학교는 물론 운영 2년차 이상 특수학교의 대표 교사가 서울시교육청 긍정적 행동지원단 위원의 지위를 가지고 상호간 교수적 자문을 주고 받았으며, 실행 1년차 특수학교의 리더십팀 대상 교사 교육 및 교수적 지원을 제공하였다.

✽ <표 5-5> 학교차원 긍정적 행동지원(2013년) 교육청 지원단과의 이메일 자문 내용(일부)

순	수신 날짜	제목(주제)	주요 내용(발신 자문위원)
1	2013. 8. 22.	수업 동영상 분석 관련	수업참여행동 촬영 동영상에서 분석 기준 미달로 몇 학급이 제외됨(발신: 지원단 김○○ 교사)
2	2013. 8. 23.	Re: 감각치료사 성베드로 방문 일정	감각통합 치료사의 학교 방문 일정 확인, 치료사와 전화 통화할 것(발신: 지원단 박○○ 교수)
3	2013. 8. 26.	MAS	MAS 송부, 사용 방법 안내(발신: 지원단 김○○ 교사)
4	2013. 8. 26.	사후 ABC 기록지	사후 ABC 기록지 송부, 행동지원실 운영 시 기능평가 자료로 활용 요망(발신: 지원단 김○○ 교사)
5	2013. 8. 26.	수업 동영상 분석 결과	수업참여행동 분석 결과 송부, 분석자 통장 사본, 신분증 사본 첨부(발신: 지원단 김○○ 교사)
6	2013. 9. 2.	성교육 초기 면담 일정	성교육 전문가(추○○)가 학교 방문 및 학부모 면담 실시할 것(발신: 지원단 박○○ 교수)
7	2013. 9. 6.	개별 지원 대상학생 학교 지원 자료	개별 지원 대상학생의 담임교사와 지원 내용에 대해 논의할 것(발신: 지원단 김○○ 교사)
8	2013. 10. 24.	Re: 최○○ 상담기록 및 BIP	최○○ 학생 상담기록과 작성 BIP에 대한 언급(지원단 김○○ 교사)
9	2013. 11. 11.	12. 17. PBS 보고회 일정	2013 교육청 PBS 보고회 일정 안내, 발표 자료 작성 요령(발신: 지원단 박○○ 교수)
10	2014. 1. 24.	지원 종료 후 사후관리 기록지 샘플	개별 지원 종료 후 작성, 관리할 사후관리 기록지 송부 및 안내(발신: 지원단 박○○ 교수)

❸ 단계 3: 실행 계획 수립하기

1) 학교 규칙의 결정 및 교수 자료 제작하기

2013년에 구성된 성베드로학교 리더십팀 교사들은 긍정적 행동지원 학교 규칙을 정하기 위하여 참여 대상인 초등 4학년~중학교까지 총 12학급의 학급별 연간 생활목표를 수합해서 살펴본 결과, 전체 내용을 관통하는 세 가지 내용을 찾을 수 있었다. 그리고 이 내용을 바탕으로 '스스로 바르게 다 함께'를 긍정적 행동지원 학교 규칙으로 결정했다(〈표 5-6〉 참조). 이는 성베드로학교 학생들이 독립적 · 자발적으로 행동하고, 상황과 대상, 장소 및 방법이 적절하게 행동하며, 상대방을 고려하여 서로 돕는 방식으로 행동을 수행하도록 독려하기 위함이었다. 그다음 단계로 장소별 기대행동 목록을 개발했다. 〈표 5-7〉은 2013학년도 긍정적 행동지원 학교 규칙에 따른 장소별 기대행동 매트릭스(matrix)이다.

❋〈표 5-6〉 학급 별 생활 목표

학급	연간 생활 목표	학급	연간 생활 목표
초 4-1	내 물건을 스스로 정리해요	초 4-2	학용품을 제자리에 정리해요
초 5-1	깔끔한 옷차림! 바른 자세! 환한 미소!	초 5-2	내가 할 일은 스스로 해요
초 6-1	참고 기다리고 양보해요	초 6-2	바르게 인사해요
중 1-1	단정한 옷차림 하기	중 1-2	예쁜 얼굴 고운 미소
중 2-1	우리는 중학생! 할 일은 내가!	중 2-2	서로 돕고 양보하기
중 3-2	예절 바른 사람 향기 나는 사람	중 3-2	반듯한 언어 습관 향기 나는 사람

✽ **<표 5-7> 2013학년도 긍정적 행동지원 학교 규칙(장소별 기대행동)**

	스스로	바르게	다 함께
교실	1. 교실 찾아가기 2. 가방, 알림장, 신발, 옷 정리 하기 3. 자기 자리 앉기 4. 의자 정리하기 5. 물건 제자리에 두기 6. 자기 물건 챙기기	1. 친구들과 선생님께 인사하기 2. 수업시간 쉬는 시간 구분하기 3. 수업시간에 바르게 앉아있기 4. 선생님 말씀 듣고 행동하기 5. 물건 아껴 쓰기 6. 쓰레기를 휴지통에 넣기	1. 친구들과 사이좋게 지내기 2. 교재교구 함께 사용하기 3. 함께하는 활동 참여하기 4. 교실 깨끗이 사용하기
식당	1. 스스로 배식받기 2. 도구 사용하여 먹기 3. 식판, 잔반 정리하기	1. 바른 자세로 앉기 2. 식사 시간 지키기 3. 음식 골고루 적당량 먹기	1. 차례대로 줄 서기 2. 인사 나누기(안녕하세요, 잘 먹겠습니다, 잘 먹었습니다)
화장실	1. 옷 내리고 입기 2. 비누 사용하여 손씻기 3. 휴지 사용(적당량, 휴지통에 넣기)	1. 남·여 화장실 구분 이용 2. 용변 후 물 내리기 3. 남학생 용무 시 옷 적당히 내리기	1. 이용 시 차례 지키기 2. 물 아껴쓰기 3. 세면대 깨끗이 사용하기
복도·계단	1. 우측 통행하기 2. 안전하게 걷기(안전바 잡고 이동하기)	1. 장난치지 않고 오르내리기 2. 뛰지 않고 천천히 걷기	1. 밀지 않고 차례대로 걷기
E/L	1. 조용히 이동하기	1. 필요한 버튼만 누르기 2. 내린 후 타기	1. 질서 지켜 타기 2. 필요한 때에만 타기

　리더십팀이 다음으로 추진한 일은 긍정적 행동지원 학교 규칙 기대행동을 교수하기 위한 자료를 제작하는 일이었다. [그림 5-4]와 같은 긍정적 행동지원 규칙 교수 자료는 각 기대행동에 대하여 예(例, examples)와 비례(非例, non-examples)를 통하여 배울 수 있도록 장소별 기대행동을 묘사하는 사진과 텍스트 문구를 넣은

네 가지의 PPT 자료(교실 편, 식당 편, 화장실 편, 복도·계단·엘리베이터 편)로 제작하였다. 교수 자료 제작을 위하여 리더십팀 교사들은 과정별 소집단으로 나뉘어 기대행동을 최대한 적절하게 표현한 사진을 촬영하였고, 소집단별 모임에서 수정을 거쳐 리더십팀 전체 교사가 함께 검토하여 최종본을 완성한 후 완성된 교수자료 PPT를 학급 컴퓨터에 탑재해 주었다.

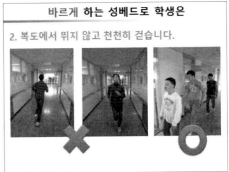

[그림 5-4] 2013학년도 긍정적 행동지원 학교 규칙(기대행동) 교수 자료(예)

한편, 처음 2년 동안 긍정적 행동지원 학교 규칙(기대행동)을 정하고 그 가운데서 학생별 규칙을 선택하여 적극 지도하도록 안내하자 교사들은 학생별 긍정적 행동지원 개별 규칙을 열심히 지도하는 가운데, 선택한 개별 규칙을 아예 학생별 개별화교육계획 목표로 정하여 지도하거나 그렇게 하는 것이 합리적이라는 생각을 가지고 있음이 실행팀 운영 평가 결과 나타났다.

그리하여 2014년 리더십팀의 마지막 평가회의에서는 이러한 상황을 개선하기 위하여 학기 초에 운영되는 학생별 개별화교육지원팀 협의회에서 개별화교육계획 목표 서너 가지 중 긍정적 행동지원 생활지도 목표를 한 가지씩 정하고 학기말에는 목표성취척도(Goal Attainment Scale: GAS)를 사용하여 운영 성과를 살펴보기로 결정하였다. 이러한 방식은 학생별 긍정적 행동지원 개별 목표를 개별화교육계획와 연계하여 충실히 지도한다면 긍정적 행동지원 성과뿐 아니라 개별화교육계획 운영 성과도 높이는 시너지 효과를 낼 수 있어 기존 학교 업무와의 중복, 과중을 막기 위한 합리적 선택이라고 판단할 수 있다.

이에 2015학년도 3월 초 학교차원 긍정적 행동지원 운영 성과 업무를 담당한 실무팀 교육연구부에서는 개별화교육계획 목표 성취도를 점수화하는 부분에 대해 교육청지원단 자문교사를 방문하여 자문을 구했다. 그리고 새 학년 학급 편성 후 1개월 동안 이루어지는 개별화교육지원팀 협의회에서 학생별로 긍정적 행동지원 관련 개별화교육계획 목표를 한 가지씩 정한 후 이를 공용 전산망 인트라넷 서식에 〈표 5-8〉과 같은 형식으로 입력하도록 안내하였다. 이후 리더십팀 첫 회의는 4월 초에 담임교사들이 학생별 개별화교육계획 생활·행동지도 목표 입력을 종료한 이후 개최되었다. 리더십팀이 전교생들의 개별화교육계획 목표 출력 자료를 가지고 긍정적 행동지원 학교 규칙(기대행동)으로서 영역화하는 작업을 수행한 결과 다음 〈표 5-9〉과 같은 내용으로 정리할 수 있었다.

❉ <표 5-8> 학생별 개별화교육계획 생활 목표(예)

초등학교 ○학년 ○반: 총 6명

학생 1	점심시간에 에디슨 젓가락을 사용하여 10회 이상 반찬을 집어 먹는다.
학생 2	쉬는 시간에 "같이 놀자" "줘"라고 3회 이상 친구에게 의사표현을 하며, 70% 이상 협동놀이에 참여한다.
학생 3	이동할 때 복도에서 친구와 손을 잡고 70% 이상 줄을 맞춰 걷는다.
학생 4	점심시간에 숟가락과 포크를 5회 이상 병행하여 사용하며, 5회 이상 음식을 씹어 먹는다.
학생 5	쉬는 시간에 화장실 변기에 앉아서 1회 이상 소변을 본다.
학생 6	점심시간에 숟가락과 포크를 10회 이상 번갈아 사용하며, 5회 이상 음식을 씹어 먹는다.

초등학교 ○학년 ○반: 총 6명

학생 1	특정 상황을 제시했을 때, AAC(○× 카드)를 사용하여 50% 이상 자발적 의사표현을 한다.
학생 2	구체물을 제시했을 때, 던질 수 있는 물건과 던질 수 없는 물건을 50% 이상 구분한다.
학생 3	점심시간에 포크를 사용하여 스스로 5회 이상 찍어 먹는다.
학생 4	요구, 기분 등 의사표현이 요구될 때, 하루에 5번 이상 의사표현(구어, AAC 포함)을 사용한다.
학생 5	교실 내 학습활동을 할 때, 20분간 바른 자세로 자신의 과제를 90% 이상 완성한다.
학생 6	특정 상황을 제시했을 때, AAC 교구(○× 카드)를 사용하여 50% 이상 자발적인 의사표현을 한다.

초등학교 ○학년 ○반: 총 5명

학생 1	식사 시 20분 안에 50% 이상 스스로 식사한다.
학생 2	화장실 이용 시 3회 중 2회, 80% 이상 옷을 내리고 올려 입는다.
학생 3	식사 시 5회 이상 젓가락을 사용하여 흘리지 않고 먹는다.
학생 4	어른에게 존댓말 50% 이상 사용을 생활화한다.
학생 5	식사 시 3회 이상 숟가락과 포크를 번갈아 사용하며 천천히 식사한다.

✽ <표 5-9> 2016학년도 성베드로학교 긍정적 행동지원 학교 규칙(기대행동): 초등학교 고학년

		식사	용변 · 위생	이동	의사소통	지시 따르기	여가
스스로		• 도구 사용하기(순가락, 포크, 에디슨 젓가락)	• 오염 발생 시 휴지로 닦기 • 위생 점검표 수행하기 • 바른 자세로 소변 누기 • 용변 시 옷 내리고 올려 입기		• 자기 생각 단어로 표현하기 • 자기 생각을 언어적 · 신체적으로 적절히 표현하기	• 상황에 적절한 지시 수용하여 행동하기 • 정해진 시간 중 학급 활동에 스스로 참여하기 • 교사 지시 수행하기	
바르게		• 적절한 시간 동안 식사하기 • 반찬 골고루 먹기 • 여러 번 씹은 후 음식 삼키기	• 옷 정리하여 단정하게 입기 • 규칙을 지켜 화장실 사용하기		• 조사를 포함한 문장형 말하기 • 모방하여 단어 수준으로 말하기	• 상황에 적절한 긍정적 반응하기(지시 순응, 고집 부리지 않기) • 물건 정리하기 • 수업 중 바른 자세로 활동에 참여하기	
다함께		• 식사 예절 지키기		• 친구들과 보조 맞추어 걷기	• 높임말 사용하기	• 학급 활동 중 기다리기	• 친구와 순서 지키며 놀기

이 과정 이후에 2016년 긍정적 행동지원 리더십팀에서는 과정별(초저, 초고, 중, 고)로 전교생의 긍정적 행동지원 관련 개별화교육계획 목표(1번)를 모두 수합하여 기존 긍정적 행동지원 학교 규칙 틀에 맞추어 식사, 용변 · 위생, 이동, 의사소통,

지시 따르기, 여가 등 여섯 가지 영역으로 정리했다. 이에 따라 학교 내의 '장소별' 매트릭스를 '활동 상황별'로 전환하였고, 학교 규칙 교수 자료를 다음 [그림 5-5] 와 같은 형식으로 제작하여 초저·초고·중·고의 과정별로 인트라넷에 탑재하 는 방식으로 배부하였다.

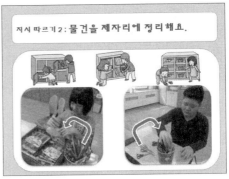

[그림 5-5] 2016학년도 긍정적 행동지원 학교 규칙(기대행동) 교수 자료(초등학교 고학년)

2) 긍정적 행동지원 학교 규칙 교수하기

학교차원 긍정적 행동지원 규칙을 정하고 교수자료를 배부한 후에는 실제 교수 가 이루어져야 함을 안내하였다(〈표 5-10〉 참조). 즉, 월요조회 시 교장선생님이 학생들에게 훈화해 주도록 요청했고, 학급별로 아침 조회 시간과 관련 교과 시간 에 배부한 교수 자료를 활용하여 직접교수가 이루어져야 함을 강조했다. 아울러 필요한 경우에 학생 스스로 자신의 행동을 점검하며 셀프모니터링을 수행하도록 안내하였다.

✽ <표 5-10> 성베드로학교 긍정적 행동지원 교수 규칙의 지도

구분	담당	세부사항		
		시기	방법	비고
1 훈화	교장	• 월요조회(매주 월 9시)	• 각 장소별 규칙을 언급하며 내용 교수	• 바람직한 행동과 그렇지 않은 행동의 예 설명
2 직접 교수	담임	• 아침 자습(9시~9시 20분) • 관련 교과 수업	• (가능하다면) 해당 장소에서 규칙을 설명하고 구체적인 행동의 예를 시범 보이거나 사진을 보여 준 후 학생들에게 직접교수	• 매일 칭찬나무판 운영. 칭찬나무판 스티커 20개 완성 시 포상판 1월＋강화물 부여로 학생들이 행동과 강화물을 연결하여 인식
3 사전 예고제 교수	담임	• 등하교 시, 수업, 점심시간 전후, 행동 발생 전후 등	• 수업참여행동 영상 혹은 교사 제작 활동 영상을 학생들에게 보여 주고 학생 스스로 자신의 행동을 평가하도록 지도	• 규칙 준수 행동을 다시 연습하는 방법으로 추가 교수

성베드로학교에서는 2014년부터 교사들의 학급별 규칙 교수를 강화하고 교수 실태를 개선하기 위해서 모든 학급이 동일하게 월요일 1교시를 교수 시간으로 정하여 운영하고 있으며, 2015년도에는 긍정적 행동지원 학교 규칙 교수 시간임을 시그널 음악을 통해 알려 주고 있다. 또한 리더십팀이 교수 자료를 배부해 준다고 해도 교사들이 학생들에게 교수 규칙을 지도하기 위해서는 별도의 교수 계획과 학습지, 교수학습과정안 등 각 교사들의 세부적인 준비가 필요함을 인식하게 됨에 따라 학내 전산망인 인트라넷에 긍정적 행동지원 관련 교수·학습자료를 공유하고 있다.

2016년에는 초(저학년)·초(고학년)·중·고 과정별로 협력교수를 통하여 학생들이 학교 규칙 기대행동을 직접 실행해 보는 학부모 참여수업을 계획하여 진행

하였다. 다음은 4월에 실행된 규칙 교수를 위한 수업 장면([그림 5-6] 참조), 교수·학습 과정안의 예(⟨표 5-11⟩ 참조) 및 PPT 수업 자료([그림 5-7] 참조)이다.

[그림 5-6] 긍정적 행동지원 학부모 참여수업 학교 규칙(기대행동) 교수 장면

✿<표 5-11> 긍정적 행동지원 학부모 참여수업 학교 규칙 교수 학습 과정안(예)

사회과 교수–학습 과정안: 협력교수(2)

일시	2016년 4월 18일 3교시	학년반	중학교 1-2	담당교사	조○○, 박○○

단원	2016 성베드로학교차원 긍정적 행동지원(SW-PBS) 규칙 익히기
본시제재	2016 성베드로 SW-PBS 4코너별 학교 규칙 바르게 실천하기(2/2차시)
학습목표	1차시: 2016 성베드로 SW-PBS 규칙 준수 필요성과 항목 내용을 이해한다. 2차시: 2016 성베드로 SW-PBS 4코너별 규칙 항목을 바르게 실천한다.

단계(분)	중심 활동	교수-학습 활동	자료(재) 및 유의점(유)
도입(5')	• 인사 • 동기유발 • 본시학습 안내	• (4코너별) 인사 나누기 • 전 차시 활동 상기하기, 본시 활동 안내하기, 본시 실천 활동을 잘 마칠 경우 받게 되는 상 안내하기 • 학습 목표 및 수행 방법 설명하기(4코너별) ▷ 교실: 바른 자세로 앉기 ▷ 계단, 복도: 오른쪽으로 걷기	재 '오늘의 PBS 학습 규칙' 개별점검표 유 고등학교가 운영하는 2코너(식당, 화장실)도 함께 활용
전개(25')	활동 ①: 교실에서 바른 자세로 앉기	• 교실에서의 규칙 학습하기(PPT) • 학생별로 '바르게 앉기' 활동 수행하기 ▷ 알림장을 정해진 장소에 내기 ▷ 바른 자세로 앉기 ▷ 이름을 부르면 바르게 대답하기 ▷ 스스로 의자를 책상에 밀어 넣기 • 활동 결과에 대해 평가 및 강화하기(코너별)	재 PPT 교수자료, 알림장, 알림장 바구니, 가방, 책상, 의자 유 이동 방법에 대해 설명
	활동 ②: 계단, 복도에서 오른쪽으로 걷기	• 학생별로 '바른 이동' 활동 수행하기 ▷ 오른쪽으로 걸어 다니기 ▷ 계단에서 오른쪽 바를 잡고 오르내리기 ▷ 복도에서 뛰지 않고 걷기 • 활동 결과에 대해 평가 및 강화하기(코너별)	유 계단 및 복도 이동 시 안전사고에 유의
정리(10')	본시 학습 정리	• 학생별로 '오늘의 PBS 학습 규칙' 개별점검표 확인하기 • 수행 상황에 따라 학생별로 강화하기	재 '오늘의 PBS 학습 규칙' 개별점검표, 강화물
	다음 차시 안내	• 매주 월 SW-PBS 학습 및 매일 학교 생활 규칙 실천을 열심히 하기로 다짐하기 • 전체 구호 외치기: 스스로! 바르게! 다 함께!	유 각 코너 → 교실로 이동하여 담임교사가 운영

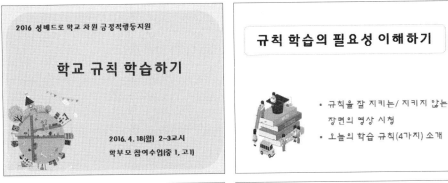

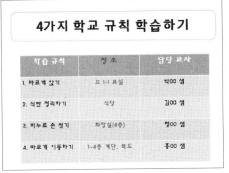

[그림 5-7] 긍정적 행동지원 학부모 참여수업 학교 규칙 PPT 수업 자료의 일부

2016년도 성베드로학교 리더십팀에서는 교사들이 공유할 수 있는 다양한 규칙 교수자료를 정리하여 학내 전산망 인트라넷 교수학습자료실에 공유하는 한편 긍정적 행동지원 규칙을 소개하는 영상을 제작하여 성베드로학교 교사들이 학생들을 효과적으로 교수하기 위한 자료를 지원하였다.

3) 실행 준비하기

새 학년도 3월에 개별화교육지원팀 협의회를 통해 긍정적 행동지원 관련 개별 목표를 결정한 후 4월에 리더십팀에서는 긍정적 행동지원 학교 규칙(기대행동)을 정리하고 교수자료를 제작해야 한다. 동시에 실무팀에서는 4월 내에 필요한 운영 체제를 갖추어야 5월 초에 보편적 지원을 시작할 수 있다. 이 시기에 해야 할 구체적인 업무 내용은 다음 〈표 5-12〉와 같다.

❋<표 5-12> 2016년 성베드로학교 긍정적 행동지원단 실무팀 업무 내용(4월)

구분	주요 업무
교무기획부	• 포상 계획 수립 • 보편적 지원 강화 집계표 제작 및 학급별 배부(보편적 지원 시작 1주 전)
교육과정부	• 전체 업무 추진 상황 점검 • PBS 운영 안내 연수(교사, 교직원) • PBS 운영 안내 학부모 통신문 작성 및 배부 • 학급별 칭찬판 시설 설비 확인 및 보수 • PBS 안내 배너 및 장소별 코너판 설치 • 강화 물품 정리 및 포장, 관리 • 관련 기안 및 예산 작업
연구부	• IEP 학생별 목표(PBS 개별 목표) 수립 안내 • PBS 개별 목표 수합 및 관리
진로교육부	• 강화 물품(주간 강화물 및 일일 강화물) 구입
창의인성부	• 성베드로학교 홈페이지에 PBS 운영 안내 사항 업로드
교육지원부	• 미디어월 사진 수합 및 포토샵 작업 • 미디어월 운영 체제 정비
학생생활부	• PBS 개별 지원 및 소집단 운영계획 수립

제6장

보편적 지원의 운영 2: 강화 · 교정규칙 · 위기관리계획

강화와 교정규칙, 위기관리계획의 운영은 학교차원 긍정적 행동지원 보편적 지원의 세 가지 핵심적인 과정이다. 전체 학생을 대상으로 긍정적 행동지원 학교 규칙을 꾸준히 지도한 다음, 잘한 행동에 대해 일관성 있는 강화 체계를 운영하는 것은 학생들은 물론 교사에게도 상당한 보상으로서 작용한다. 아울러 이와 함께 잘 못한 행동에 대한 교정규칙과 폭발행동 예상 학생을 위해 위기관리계획을 수립하여 교사들에게 충분히 안내하며, 교사 간 협의와 협력을 통해 실제로 작동할 수 있도록 훈련과 점검하는 체계를 생활화할 필요가 있다.

❹ 단계 4: 보편적 지원 실행하기

📖 1. 좋은 행동 강화하기: 강화계획

　새 학년도 3~4월 동안 보편적 지원 운영 준비를 끝내고 나면 5월 초 학교차원 긍정적 행동지원을 실행할 수 있다. 보편적 지원 운영을 처음으로 시작하는 월요일에는 학교차원 긍정적 행동지원 운영을 알리는 간단한 행사를 계획한다. 2016학년도 학교차원 긍정적 행동지원을 시작하면서 성베드로학교에서는 아침조회 시간에 교장선생님께 학생들에게 다음 〈표 6-1〉과 같은 내용의 훈화를 해 줄 것을 부탁하여 실행하였다.

❋〈표 6-1〉 보편적 지원 시작일(2016. 5. 2.) 교장선생님 월요 아침조회 훈화 내용

교장선생님: (PBS 안내 배너를 가리키며) 이게 무엇을 알려 주는 것일까요?
학　생　들: (대답한다.)
교장선생님: 여러분! 우리 학교에는 여러 가지 규칙이 있어요. 여러분은 학교 규칙을 잘 지켜야겠죠? 오늘처럼 월요일마다 1교시에 안내 방송이 나오면 담임선생님께 학교 규칙을 배우고, 수업시간에도 바른 모습으로 공부를 잘 하도록 합시다. 여러분이 규칙을 잘 지키고 공부도 잘하면 선생님들이 칭찬판 사진을 올려 주시고, 매일 스티커와 비타민도 주실 거예요. 또 그러면 교장선생님이 2주마다 여러분에게 좋은 상품과 상장도 주고, 부모님께도 칭찬 받게 될 겁니다. 성베드로학교 학생들 모두 잘할 수 있겠어요?
학　생　들: 네~
교장선생님: 그럼, 다 함께 성베드로 규칙 지키기(PBS) 구호를 외쳐 볼까요?

> 학 생 들: 스스로! 바르게! 다 함께!
> 교장선생님: 좋아요. 그럼 오늘부터 모두 잘 해 보도록 합시다!

조회를 마친 후 교실로 이동한 후에는 전교생이 긍정적 행동지원 수업을 안내하는 시그널 음악 방송과 함께 1교시 수업(예: 사회)을 시작한다. 이 시간에는 리더십팀이 배부한 학교 규칙(기대행동) 로고송과 교수자료를 제시하며 함께 시청하고, 앞으로 매주 월요일 1교시에 학생들이 긍정적 행동지원 학교 규칙을 배우게 될 것임을 알려 준다. 그리고 칭찬판과 칭찬나무 운영 방법에 대해 담임교사가 다시금 설명을 해 주고 학생별로 정해진 긍정적 행동지원 개별 규칙 운영사항을 알려 주며 규칙 준수의 필요성을 일깨운다. 학생들이 학교 규칙을 잘 지키도록 하기 위해서는 규칙 준수가 필요한 실제 상황과 교과 수업 등의 모의 상황에서 실제 연습을 통해 반복적으로 지도하는 것이 무엇보다 중요하다.

1) 긍정적 행동지원 학교 규칙(기대행동)의 지도

장애학생들도 우리 사회의 구성원으로서 정해진 규칙이나 바람직한 행동을 수행하며, 사회 통념상의 인식에 부합하지 않는 행동은 수행하지 않는 것이 타당하다. 하지만 장애학생들은 바람직한 행동의 수행 방법을 잘 모르거나(습득 결함), 혹은 동기가 부족하여 수행하지 못하고 있는 경우가(수행 결함) 상당히 많다. 따라서 학생들이 바른 행동의 수행 방법을 반복적으로 익혀 항상 행하도록 하는 한편, 규칙 이행을 위해 부족한 동기를 유발함으로써 이미 학습되어 있는 바른 행동을 지속적으로 수행하도록 하는 것은 매우 중요한 일이다. 우리가 살아가는 사회에서 좋은 행동에 대한 상이 꼭 주어지거나 반대로 나쁜 행동을 하더라도 부정적 결과를 반드시 경험하게 되는 것은 아니다. 하지만 지난 4년간 학교차원 긍정적 행동지원 운영을 체험하면서 성베드로학교 재학생들은 바람직한 행동과 부적절한 행동에 대한 기준을 조금씩 갖게 되었으며, 규칙 준수를 위한 동기를 형성하고 있다.

좋은 행동이라 할 수 있는 '긍정적 행동지원 학교 규칙(기대행동)' 내용을 지도할 때에는 규칙의 필요성에 대한 인식에 기초하여 규칙 준수가 왜 중요한지에 대해 학생들이 이해할 수 있도록 교수 자료의 적절한/부적절한 행동의 예시를 충분히 들어 설명하고, 바른 행동을 직접 실행하여 보는 것이 중요하다. 이러한 규칙의 지도는 교실뿐 아니라 규칙 준수가 필요한 교내 여러 장소(식당, 화장실, 복도, 엘리베이터 등)에서 충분히 이루어져야 한다. 이때에도 장소별로 규칙 준수에 대한 단서를 얻을 수 있는 코너별 안내판을 학교 곳곳에 게시하고 학부모에게도 공지하여 도움을 얻도록 한다. 행동을 몸으로 익혀 수행하기 위해서는 연습이 필요하므로 1회성이 아니라 주기적인 반복 연습이 필요하며 종종 행동 준수 여부에 대한 점검(monitoring)이 이루어져야 한다. 만일 규칙 준수가 이루어지지 않을 경우 재교수한다.

학생들의 능력 및 수행 수준이 서로 다르므로 성베드로학교에서는 긍정적 행동지원 학교 규칙(기대행동) 가운데 학생 개인별(개별화교육계획 목표) 규칙을 선택하여 적극적으로 교수하며 강화하는 체제를 적용하고 있다. 즉, 긍정적 행동지원 학교 규칙 및 학생별로 결정된 긍정적 행동지원 개별 목표를 매주 월요일 및 매일 수시로 지도하며, 대상학생이 스스로 혹은 제공된 기회를 활용하여 기대행동을 수행했을 경우 개별 규칙판에 매일 스티커를 부착해 주고 일일 강화물을 제공한다. 개별 규칙판 스티커 부착이 완료되면 교무실 공용 컴퓨터의 다음 〈표 6-2〉와 같은 엑셀 서식에 학생별 생활 규칙 도달 상황을 입력한 후 상장과 선물을 포상으로 받으며, 이후에는 전체 표상판인 미디어월에 1개월간 얼굴 사진이 게시된다.

✤〈표 6-2〉 긍정적 행동지원 학교 규칙 개인별 생활 규칙 생활 목표 엑셀 서식

학년반	번호	이름	생활규칙	1차 종료일	2차 종료일	3차 종료일
초 ○-○	1	박○○	반찬을 골고루 꼭꼭 씹어 먹어요.	6. 24.		
			공부시간에 바르게 앉아요.			
	2	김○○	바른 말, 예쁜 말을 사용해요.	6. 10.		
			스스로 걸어서 이동해요.			

다음 [그림 6-1]과 같이 학생별로 결정한 긍정적 행동지원 개별 규칙(개별화교육계획 지도 목표)을 개별 규칙 칭찬판(나의 약속)에 적고 학급 게시판에 부착하며(사진 2), 매주 월요일과 매일 수시로 개별 규칙을 이행한 바에 따라 일일 강화로 스티커와 일일 강화물을 제공받는다. 학생들이 이러한 체계에 익숙해지면 운영 학급 특성에 따라 하교 시간 무렵 자기 점검을 통해 스티커를 스스로 부착하거나(사진 3), 일일 강화물을 스스로 선택하기도 한다(사진 4).

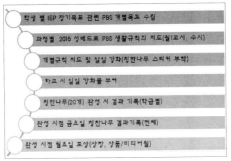

1. PBS 개별규칙 강화 체계

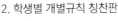

2. 학생별 개별규칙 칭찬판

3. 학생별 개별 규칙판 자기 점검 모습

4. 학생별 개별규칙 일일 강화 모습

[그림 6-1] 성베드로학교차원 긍정적 행동지원 학교 규칙(기대행동) 강화 체계

2) 수업참여행동 강화

성베드로학교에서는 긍정적 행동지원 학교 규칙 지도와 더불어 학생들의 수업참여행동 향상을 목표로 이를 체계적 방법으로 강화하고 있다. 학생들이 수업에 잘 참여한다는 것은 그 시간 동안 (문제행동에 몰입하지 않고) 교수-학습활동이 이루어진다는 사실로 의미가 매우 크다. 하지만 학생들의 수업참여행동을 강화하

고자 할 때 성베드로학교 재학생들의 개인차를 고려한다면 성취 기준은 학생별로 다양할 필요가 있다. 즉, 착석 자체가 어려운 A학생의 경우에는 수업 중 5차례 미만으로 일어섰을 때 수업참여행동 기준에 도달했다고 정할 수 있는 것이다. 반면 수업 중 착석이 비교적 잘 이루어지는 B학생은 교사의 모든 요구를 잘 따라 수업 과제를 수행해야 수업참여를 하였다고 볼 수도 있다. 학생에 따른 수업참여행동 기준을 담임교사와 교과교사가 협의하여 결정한 후에는 매일 매 수업시간마다 수업참여행동을 체크하여, 목표 도달 시 6교시까지 칭찬판을 1칸씩 상승시켜 준다. 그리고 하교 시에는 담임교사가 이에 대한 피드백으로 일일 강화물인 비타민을 제공하고 게시판에 부착된 학급별 보편적 강화 집계표에 학생들의 수행 상황을 기록한다.

2014년 이후에는 포상 집계를 위하여 교무기획부에서 〈표 6-3〉과 같은 강화 집계표를 엑셀 서식으로 제작, 배부하여 교사들이 기록하도록 하여 포상 집계가 한층 수월해졌다. 학급 담임 교사들은 매일 강화 상황을 강화 집계표에 기록하고 2주별 금요일 하교 시까지 교무실 전산망 인트라넷에 강화 결과를 입력하여야 한다. 교무기획부의 긍정적 행동지원 포상 업무 담당자는 2주별 금요일에 강화 결과 입력 안내 방송을 실시하고 있으며, 오후 3시경 모든 학급의 입력 완료 사항을

❋〈표 6-3〉 학급별 강화 집계표(2016학년도 1차)

학년반	번호	이름	강화 결과(5월 2일 ~ 5월 13일)									1차 소계
			월	화	수	어린이 날	임시 공휴일	월	화	수	목	금	
초 ○-○	1	○○○	1	1				1	1			1	5
	2	○○○	1	1				1		1	1	1	6
	3	○○○	1	1	1			1	1				5
	4	○○○	1	1	1			1	1	1	1	1	8
	5	○○○	1	1	1			1	1	1	1	1	8
	6	○○○	1	1	1			1	1	1	1		7

* 기록 방법: 해당 요일에 강화를 받았으면 '1', 받지 않았으면 빈칸으로 두기
* 판정 결과: 위 학급의 경우 8일 모두 수업참여 목표에 도달한 4, 5번 학생이 1차(5. 2.~5. 13.) 포상 대상학생임

1. 칭찬판(수업참여행동) 강화 방법

2. 학급별 칭찬판(날마다 크는 우리 반: 고등부 용)

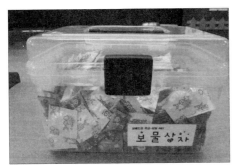

3. 학급별 일일 강화물 상자

4. 2주별 강화물

5. 2주별 포상 모습

6. 학급별 방문 시상 모습

7. 전체 포상판 강화(2013~2014년)

8. 전체포상판(미디어월) 강화(2015년~)

[그림 6-2] 성베드로학교차원 긍정적 행동지원 보편적 지원 운영 및 강화 방법

확인한 후 집계 자료 결과표를 교육과정부에 인계한다. 교육과정부에서는 강화물
을 예쁘게 포장하고 대형 카트에 담아 월요일 포상 일정을 준비한다.

　다음 [그림 6-2]의 모습처럼 성베드로학교 각 학급 게시판에서는 학급 칭찬판을
운영하고 있으며(사진 2), 학생별 수업참여행동 목표에 따라 매일 매 수업시간에 칭
찬판 사진을 1칸씩 상승시켜 주는 방법으로 강화를 부여한다. 하루 6시간 동안 수
업 참여 목표에 도달한 경우 사진 3과 같이 각 학급별로 마련된 긍정적 행동지원
'보물 상자'에서 (먹는) 강화물을 받을 수 있다. 아울러 각 학급에서 2주간(10일) 수
업참여 목표에 도달한 학생에게는 정성껏 준비한 학용품과 생활용품 등의 선물(사
진 4)을 제공한다. 보편적 지원이 운영되는 2주별 월요일 시상은 관리자(교장, 교감)
가 담당하고 있으며(사진 5), 학급을 방문하여 시상하기도 한다(사진 6). 수상한 학
생은 다음 번 시상까지 2주간 전체 포상판에 얼굴을 게시하여 강화한다(사진 7~8).

2. 잘못된 행동에 대한 지도: 교정계획

　학교차원 긍정적 행동지원 보편적 지원을 운영을 시작한 후 학생들에게 바람직
한 행동을 지도하고 체계적으로 강화하는 한편 학생들의 잘못된 행동에 대한 지
도 방식에 대해 협의한 후 선행연구(김영란, 2012)를 참고하여 '성베드로학교 문제
행동 교정 전략' 또한 수립하였다. 2015년 리더십팀에서는 2년간의 긍정적 행동지
원 운영 경험을 거친 후, 2013년에 마련한 교정전략을 수정하였으며, 교사연수를
통해 전체 교사에게 수정된 교정전략(〈표 6-4〉 참조)을 성베드로학교 재학생에 대
한 문제행동 교정을 위한 지침으로서 다시금 안내하였다.

　교정전략이란 학생들의 부정적 행동에 후속하는 교사들의 지도 방안 혹은 중재
전략을 의미한다. 2011학년도 컨설팅장학을 위한 조사 당시의 중재 방법(구어 지
도, 신체적 제지)보다는 훨씬 진전된 수준이지만, 실제로 성베드로학교 교사들 모두
가 공통적으로 이러한 교정 전략을 사용하고 있다고 단언할 수는 없다. 2015년도
리더십팀은 교정전략을 수정한 후 전체 교사연수를 통해 내용을 공유하고, 리더십
팀 교사 협의에 따른 교정 전략을 항시 적용하도록 안내하였다. 또한 학년 초 긍
정적 행동지원 운영 안내 연수 시마다 교정규칙 적용을 강조하여 요구하고 있다.

✿<표 6-4> 2015학년도 성베드로학교차원 긍정적 행동지원 교정 전략(2013년 계획 수정)

성베드로학교 문제행동 교정 전략

• 교정전략(corrective strategy; Scheyermann, 2008)
 – 문제행동 수준에 따라 제공 가능한 후속 결과
 – 세 가지 문제행동 수준에 따라 후속 결과의 범위를 제한하는 방식

◆ 문제행동 수준별 후속 결과

문제행동 수준	I수준 자신에게만 영향	II수준 다른 사람의 학습 방해 질서 있는 환경에 영향	III수준 자신과 타인에게 위해
행동의 예	• 바르지 않은 자세 • 손장난 • 작은 소음 내기 • 과제 거부	• I수준에 비해 행동빈도와 강도가 더한 경우(I수준 후속 결과에도 최소 3회 이상 발생+기존 활동을 멈추어야 할 정도의 강도)	• 때리기, 꼬집기, 주먹과 발로 차기, 물기 등의 신체적 공격 • 기물 파손 • 심각한 자해행동
2015년도 T2 협의 사항	• 근접(가까이 가기) • 말 없는 부드러운 신체적 접촉 • 언어적 지시	(I수준 결과를 포함하고) • 신체적 촉진 • 반응 대가 • 자리이동 • 비배제 타임아웃	(II수준 결과를 포함하고) • 배제 타임아웃(행동지원실로 이동) • 권리 박탈 • 부모 면담
	• 바른 자세에 대해 설명 • 신체적 접촉(손 잡아주기) • 난이도 조절하여 제시, 과제 제공 • 간접지시 • 무관심 • 기능적 의사소통훈련	• 언어 및 신체적 도움 • 소리 나지 않는 물건(공) 잡고 있기 • 과제 부여 • 선호 활동 부여 • 주의(계속 시 칭찬판 하강, 강화물 제거) • 자리 재배치	• 교무실 한쪽에 서 있기 • 무게가 나가는 물건 들고 서 있기 • 교실 밖에 세워 두기 (관리 요망) • III수준 행동에 대한 후속 중재 시 부모동의서 수령 요망

* 본교 학생생활규정 및 현행 지침에 따른 절차와 맥을 함께하도록 한다.

📖 **3.** 위기 상황의 문제행동에 대한 지도: 위기관리계획

학급에서 학생들의 돌발행동 혹은 폭발행동으로 인해 수업 진행이 더 이상 불가능한 경우를 위기 상황이라고 일컫는다. 이러한 상황은 사실 모든 특수학교 교사들이 언제라도 경험할 수 있고, 성베드로학교에서 2011년 재학생들의 행동 실태 조사를 통해 실제 상황이 확인된 바도 있으므로 '위기관리계획'을 수립하는 데 반론을 제기하는 교사는 없었다. 이에 교사들에게 학급에서 폭발행동으로 인한 위기 상황이 예상되는 학생을 1~2명 선정한 후 그 학생으로 인해 발생한 위기 상황을 가정하여 '위기관리계획' 작성 사례를 제시해 주고(〈표 6-5〉 참조), 실현 가능한 계획을 고안해 보도록 안내했다.

한편 실제 상황에서 위기관리계획이 실현되기 위해서는 문제 상황에 처한 교사 이외의 추가 인력이 요구되므로 교사들 간의 협의뿐 아니라 관리자, 교직원들의 협조를 구할 필요가 생긴다. 성베드로학교의 경우 문제가 발생한 학급에서 수업 중인 교사를 대체할 교사(예: 담임교사 수업 시 → 교과교사, 교과교사 수업 시 → 담임교사)뿐 아니라 배움터지킴이 선생님이 추가 보조인원으로 결정되었다. 아울러 위기관리계획 이외에도 학생들이 보이는 문제행동의 이유를 파악하기 위한 동기사정척도와 기능평가, 그리고 행동지원계획 작성에 대해 교사 연수를 실시했다.

✽〈표 6-5〉 2013 성베드로학교차원 긍정적 행동지원 위기관리계획

위기관리계획
◆ 위기관리프로그램 개요
'위기관리프로그램'이란 성베드로학교차원 PBS 실시에 따라 학생의 문제행동 대처를 위한 '예방' 전략을 사용했음에도 불구하고 심각한 문제행동으로 교사나 또래의 안전을 위협할 만한 상황이 발생했을 때, 문제행동을 보인 학생은 물론 학급에 함께 있는 성인과 다른 학생을 보호하기 위해 운영되는 제반 과정을 의미합니다.
◆ 위기관리계획의 작성 및 정기적 실습
관련 직원 협의를 통한 위기관리프로그램 작성(담임교사) → 위기관리프로그램 정기적 실습
2013 성베드로학교차원 PBS 위기관리프로그램 계획
* 다음의 내용을 잘 읽어 보시고 위기 상황이 발생했을 때 이 절차에 따라 역할을 수행하여 주십시오.   1. ○○○ 학생의 문제행동 특성 　• 심각한 문제행동은 아니나 심각한 문제행동으로 발전할 수 있는 전조 행동 　　– 두 주먹을 꽉 지고 씩씩거리거나 힘주어 소리 지르기

- 최근 2개월 이내에 보였던 행동
  - 코피가 날 때까지 코 파기, 혀로 피와 침을 입 주변에 바르기
  - 가위 같은 위험한 도구로 상대 위협하기
  - 주먹으로 유리창 치기
  - 의자 던지기
- 누가기록에 제시된 현재까지 일어나지는 않았으나 과거력이 있는 행동
  - 연필로 손등 찌르기, 입에 손 넣어 살점 떼어내기, 교사 대상 폭력(주먹으로 치기)

2. 예상되는 문제행동 발생 관련 요인
- '~하게 하지 마' '○○야, ~하게 해' 등의 직접적 지시, 신체적 접촉
- 놀이로 시작되었으나 지시나 제지로 문제행동이 촉발(예: 가위를 가지고 놀다가 이를 저지하자 교사를 향해 위협)
- 기타: 과거 경험과 관련된 기억(예: 갑자기 울며 "아빠 잘못했어요. 다시는 안 그럴게요."라고 말하며 울고 소리 지르기)

3. 문제행동 예방 전략
- 허용 가능한 사소한 행동 무시하기(예: 복도에서 학생이 입에 침 바를 때 모른 척 하기)
- 신체적 접촉은 학생이 허용했을 때만 하기
- 버스 내부에서나 승하차 시 다른 학생과의 신체적 접촉 발생 최소화하기
- 가위 같은 위험 도구 관리
  - 도구를 사용하지 않을 때에는 시건 장치가 되어 있는 자료함에 보관
  - 학생이 가위를 사용할 때는 교사가 바로 옆에서 지도
- 직접적 지시 대신 간접적 지시 사용하기(예: 학생의 이름을 불러 직접적인 지시를 하는 대신, 학급 학생 전체를 대상으로 지시하기)

4. 심각한 문제행동을 예방하기 위한 위와 같은 최선의 노력에도 불구하고 교사나 학생의 안전이 위협받는 상황이 발생했을 경우(위와 같은 심각한 문제행동이 발생했을 때)에는 아래의 '위기관리계획'을 따릅니다.

〈위기관리계획〉

1. 교실 바로 앞에 있는 ○○실로 학생들을 안전하게 대피시킨다.
   1) 특수교육 보조원이 S1와 S2 학생을 담당
   2) S3이 S4, S5 학생을 도와 ○○실로 이동
2. ○○실로 이동한 보조원은 보건교사에게 상황을 전달한다.
3. 보건교사는 교감(내선: 1234)과 행정직 교직원(010−1234−1234)에게 전화로 상황을 전달한다.
4. 전화를 받는 교감과 행정직 교직원은 즉각 교실로 이동한다.
5. 담임교사, 교감, 행정직 교직원은 협력하여 3층에 위치한 행동지원실로 ○○○ 학생을 이동시킨다.
6. ○○○ 학생이 행동지원실로 이동하게 되면 보조원과 보건교사는 ○○실에 대피한 ○학년 ○반 학생들을 교실로 이동시키고 교실에서 학생들을 안정시킨다.
7. 행동지원실에서 담임교사는 ○○○ 학생 앞에 서서 공격을 위한 시도를 차단하고 2분 동안 조용히 앉아 있으면 교실로 돌아갈 수 있다고 설명한다.
8. 행동지원실에서 ○○○ 학생이 안정을 되찾게 되면(예: 2분 동안 조용히 앉아 있으면) 행동을 돌아보도록 하고 교실에서의 바른 행동에 대해 안내한 후 교실로 함께 돌아간다.
9. 교실로 돌아왔을 때 행정실 교직원(또는 지킴이 선생님)과 담임교사는 학생 바로 옆에 서서 10분간 학생이 과제 수행을 시작하거나 자리에 조용히 앉아 있는 등 사태가 안정된 것을 확인한 후에 일과를 계속하도록 한다.
10. 교사는 위기 사건에 대한 공식적 일화 기록(선행사건, 행동 특성, 결과에 대한 일련의 과정)을 알림장이나 전화를 통해 학부모에게 설명한다.

폭발행동이 진정된 이후에는 다음 〈표 6-6〉과 같은 양식의 입실 기록을 작성하여 둔다.

✤〈표 6-6〉 행동지원실 입실 기록지

행동지원실 입실 기록	
작성자: _____ ___학년 ___반 이름: _____ 날짜: _____	
• 행동을 직접 관찰했습니까?	Y / N
• 발생한 행동은 무엇입니까?	
• 행동이 발생한 시간은 언제입니까?	
• 행동이 발생한 장소는 어디입니까?	
• 상황에 있었던 사람은 누구입니까?	
• 발생한 행동의 대상이 무엇입니까?(예: 특정 사람, 물건)	
• 행동 바로 전에 어떤 일이 일어났습니까?	
• 행동 바로 후에 어떤 일이 있었습니까?	
• 입실–퇴실 후 진정까지 소요된 시간	
• 관찰 결과: 행동지원실 이동, 입실 및 교실 복귀 상황에 대한 객관적 서술)	
• 기타(평상시와 다른 일과, 환경, 학생에 대해 기술, 교사가 생각하기에 도움이 될 만한 내용에 대하여 설명)	

성베드로학교에서는 폭발행동이 발생한 상황에서 이용할 수 있는 중립적 성격의 안전한 공간인 행동지원실을 마련하여 문제행동 발생 학생들이 활용하고 있다. 행동지원실의 설치 및 운영에 대한 자문을 얻기 위해 2013년도 실무팀은 어린이병원(서울 양재동 소재) 행동지원실을 방문, 지원실 공간 설치에 대한 자문과 운영 방법과 예산 운용에 대한 연수를 받았다. 그리고 행동지원실 설치를 위해 담당 인력과 도구 운영 절차도 마련하였다(제2부 제4장 [그림 4-3] 참조).

한편 2015학년도 리더십팀은 1학기 말 실시한 학교차원 긍정적 행동지원 BoQ 결과, 행동지원실 이용 및 위기관리계획 실행 실태에 대해 재고하는 계기를 가지게 되었다. 2013년도에 학교차원 긍정적 행동지원 운영 과정에서 교사들이 위기관리계획안을 수립하고 실제로 적용하도록 하기 위해서 학급 학생들에 대한

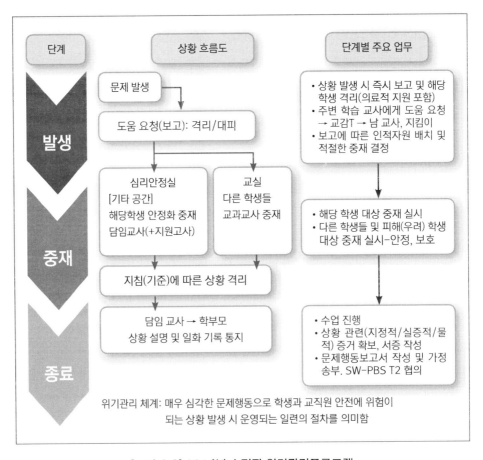

[그림 6-3] 2016년 수정판 위기관리프로그램

위기관리계획 수립 방법과 여러 가지 관련 문서(MAS, 기능평가 및 행동지원계획 서류, 행동지원실 입실 기록) 작성 방법에 관해 안내하는 교사 연수를 실시하고 실행을 권장한 바 있다. 그러나 당시에는 실제로 교사들이 관련 서류 작성을 연습한다든지 위기관리계획이 실제로 실행될 수 있도록 훈련을 실시하는 등 위기관리체계를 실질화하기 위한 노력을 기울일 여력이 없었다. 따라서 2015년도 리더십팀에서는 실질적으로 사문화되었던 위기관리계획 프로그램과 그 실행을 보다 현실화하기 위한 방안을 논의하였다. 약 2년간 숙제로 남겨졌던 위기관리계획을 보다 명료한 방식으로 재정비하여 [그림 6-3]과 같은 모습으로 완성하였다.

[그림 6-3]의 위기관리체계 매뉴얼을 살펴보면 위기 상황을 발생, 중재, 상황의 종료 등 3단계로 구분하고 각 단계에서 교사가 행해야 할 일을 보다 가시적으로 명확하게 파악할 수 있도록 상황 흐름도를 통해 안내하고 있다. 리더십팀에서 프로그램 마련을 위해 가장 염두에 둔 것은 시각적으로 살피기에 용이하면서도 필요한 사항들이 모두 담겨 있어야 한다는 것이었다. 다음으로 중요한 것은 교사들이 이 사항을 항상 숙지하고 실제로 위기 상황이 발생했을 때 절차대로 실천함으로써 학생과 교사 자신을 보호하고 학부모와 지역사회에도 발생 상황과 중재 절차에 대해 신뢰감을 확보하는 것이라 할 수 있다. 따라서 리더십팀원인 학생생활부장이 교사 연수를 통해 이 사항을 재차 안내하고, 자료를 A3 용지에 코팅하여 전체 교사에게 배부하였다. 그리고 이 내용은 교사가 이해하고 있다고 해서 즉각적으로 능숙하게 실행할 수 있는 사항이 아니므로 정기적 언급과 안내, 그리고 실제 상황에서의 침착한 실행이 후속되어야 함을 특별히 강조하고 있다.

❺ 단계 5: 보편적 지원 운영 점검하기

학교차원 긍정적 행동지원 보편적 지원을 체계적으로 운영한 후에는 여러 가지 데이터 분석을 통해 실행 내용을 점검하여야 한다. 이는 이후의 실행을 개선하고자 하는 순환적 실천의 고리를 마련하는 일이기에 보편적 지원의 마지막 단계로서 매우 중요하다(박지연, 2015). 2013년부터 1년 단위로 실시된 성베드로학교차원 긍정적 행동지원은 운영 성과 파악 및 개선을 위하여 몇 가지 자료를 수집하여 점검하고 있는데, 여기서는 보편적 지원 성과 점검을 통한 운영 개선에 실질적 영

향을 주었던 3년간의 '학교차원 긍정적 행동지원 평가서'와 2015년에 실시한 BoQ
결과를 중점적으로 소개하고자 한다.

✿ **〈표 6-7〉 보편적 지원 운영 점검 내용 및 방법**

	학교차원 PBS 운영 평가	BoQ
실시 시기	• 2013, 2014, 2015, 2016년도	• 2015년 1학기 말
참여자	• T3 전체 교사	• T2 소속 교사+관리자
점검 도구	• 학교차원 PBS 운영 평가서: 성베드로학교 자체 제작 점검 및 평가 도구	• 학교차원 BoQ: 학교별 PBS 중재 충실도 점검도구(〈부록 3 도구 모음〉 참조)
세부 사항	• 4점 척도: 강화체계 운영 현황 및 PBS 이해도 파악(자기 점검) • 서술 평가: 학생 및 교사에게 미친 긍정적 사항 및 개선사항	• PBS팀, 교직원 참여, 훈육 절차, 자료수집 및 분석, 기대와 규칙 개발 항목 등 10개 영역 53문항: 잘 실행, 개선 요망, 미실시의 세 부분으로 평정

1) 학교차원 긍정적 행동지원 운영 평가

성베드로학교에서는 1년 단위로 실시되는 학교차원 긍정적 행동지원을 종료하
면서 교사들의 평가 자료를 수집하여 분석하고 있는데, 이는 전체 교사의 의견을
반영한다는 점에서 의미가 있다. 또한 개선 요구사항에 대해서는 리더십팀 협의
를 거쳐 다음 해 운영계획 수립 및 실행을 통해 반드시 반영하고 있으므로 성베드
로학교의 지속적인 긍정적 행동지원 운영 및 발전을 위해서 절대적인 역할을 해
왔다고 할 수 있다.

2013년부터 2016년도까지 매년 긍정적 행동지원 운영을 마치며 실행팀 전체 교
사들에게 자료를 배부하여 작성하도록 하여 정리한 결과는 다음 〈표 6-8〉과 같
다. 여기서는 긍정적 행동지원 참여 교사들에게 강화 체계를 충실하게 적용하였
는지에 대한 자기점검과 함께 긍정적 행동지원 운영 체계(팀 운영 및 전반적 운영,
긍정적 행동지원 방식과 가치에 대한 이해도와 수용도)에 대한 의견을 4점 척도로 조
사하였다. 그 결과 성베드로학교에서 긍정적 행동지원 운영에 참여한 교사들은

지난 4년간 강화체계 운영에 상당히 충실하게 참여해 왔다고 보고하였다. 이를 점수화하면 3.61(90.3점) 이상의 점수로 환산할 수 있으며, 학교차원의 운영체계와 팀 운영, 긍정적 행동지원에 대한 수용도와 자기 이해도를 3.78(94.5점) 이상으로 더욱 높게 평정하고 있는 것은 바람직하다. 〈표 6-8〉에 의하면 학생들의 행동지도를 위한 방식으로서의 긍정적 행동지원에 대해 충분히 공감하고 운영 실태에 대하여도 상당히 높게 평가하고 있다는 사실을 알 수 있다. 이와 함께 긍정적 행동지원에 대한 공감도와는 별도로 스스로의 실행 정도는 그에 다소 미치지 못함이 드러났다. 운영 4년째인 2016년에 가장 높은 점수 분포를 보이고 있는 것은 매우 희망적인 일이다.

아울러 성베드로학교에서 운영 평가를 실시하는 이유는 상황 점검을 통한 운영 개선이 목적이었으므로, 〈표 6-8〉과 같은 양적 자료 이외에 서술적 자료로 학교차원 긍정적 행동지원 운영이 학생들과 교사에게 미친 긍정적 영향과 운영상의 개선점을 기술해 줄 것을 요구했다. 학생들과 교사에게 미친 긍정적 영향에 대해서는 제7장에서 상세하게 논할 예정이므로 여기서는 운영상의 개선점에 대하여만 다룰 것이다.

✿<표 6-8> 성베드로학교차원 PBS 운영 평가 결과(양적 평가)

A. PBS 강화체계 운영(자기 점검)		2013년 (참여: 19명)	2014년 (참여: 40명)	2015년 (참여: 34명)	2016년 (참여: 34명)
		4점 척도 점수(100점 환산점수)			
1	학급별 칭찬판: 수업참여행동을 매 교과 수업시간별로 최대한 운영하였습니까?	3.33(83.3)	3.38(84.5)	3.24(81.0)	3.38(84.5)
2	학생별 칭찬나무: 개별학습 목표를 적절하게 수립하고 운영하였습니까?	3.44(86.0)	3.51(87.8)	3.41(85.0)	3.83(95.8)
3	일일 강화물을 정해진 규칙대로 부여하였습니까?	3.33(83.3)	3.58(89.5)	3.41(85.0)	3.65(91.3)
4	개인별 매일 활동 성과와 기록 체계를 잘 작성하였습니까?	3.24(81.0)	3.47(86.8)	3.24(81.0)	3.58(89.5)
	소계(A)	3.34(83.5)	3.49(87.3)	3.33(83.3)	3.61(90.3)
B. PBS 체계 이해 및 운영		2013년 (참여: 19명)	2014년 (참여: 40명)	2015년 (참여: 34명)	2016년 (참여: 34명)
		4점 척도 점수(100점 환산점수)			
5	성베드로 PBS 지원팀 운영(T1, T2, T3)이 효율적이며 합리적이었습니까?	3.58(89.5)	3.69(92.3)	3.79(94.8)	3.85(96.3)
6	1년간 PBS 운영이 전반적으로 잘 이루어졌다고 생각하십니까?	3.72(93.0)	3.74(93.5)	3.79(94.8)	3.76(94.0)
7	PBS 방식과 이념에 대하여 충분히 이해하고 계십니까?	3.72(93.0)	3.80(95.0)	3.76(94.0)	3.76(94.0)
8	학생들의 생활 및 문제행동 지도를 위해 학교차원 PBS 방식이 적절하다고 느끼십니까?	3.67(91.8)	3.75(93.8)	3.76(94.0)	3.75(93.8)
	소계(B)	3.67(91.8)	3.75(93.8)	3.78(94.5)	3.78(94.5)
	총계(A, B)	3.51(87.8)	3.62(90.5)	3.56(89.0)	3.70(92.5)

❋〈표 6-9〉 2014년 성베드로학교차원 PBS 운영 평가 결과: 개선 요구사항(서술평가)

- 월 1교시 학급단위 PBS 규칙 교수 철저 운영 요망
- 칭찬판 및 강화체계 철저 운영 요망
- PBS 교수법, 증거 기반 실제 등에 대한 연구와 전체 교사 대상 보급 요망(T2, 교사 연구회 등)
- (교육청 예산 지원 없는) 2015년도 개별 지원 운영 방안 모색
- (일회성이 아니라) 매년 지속적으로 이루어지면 좋겠음(2명)
- 문제행동이 많은 학생에게는 적용 효과가 잘 보이지 않았음
- PBS 강화를 위해 6교시는 담임 시간으로 배당
- 매 시간 규칙적이고 꾸준한 지도에 어려움이 있음(PBS 운영 1년차 교사)
- 좋은 방식을 현실화, 생활에 적용하기 위해 보다 체계적인 지도 요망
- 가정 연계지도 지도 방법 연구 요망
- 교육청 지원이 종료되므로 학생 강화를 위한 최소한의 예산 확보가 필요함
- 다양한 방법으로 포상 제공 요함
- 학년별로 목표행동이 제한적이어서 어려운 점이 있었음
- 감정적 문제행동, 건강상 문제가 있는 학생들이 많아 적용이 어려웠음
- 일일 강화물이 학생들이 선호하는 것으로 더 다양화되었으면 함
- 식당 앞 칭찬판(미디어월)이 곧 활성화되었으면 함

　서술평가를 통해 교사와 학생에게 미치는 긍정적 효과 이외에 운영 체계 개선을 위한 요구사항을 적도록 하면 〈표 6-9〉와 같이 개별 교사의 다양한 의견이 표출되는데, 실제 운영 단계에서 이러한 사항의 해결은 크게 어렵지 않다. 평가서 내용을 수합한 교사들의 의견은 다음 〈표 6-10〉과 같은 리더십팀 회의 자료로 정리된 후, 논의를 거쳐 일단 수용 여부를 결정한다. 일단 수용하기로 합의한 의견은 구체적인 실현 방안을 논의하였으며 이후에는 관리자 및 실무팀 협의를 거쳐 확정한다. 이러한 과정 자체가 긍정적 행동지원 운영에 관한 개별 교사의 의견을 합리적인 방법으로 수합하고 리더십팀에서 현실적인 논의를 거쳐 개선 방안으로서 이끌어 내기 때문에 이 과정에서 리더십팀 협의 내용은 대부분 그대로 수용되어 왔다. 최종적으로 정리된 내용은 2014, 2015, 2016학년도 긍정적 행동지원 운영 안내 연수 시에 '개선 사항'으로 소개되어 그대로 적용하고 있다([그림 6-4] 참조).

❋ <표 6-10> 2014년 긍정적 행동지원 운영 평가에 따른 리더십팀 협의 사항

	2014	수용여부	2015 개선 사항
규칙 교수 및 운영	• 월 1교시 학급 단위 PBS 규칙 교수	○	• 매주 방송(signal 뮤직 후)+교육과정 편성 시 담임 수업 유도+학습지, 동영상 등 활용 자료 인트라넷 공유
	• 규칙적이고 꾸준한 지도의 어려움 • 칭찬판 및 강화 체계 지속적 운영 미흡 • PBS 강화를 위해 6교시는 담임 시간으로 배당	○	• 교사연수 통해 교과 및 담임교사에게 반복하여 '강조(칭찬나무 운영 포함)'+학급 내 PBS 알리미 역할 아동 선정+가능한 한 담임교사 수업 배당+교과교사 동일 역할 강조
	• 가정 연계지도 지도 방법 연구 요망	△	• 교사 재량+학기 초 IEP 목표로 지도+최대한 PBS 목표에서 IEP 목표 수립
포상	• 다양한 방법으로 포상 제공 • 일일 강화물의 다양화	○	• 학기별 2회 정도 이벤트 시상(자봉 활용)+상장 수여(칭찬나무)+중고생/성별 상품 유의+일일 강화물에 담임 재량
PBS 이론	• PBS 교수법, 증거기반실제 등의 연구와 보급(T2, 연구회 결성)	○	• 2015년 PBS 서포터즈(역할: 교재연구 나눔) 출범 예정
PBS 기본 전제	• 학년별로 목표행동이 제한적이었음	○	• 2015년 PBS 규칙 수립 시 T2 협의
	• 문제행동이 많은 학생에게는 적용 효과가 잘 보이지 않았음 • 기분장애, 건강상 문제 학생 적용 어려움 • (교육청 예산 지원 없는) 2015 개별 지원 운영	○	• 개별 지원 운영 곤란 → '사례 회의' 형식으로 협의 지속
	• 바람직한 생활지도 방법의 정착, 학생과 학습을 위한 교수자료 개발 필요	○	• T2 협의를 통한 개선
	• (일회성이 아니라) 매년 지속적으로 이루어지면 좋겠음(2명)	○	• T2 전체 교사 합의 사항으로 T1 회의와 관리자에게 의사 전달하기로 함
시스템	• 식당 앞 칭찬판 활성화 요망	○	• 라우드큐브와 미디어월 작업 곧 마무리 예정
예산	• 학생 강화를 위한 최소한의 예산 확보가 필요함	○	• T1 논의(교육과정부 예산 자료 제공)

* 2014 협의 사항 '수용 여부'의 의미: ○는 수용, △는 제한적(조건부) 수용, ×는 거부

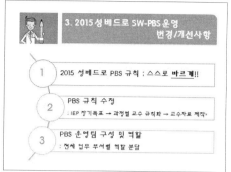
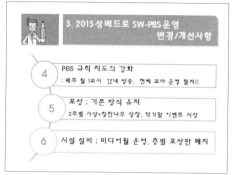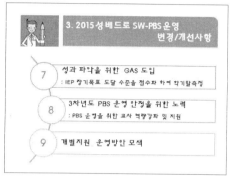

[그림 6-4] 2014년 리더십팀 개선사항을 반영한 2015년 학교차원 PBS 안내 연수 PPT 자료

2) 중재충실도 평가

성베드로학교에서는 2015년도 1학기 긍정적 행동지원 운영을 종료하면서 지난 2년여 동안 성베드로학교차원 긍정적 행동지원이 특수교육적 관점에서 충실하게 운영되었는지, 부족한 부분과 잘한 부분은 어떤 것인지 있는지 점검해 보기 위해 학교차원 긍정적 행동지원 중재충실도 검사 도구인 BoQ(김경양 외, 2010)를 실시해 보았다. 2013, 2014, 2015년 긍정적 행동지원 운영을 마치면서 자체적으로 평가 도구를 마련하여 점검을 실시하고 그에 따른 운영 실태 개선을 위해 노력해 왔지만 보다 객관화된 평가를 실시해 볼 필요가 있었기 때문이다. BoQ는 처음 경험하는 검사도구이며 번역 문장을 잘못 이해하는 것을 방지하기 위해 2015년 7월 리더십팀 회의를 위해 함께 모여 검사지를 한 문항씩 읽으며 의미를 공유한 후 개별적으로 평정하는 방식으로 평가를 수행한 후 검사지를 수합하여 분석하였다.

BoQ 실시 결과를 영역별·획득점수 순위별로 정리한 결과와 전체 검사 결과는 다음 〈표 6-11〉과 〈표 6-12〉와 같다. 결과를 살펴보면 90점 이상을 얻어 매우 잘 실행되는 영역으로 긍정적 행동지원팀 운영과 학교 규칙(기대행동) 개발을 들 수 있다. 교직원 참여와 평가 영역도 80점 정도를 얻어 개선이 필요하기는 하더라도 어느 정도 잘 운영되고 있다고 할 수 있다. 규칙 교수 수업 영역과 보상 프로그램 수립, 교실 체계, 실행 계획 영역은 긍정적 평가와 함께 개선 요구 비율도 높았다. 이 영역들의 항목은 실행되고 있지 않다고 본 비율도 상당히 높아 재점검이 필요하다. 미실행 비율이 가장 높았던 두 영역은 훈육 절차와 자료 수집 영역이었다. 훈육 절차는 교정계획과 위기관리계획의 수립 및 실행을 의미하는 것인데, 2013년에 수립에 관한 연수와 계획 수립까지는 해 두었으나 전체 교사의 인식 및 실행에 이르지 못하고 있었던 점이 바로 드러났다. 반면 자료 수집의 경우 문항의 해석에 다소간 오류가 있었음을 지원단과의 의사소통을 통하여 알게 되었다. 성베드로학교의 경우 강화체계를 운영하기 위한 자료 수집은 비교적 철저하게 이루어지나, 교정계획과 위기관리계획이 적용되어야 할 경우의 자료 수집 및 분석과 구성원 간 공유는 부족한 상황이었는데 리더십팀이 분석 및 구성원 간 공유 3문항 모두를 부정적으로 평정했던 것이다. 또한 보상 프로그램의 경우 학생들을 위한 강화 체계는 잘 운영하고 있으나 교사들을 위한 강화 내용은 거의 없음을 알게 되기도 했다.

이상과 같은 BoQ 실시 결과 당시까지 성베드로학교차원 긍정적 행동지원 운영 사항 중 잘하고 있는 점과 부족한 점, 즉 현주소를 명확히 인식하게 되었다. 따라서 이러한 상황을 개선하기 위하여 2015년도 2학기 4개월 동안의 리더십팀 회의에서는 〈표 6-11〉의 결과와 같이 BoQ상에서 하위를 기록했던 영역에 대한 협의를 통해 향후 개선 방안을 마련하였다(9월: BoQ 결과 공유 및 교사 강화 방안, 10월: 교정 전략, 11~12월: 위기관리계획).

✴ 〈표 6-11〉 학교차원 긍정적 행동지원 BoQ 실시 결과(영역별 평균, %)

	영역	잘 실행	개선 필요	미실행
1	PBS팀	91.7	8.3	–
2	기대와 규칙 개발	90	5	

3	교직원의 참여	80.5	16.7	–
4	평가	80	20	
5	기대와 규칙 교수를 위한 수업 계획	72.2	20.8	5.6
6	보상 인식 프로그램 수립	64.3	16.6	17.9
7	교실 체계	59.5	34.5	4.8
8	실행 계획	53.6	34.5	10.7
9	훈육에 대한 효과적인 절차	–	8.3	91.7
10	자료 수집 및 분석 계획	–	8.3	91.7

❉<표 6-12> 학교차원 긍정적 행동지원 BoQ 실시 결과(전체)

성베드로 SW-PBS 중재충실도 검사(BoQ)

영역	항목	잘 실행됨	실행하나 개선 요망	미실행
PBS팀	1. PBS팀은 학교행정가의 지원을 받음	11	1	
	2. PBS팀은 최소 한 달에 한 번 정기적인 협의 시간을 가짐	12		
	3. PBS팀은 명확한 목표를 가지고 있음	10	2	
교직원의 참여	4. 교직원들은 정기적인 자료 공유를 통해 학교 곳곳에서 일어나는 행동문제를 알고 있음	8	4	
	5. 교직원들은 PBS 실행 목표를 수립하고 검토하는 과정에 참여함	12		
	6. PBS팀은 교직원으로부터 지속적으로 피드백을 받음	9	2	
훈육에 대한 효과적인 절차	7. 훈육절차가 서술식으로 기술되거나 그림 형식으로 묘사됨		12	
	8. 훈육 내용을 문서화하는 절차가 훈육절차에 포함되어 있음		12	
	9. 훈육의뢰서는 의사결정에 도움이 되는 정보를 포함함*			
	10. 훈육이 적용되는 문제행동이 정의되어 있음		11	1
	11. 심각한 행동/사소한 행동이 학교차원에서(전교적으로) 명확하게 구별되어 있음		9	3
	12. (훈육을 필요로 하는) 문제행동에 대한 적절한 반응이 위계적으로 제시되어 있음		11	1

자료 수집 및 분석 계획	13. ODR(훈육실 의뢰 수) 자료를 모으고 분석하는 데 데이터 시스템을 활용함*			
	14. PBS팀은 문제행동 이외의 자료(출석, 성적 등)를 수집하고 사용함		1	11
	15. PBS팀은 최소한 한 달에 한 번 자료를 분석함		1	11
	16. 수집, 분석된 자료는 PBS팀과 교직원들에게 (최소한) 한 달에 한 번 공유됨		1	11
기대와 규칙 개발	17. 3~5개의 긍정적으로 진술된 학교 전체의 기대가 교내에 게시됨	10	1	
	18. 학교차원의 기대는 모든 학생과 교직원에게 적용됨	11		
	19. 특정 환경별로 규칙이 개발되고 게시됨	11	1	
	20. 규칙들은 기대와 연관되어 있음	11		
	21. 교직원들은 기대와 규칙 개발에 참여함	11	1	
보상/ 인식 프로그램 수립	22. 보상(강화) 체계는 학교 전체에 일관적으로 실행됨	12		
	23. 학생들이 규칙을 따를 때 이를 보상하기 위한 다양한 방법을 사용함	10	1	
	24. 보상은(강화는) 기대 및 규칙과 관련됨	12		
	25. 학생들의 흥미를 유지할 수 있는 다양한 보상(강화)물 사용	11	1	
	26. 교사가 잘못을 지적하는 것에 비해 잘한 행동을 인정해 주는 비율이 높음	6	6	
	27. 학생들은 인센티브를 판별하고 개발하는 데 참여함	3	4	5
	28. 보상 체계에는 교직원 인센티브(격려 방법)도 포함되어 있음		2	10
기대와 규칙 교수를 위한 수업 계획	29. 행동에 대한 교육과정에는 기대와 규칙 교수가 포함되어 있음	12		
	30. 수업에는 규칙과 기대를 따르는 행동의 예와 그렇지 않은 예가 포함되어 있음	12		
	31. 수업에 다양한 교수 전략을 사용함	9	3	
	32. 기대와 규칙의 지도가 과목별 교육과정에 삽입됨	8	2	1
	33. 교직원과 학생은 행동 교육과정의 개발과 전달에 참여함	7	5	
	34. SW-PBS 프로그램의 주요 특성을 가족/지역사회와 공유하기 위한 전략을 개발하고 실행함	4	5	3
실행 계획	35. 훈육 체계를 전 교직원에게 교육하기 위한 교육과정을 개발하고 적용함	3	7	2

	36. 학생들에게 기대, 규칙, 보상 체계를 지도하는 것과 관련된 교직원 연수 계획을 수립하고 일정을 정하여 실시함	10	2	
	37. 학생들에게 기대, 규칙, 보상 체계를 지도하기 위한 계획을 수립하고 일정을 정하여 실시함	12		
	38. 학생과 교직원들을 위한 보충교육(동기나 흥미를 잃어갈 때 다시 한 번 격려하는 교육) 계획을 수립하고 일정을 정하여 실시함	4	7	1
	39. 보상/인센티브에 대한 연간 일정이 수립되어 있음	6	5	
	40. 신임 교직원과 전입생을 위한 오리엔테이션 계획을 수립하고 실행함	7	3	2
	41. 가족과 지역사회를 참여시키기 위한 계획을 수립하고 실행함	3	5	4
교실 체계	42. 학교차원의 기대행동에 따른 교실 규칙을 정의하고 교실에 게시함	12		
	43. 문제가 빈번하게 발생하는 활동들에 대한 학급 일과와 절차가 명확하게 정해져 있음	6	5	1
	44. 교실에서 지켜야 할 기대행동을 교수함	11	1	
	45. 학급 교사는 즉각적이고 구체적인 칭찬을 함	10	2	
	46. 학급 규칙과 일과를 잘 지키는 학생에 대한 인정이 부적절한 행동에 대한 지적보다 자주 일어남	8	4	
	47. 교실 내 행동문제를 추적(기록)하는 절차가 마련되어 있음	1	8	3
	48. 학급에는 문제행동에 대한 후속 결과와 중재가 광범위하게 마련되어 있으며, 이는 모두 문서화되어 있고 일관되게 실행됨	2	9	1
평가	49. 교직원들에게 PBS에 대한 설문(PBS를 평가하는 설문)을 실시함	12		
	50. 학생들과 교직원들은 학교차원의 기대와 규칙을 잘 알고 있음	12		
	51. 교직원들은 의뢰 절차(훈육실에서 다룰 행동과 교실에서 다룰 행동을 결정하는 것)와 서식을 적절하게 사용함	4	8	
	52. 교직원들은 보상(강화) 체계를 적절하게 사용함	10	2	
	53. PBS의 성과들(행동문제, 출석)을 문서화하고, 이를 PBS 평가에 사용함	10	2	

* 9, 13번 문항은 우리나라 상황에 맞지 않는 문항이므로 교육청 자문단과의 협의하에 미실시함

제7장

개별 지원의 운영

성베드로학교에서 학교차원 긍정적 행동지원 보편적 지원을 운영하기 시작한 후 시간이 경과하면서 재학생들은 긍정적 행동지원 학교 규칙을 조금씩 이해하게 되었다. 그리고 바람직한 행동을 수행하는 경우 '포상'과 같은 긍정적 결과가 따름을 인식하게 됨에 따라 자신의 행동을 점검하며 행동하는 학생의 수도 점차 늘어났다.

그러나 학교차원 긍정적 행동지원 '3층식 예방 모델'의 설명과 같이, 1차 예방(보편적 지원)의 영향을 거의 받지 않는 학생들의 존재가 드러나 2, 3차 예방으로의 진전이 불가피하게 되었다. 이들은 주로 의사소통 능력 및 인지 기능이 부족한 경우와 심각한 문제행동을 가지고 있는 경우, 두 가지 부류의 학생들이었다. 이 중 의사소통과 전반적인 인지 기능이 부족하여 긍정적 행동지원 학교 규칙 및 보편적 지원 강화 체계를 이해하기 어려운 학생의 경우에는 리더십팀 회의를 거쳐 어느 정도 보완책을 마련할 수 있었다. 하지만 긍정적 행동지원 체계에 대한 이해와 규칙 준수는 차치하고 심각한 문제행동 때문에 사실상 학교 · 학급 생활 적응에 심각한 어려움을 초래하고 있는 학생의 경우에는 3차 예방인 개별 지원 절차를 적용하여야 했다. 이 장에서는 개별 지원 운영 절차에 대해 설명하고자 한다.

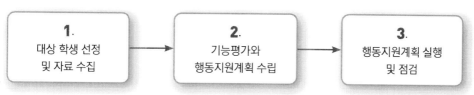

| 1.
대상 학생 선정
및 자료 수집 | → | 2.
기능평가와
행동지원계획 수립 | → | 3.
행동지원계획 실행
및 점검 |

[그림 7-1] 성베드로학교차원 긍정적 행동지원 개별 지원 운영 3단계 절차

1. 대상 학생 선정 및 자료 수집하기

1) 개별 지원 대상 학생의 선정

개별 지원을 처음으로 운영한 2013년과 2014년에는 5월 말 보편적 지원을 시작하고 4주간의 운영을 마친 후인 6월 말경에 대상 학생 선정 작업에 들어갔다. 개별 지원 대상 학생의 선정은 보편적 지원 운영 4주차까지의 실행을 통해 수집된 보편적 지원 강화 결과 및 단계별 교사 협의 결과를 토대로 하였으며, 최종적으로 학부모 동의를 거쳐 이루어졌다.

구체적으로 개별 지원 대상 학생 선발 과정을 살펴보면 먼저 4주간의 긍정적 행동지원 운영을 거쳤음에도 ① 학교 규칙 교수를 위한 수업과 수업참여행동(칭찬판) 개선 및 긍정적 행동지원 개별 규칙(칭찬나무) 수행에 관심을 보이지 않으며, ② 지속적인 문제행동으로 인해 자신과 급우들의 학습 및 생활에 부정적 영향을 미치고 있는 학생이 있는 경우 학급당 1~2명씩 추천하도록 공지하였다. 이후 학급 담임 교사들은 자신이 추천한 학생들의 정서행동장애 수준을 온라인상으로 체크하여 파악할 수 있는 TRF 척도를 실시했고, 긍정적 행동지원 실무팀에서는 (예비) 대상학생들의 TRF 점수 결과를 정리한 후 실행팀 교사 협의회를 개최하였다. TRF(Teacher's report form)란 6~18세 아동 및 청소년을 담당하거나 잘 알고 있는 교사가 실시하도록 되어 있는 행동평가척도로, ASEBA(The Achenbach System of Empirically Based Assessment) Achenbach 연구팀이 개발한 전 연령대 행동평가 시스템의 한 유형을 의미한다.

2013년과 2014년에 서울시교육청에서 수령한 예산 한도 내에서 개별 지원 서비스가 가능한 학생이 3명이었으므로, 실행팀 교사 협의회에서는 학생들의 문제행동 수준과 TRF 검사 결과, 그리고 담임교사 의견을 참고해서 개별 지원 요구 학생의 2배수인 6명까지를 (예비) 대상 학생으로 결정하였다. 〈표 7-1〉과 〈표 7-2〉는 2013년도 실행팀 협의회 결과 선정된 개별 지원 (예비) 대상학생 명단과 선정 학생 특성을 기술한 자료이다. 대상학생 명단에는 문제행동이 심한 순위와 반대로 문제행동 수준이 상대적으로 가벼워 개별 지원으로 인한 효과가 높을 것으로 예상되는 학생의 순위를 기록했다. 대상학생 특성 자료는 담임교사 및 교과교사의 의견을 수합하여 기술했다.

✽<표 7-1> 성베드로학교 2013년 개별 지원 (예비) 대상 학생 선정표

2013 성베드로학교차원 PBS 개별 지원 우선 순위 학생

과정별	학년	반	성명		인원수
			1순위	2순위	
초등 고학년	4	1	1. 김○○	–	1
		2	한○○	박○○	2
	5	1	2. 박○○	임○○	2
		2	김○○	임○○	2
	6	1	3. 이○○	1) 김○○ 문○○	3
		2	김○○	2) 조○○ 3) 김○○	3
중학교	1	1	박○○	한○○	2
		2	서○○	홍○○	2
	2	1	이○○	한○○ 박○○	3
		2	6. 박○○	김○○	2
	3	1	5. 신○○	이○○	2
		2	4. 최○○	–	1
계					25

* 문제행동 순위: 1. 김○○, 2. 박○○, 3. 이○○, 4. 최○○, 5. 신○○, 6. 박○○
* 우수 성과 예상 순위: 1) 김○○, 2) 조○○, 3) 김○○

❋ <표 7-2> 성베드로학교 개별 지원 (예비) 대상 학생 특성 자료

2013 성베드로학교차원 PBS 개별 지원 선정대상 학생(1차)

과정별	순	학년반	이름(가명)	주요 특성
초등 고학년	1	4-○	박지원	불안증세가 있으며 한두 가지에 집착하여 이를 꼭 확인하고, 계속 체크하는 모습을 보임(예: 선생님 위치 확인하기), 교실에 있기를 거부하여 갑자기 뛰쳐나가는 행동을 보임. 충동적으로 교사나 또래를 때리는 양상을 보임
	2	5-○	김수진	자신이 원하는 것에 대해 상황을 가리지 않고 무조건 떼를 쓰고 요구하며, 책상이나 라디에이터 등을 큰소리가 나게 자주 침. 거의 모든 수업 활동을 거부함
	3	6-○	최유라	이유 없이 감정 변화에 따라 짜증을 내고 소리 지르며 모든 물건을 손바닥으로 세게 내리침. 무조건 교실을 나가려고 하며 수업 참여 또한 거부함. 타인을 공격하는 행동을 보임. 식탐이 있어 밥을 엄청나게 먹고자 함
중학교	1	2-○	홍나래	감정 기복이 심하며 자신이 원하는 것을 얻기 위해 일단 화를 내는데, 이러한 행동을 잠재우기 위해 원하는 것을 들어주는 식의 잘못된 의사소통 패턴을 가지고 있음. 공격적인 성향을 보임
	2	3-○	이인규	수업시간에 지속적으로 교사가 호명하거나 관심을 보이지 않으면 교실 밖으로 달려 나가 화장실에서 웃옷을 벗어 세탁하려 하는 행동을 보임. 복도 의자, 변기 뚜껑 등을 파손한 적 있음. 친구 등 사람을 공격하는 행동은 나타나지 않음. 착석 자세에서 소변 실수를 함
	3	3-○	유태하	수업시간이나 일상적인 학교생활에 큰 어려움이 없으나 한 달에 1, 2번 정도 교사 눈을 피해 친구들을 심하게 괴롭힘(아주 심하게 꼬집거나 피멍이 들도록 때림)

　실행팀 협의회에서 6명의 개별 지원 (예비) 대상학생을 선정한 이후에는 성베드로학교를 방문한 교육청 지원단과 실무팀 교사 간 간담회를 개최했다. 실무팀에서는 교육청 지원단전문가들에게 〈표 7-1〉과 학생들의 특성을 적은 서류(〈표 7-2〉 참조)를 제공하고 학생들의 특성과 가정환경 등의 추가 사항을 구두로 전달했으며, 대상학생 특성과 장애 정도, 문제행동 상황, 서비스 효과 등에 관한 협의를 거쳐 6순위까지의 개별 지원 서비스 우선순위를 확정하였다. 그리고 마지막 단계로 실무팀을 대표하는 교육과정부장 교사는 (예비) 선정 대상학생들의 담임교사에게 이 사실을 알린 후 선정 순위에 따라 부모에게 전화하여 긍정적 행동지원 사업 및 개별 지원 서비스에 대해 안내하고 동의를 받은 후, 확정된 개별 지원 대상 학생을 〈표 7-3〉과 같이 공지했다. 이러한 단계를 도표화하면 [그림 7-2]와 같다.

❊〈표 7-3〉 개별 지원 선정 학생 공지 안내문

2013 성베드로학교차원 PBS 개별 지원 학생 선정 안내

- 2013 컨설팅장학일(2차, 6. 11.)에 PBS 자문단 및 본교 담당자 협의에 의하여 대상 학생의 개별 지원 서비스 우선 순위를 다음과 같이 결정했습니다(2차).
- 이후 개별 지원 대상 순위에 따라 전화 연락(담임 1차 → 교육과정부장 2차) 방법으로 최종 개별 지원 서비스 대상 학생(3명)이 선정되었습니다(최종).
  - 선정 대상 학생: 박지원(초 4-○), 김수진(초 5-○), 최유라(초 5-○)
- 추후 일정은 질문지 기초조사: 담임교사 작성(6. 17.~6. 19.) → 담임교사 면담(6. 21.) → 학부모 면담(6. 24.~6. 28.) 예정이며, 개별적으로 안내해 드리겠습니다.

우선 순위	학년반	이름(가명)	학부모 동의	비고
1	초 4-○	박지원	○	개별 지원 학생 최종 선정
2	초 6-○	최유라	○	개별 지원 학생 최종 선정
3	초 5-○	김수진	○	개별 지원 학생 최종 선정
4	중 3-○	이인규		
5	중 3-○	유태하		
6	중 2-○	홍나래		

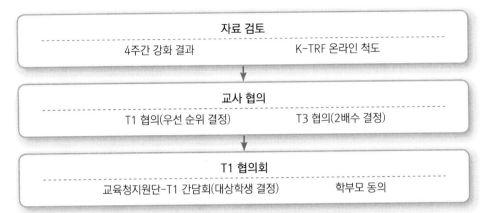

[그림 7-2] 성베드로학교 개별 지원 대상학생 선정 절차

2) 자료 수집

개별 지원 대상 학생을 선정한 후에는 담임교사와 학부모로부터 학생의 문제행동과 관련한 정보를 얻기 위한 자료 수집이 이루어졌다. 〈부록 3 도구 모음〉의 도구 3과 같은 조사서(개별 지원 대상 학생의 행동문제 기능평가를 위한 조사서) 양식 A를 통하여 학생의 강점과 행동문제뿐 아니라 행동문제가 발생할 가능성이 높은 장소, 시간대, 활동 등에 대하여 기술하여 가장 어려움이 큰 행동문제와 관련된 내용을 찾아내었다. 이어지는 조사서 B에서는 조사서 A에서 찾아낸 가장 큰 문제행동과 관련된 일과와 사건, 관련 정보 등을 기술하도록 되어 있어, 만일 학생의 문제행동에 대해 잘 아는 담임교사가 정확하게 진술하였을 때 향후 개별 지원 제공을 위해 충분한 정보를 얻을 수 있었다.

담임교사에게 자문단에서 제공한 조사서 양식 A, B의 기술 방법을 안내한 후 작성된 서류를 제출하도록 하는 절차를 진행하면서 동시에 실무팀에서는 학부모와 연락하여 상담 날짜를 잡고 상담을 실시한 후 〈표 7-4〉와 같은 기록지를 작성하였다. 2013년에는 교육청 자문단 소속 교수님이 학부모 상담을 담당하였으나, 이후 관련 서식 작성과 상담 지침에 관한 자문을 받은 후 2014년부터는 성베드로학교 실무팀에서 자체적으로 학부모 상담을 실시하였다.

❈ <표 7-4> 성베드로학교 개별 지원 대상학생 학부모 상담 기록지(작성 예)

긍정적 행동지원 기능평가(부모 면담)

일시	2016. 6. ○. 11:00~	장소	성베드로학교 ○○실
대상	김승현(초 ○, 가명) 어머니	상담자	○○○
상담목적	개별 학생 지원을 위한 부모 요구 파악 및 지원 방안 모색		

■ 약물치료 관련(건강 상태)
- 아침 경기약-가정, 점심-학교, 저녁-가정에서 3회 복용. 약 미복용 시 경기 발생하여 올해 초 병원에 내원하였음(○○병원 경기파 진단)
- 다소 허약하고, 늘 피곤해 하는 편임
■ 생육사 및 현재 진행 중인 특수교육 서비스
- ○○유치원 → ○○통합어린이집 0년 재학 후 성베드로학교 진학
- ○○복지관 ○○교실 주5일 이용
- 감각통합치료(○○복지관), 미술치료
■ 가정에서의 일과
- ○○복지관 ○○교실 주 5회 이용. 6시경 종료하면 바우처 선생님이 데리고 귀가하여 어머니 퇴근 시(7시경)까지 보호함(어머니는 10시경 출근. 화~토 근무)
- 저녁 8시 30분경 저녁식사(복지관 간식, 바우처 선생님에게 간식 먹이도록 경비 제공)
- 이모가 매일 저녁 9시쯤 와서 공부와 씻기 등을 도와주다 아버지가 퇴근하면 돌아감(이모와 함께 있는 것을 좋아하여 '아빠 가!'라고 말한다 함)
- 저녁 10시 이후 11시에야 취침, 7시 20분에 일어나 ○○우유만 먹고 7시 35분 등교함(부정교합으로 음식물 씹기가 다소 어렵지만 음식은 가리지 않고 먹는 편임)
- 일요일에 이모와 버스를 타고 교회에 감. 1시간 정도 조용히 예배를 드리도록 습관을 들이고 있음. 예배 후 교회에서 점심을 먹고 오후 1시쯤 ○○산으로 걸어 옴
■ 가족과의 관계
- 아버지
  - 꼼꼼하고 계획적인 성격. 현재 사업으로 바쁘나, 예전에는 3년간 ○○ 앞 ○○센터 수영장에 데려가거나, 아동이 어린이집 재학 시 3년간 매주 1박 2일 여행을 함께 다니는 등 육아에 도움을 주었음
- 어머니
  - 다소 즉흥적이고 감성적이며 건조한 성격. 오랜 직장인으로서의 피로함을 보임. 퇴근 후 승현이에게만 집중하지 못하는 상황임(평소 친정의 도움 받고 있음)
  - 종종 ○○역까지 버스 타고 가서 ○○를 먹고 오거나(승현이가 '○○역 가자'라고 요구함) 함께 영화를 보러 감
  - 승현이는 엄마 머리를 만지는 등 애착행동을 보임
  - 최근 어머니 토요일 근무, 아버지 일요일 출근으로 최근 가족이 함께하기 어려움
  - 어머니는 직장 동료와 대인관계 가지나 자녀 문제 노출을 꺼리고 있음
- 형(중학생)
  - 승현이가 무서워하는 대상임. 동생이 물건을 만진다고 방문을 잠그고 등교함
  - 승현이 때문에 짜증을 내는 경우가 종종 있음
■ 자녀 양육 시 어려운 점
- 식습관이 가장 문제: 스스로 떠먹으려 하지 않음
- 짜증을 자주 냄: 엄마, 아빠를 거부하고 이모나 아줌마와 활동하기를 좋아함
- 엄마가 직장에 다니는 관계로 늘 양육자가 많았는데, 양육자 간 양육방식에 일관성을 가지기가 어려운 문제가 있다고 스스로 파악하고 있음
■ 장래에 대한 기대
- 결혼과 일반인과 같은 정상적인 생활, 독립 생활을 원함. 경제적 기반을 마련 중임

개별 지원 선정 학생의 부모 상담은 학교차원 긍정적 행동지원 개별 지원을 통해 제공할 수 있는 서비스 영역에 대해 설명하고 새로운 프로그램 참여에 대해 학부모가 가질 수 있는 불안감을 실제적인 기대와 희망으로 바꿀 수 있는 기회이다. 또한 대상 학생이 가진 행동문제의 배경으로 작용할 수 있는 가정환경과 학생의 생육사에 대해 파악할 수 있는 시간이기도 하다. 아울러 학부모 상담을 마친 후에는 개별 지원 대상학생 인적사항 서류 〈표 7-5〉와 개별 지원 활동 동의서 〈표 7-6〉을 함께 작성하도록 하여 보관하였다.

❀<표 7-5> 개별 지원 대상학생 인적사항표(서울시교육청 제공)

PBS 개별 지원 대상학생 인적사항

<table>
<tr><td rowspan="2">학생명</td><td rowspan="2"></td><td rowspan="2">성별</td><td rowspan="2"></td><td>보호자명</td><td></td></tr>
<tr><td>보호자 휴대폰</td><td></td></tr>
<tr><td rowspan="2">생년월일</td><td rowspan="2"></td><td rowspan="2">학년반</td><td rowspan="2"></td><td>담임명</td><td></td></tr>
<tr><td>담임 휴대폰</td><td></td></tr>
<tr><td>거주지 주소</td><td colspan="5"></td></tr>
</table>

<table>
<tr><td>가족 특성</td><td colspan="7">□한부모가정 □재혼가정(□친부 □친모) □조손가정 □친인척 보호
□시설 보호(기관명 :) □기타( )
□위의 요인 중 어느 것에도 해당 없음</td></tr>
<tr><td>생활 수준</td><td colspan="7">□국민기초생활수급대상자
□차상위 □저소득 □일반(상, 중, 하) □기타 특이사항( )</td></tr>
<tr><td rowspan="6">가족관계 (필요시 행 추가)</td><td>성명</td><td>관계</td><td>생년월일 (연령)</td><td>학력</td><td>직업</td><td>동거 여부 (o, x)</td><td>비고</td></tr>
<tr><td></td><td></td><td></td><td></td><td></td><td></td><td></td></tr>
<tr><td></td><td></td><td></td><td></td><td></td><td></td><td></td></tr>
<tr><td></td><td></td><td></td><td></td><td></td><td></td><td></td></tr>
<tr><td></td><td></td><td></td><td></td><td></td><td></td><td></td></tr>
<tr><td></td><td></td><td></td><td></td><td></td><td></td><td></td></tr>
</table>

〈비고〉

✽ <표 7-6> 성베드로학교차원 긍정적 행동지원 개별 지원 대상자 선정 동의서

2015 긍정적 행동지원 대상자 선정 동의서

학교:

학년반:

학생 성명:

  본인은 위 학생의 보호자로서 성베드로학교에서 실시하는 '2015 긍정적 행동지원단' 개별 지원 사업에 자녀가 대상자로 선정되는 것에 동의합니다.

  아울러 성베드로학교의 긍정적 행동지원단 개별 지원 운영 방침과 긍정적 행동지원단에서 결정한 사항에 대하여 협조하고, 자녀의 긍정적 행동 형성에 도움이 될 수 있도록 보호자로서 책임을 다할 것을 약속합니다.

보호자 성명: (인)

주소:

연락처:

2015년   월   일

성베드로학교장 귀하

2. 기능평가와 행동지원계획 작성하기

1) 문제행동의 기능 파악하기

  의사표현의 어려움을 가진 지적장애학생은 자신의 의견에 반하여 주변 상황이 전개될 때 적절한 말이나 몸짓, 기타의 방법을 통해 상황을 해결하지 못하므로 종종 부적응 행동으로 표출되는데, 만일 부적절한 행동 수행의 결과로 자신의 요구가 종종 혹은 언제나 해결될 경우 부적응 행동이 장기적으로 고착화될 수 있다. 개별 지원에 의뢰된 학생이 가지고 있는 문제행동 관련 상황을 파악하기 위해 담

임교사와 학부모로부터의 자료 수집을 완료한 후에는 자료와 관련자 간 협의에 기초한 기능평가서를 작성하고 이에 따른 BIP를 수립하는 절차를 수행하였다.

[그림 7-3]에서의 절차와 같이 2016년 성베드로학교 실무팀에서는 개별 지원 대상 학생별로 수집된 문제행동 관련 자료를 교육청 긍정적 행동지원단 전문가에게 송부하여 학생 지도를 위한 의견을 구했다. 이후에 지원단으로부터 개별 지원 대상 학생의 지원과 관련된 자문 서류를 수령하여, 교내 솔루션팀 교사들과 이 자료들을 공유하고 팀 협의회 날짜까지 개별 지원 대상 학생별 자료를 검토한 후 기능평가 서류 초안을 작성해 오도록 요청하였다. 이어서 학생별로 개최된 솔루션 협의회에서는 학생별 서류에 기초하여 각 위원들이 학생 문제행동의 기능 및 행동지원계획 방안에 관한 의견을 나눈 후 최종적으로 학생별 행동지원계획안을 확정하였다(〈표 7-7〉 참조).

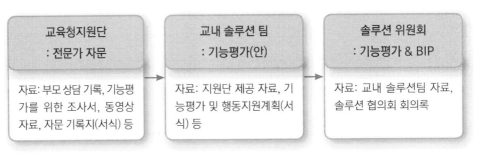

[그림 7-3] 성베드로학교 개별 지원 기능평가 운영 절차

〈표 7-7〉의 기능평가 내용을 살펴보면 A학생은 학급 내에서 상당히 무게가 나가는 가구류를 넘어뜨리거나 주변의 물건을 던지는 행동을 보일 때가 있는데, 이러한 행동은 주로 교사가 학생에게 5~10분 정도 무관심하거나 활동을 제지하는 경우에 발생했다. 아울러 좀 더 근본적인 문제행동의 이유는 학생이 자신에 대한 지속적인 관심과 개인적 지지를 요청하는 적절한 방법을 찾지 못했기 때문이라고 가설을 세울 수 있다. 이 사례의 경우 행동지원계획 수립의 초점은 A학생에게 교사가 수시(5분 이내)로 관심과 지원 및 흥미로운 활동을 제공하는 동시에 교사가 아닌 친구나 다른 어른과의 상호작용 기회 또한 충분히 확보하여 문제행동이 발생하지 않도록 예방하는 방식이 되어야 한다. 아울러 자신의 상황을 알리거나 관심을 촉구하는 바람직한 행동이나 기술을 지도하는 방법을 모색하여야 할 것이다.

✽ <표 7-7> 교내 솔루션팀 협의 후 작성한 A학생의 기능평가 및 행동지원계획안(예)

〈현재의 상황〉

배경사건: 학생은 자신에 대한 교사의 지속적 관심과 개별적 지원을 원함. 적절한 방법의 감정과 요구 표현 방법을 찾지 못함

선행사건: 교사가 학생의 개별 활동에 대한 관심과 피드백이 (5~10분 간) 없거나 개별적 요구가 제지당했을 때

바람직한 행동: 과제에 참여함, 교사에게 언어적으로 '요구(교사의 손을 잡음)' 또는 '거부(싫어, 안 해)' 의사표현을 함

결과: 과제를 수행했을 경우 칭찬함, 의사표현 시 학생의 바른 태도에 대해 설명하거나 휴식 시간을 제공함

문제행동: 주변의 물건을 던지거나 달려가 교실에 배치된 가구를 넘어뜨림

결과: 기물 파손 후 학생은 서 있고 교사는 학생 행동에 대해 야단을 치거나 다른 행동이 나타나지 않게 학생 행동을 제지함

〈향후 계획〉

배경사건 중재	선행사건 중재	새로운 기술(대체행동) 지도	결과 중재
1. 수업시간의 올바른 수업 참여 태도, 학교 규칙 학습 2. 학생의 대체행동 지도를 위한 심리, 언어치료 기회 제공 3. 가정에 상황을 알리고 학생 행동에 대한 관심과 학교와 연계된 행동지도를 부탁함 4. 수업시간 연계 시 교사 간 대화를 통해 학생의 행동 및 컨디션 이해를 도움	1. 학생의 수업 참여 태도 및 활동 내용에 대한 교사의 지속적인 관심과 칭찬(5분 간격) 2. 학생의 개별활동 시간 감소: 협동활동을 통한 또래상호작용 기회 증가, 자원봉사자와의 의사소통 기회 증가 3. 수업 도입부에 학생의 흥미를 끌 수 있는 활동, 교구를 소개하여 시선을 회피하거나 엎드리는 상황을 줄임 4. 수업 중 분위기 집중 활동을 통해 학생과 시선을 맞추고 활동을 격려함 5. 학생이 요구하는 것에 관심을 가지고 활동과 연계시킴	1. 언어를 통한 대체행동 가르치기 "선생님." "도와주세요." "어려워요." "힘들어요." "하기 싫어요." "쉬고 싶어요." "음악 듣고 싶어요." "색종이 주세요." 2. 도움 요청 벨 누르기 지도 3. 도움 요청 카드 제시하기 지도	1. 언어를 통한 대체행동을 하였을 경우 의사표현 행동을 칭찬하고 학생의 활동을 지원하거나 하고 싶은 대체물, 휴식 시간 제공하기 2. 학습활동에 바른 태도로 참여하면 칭찬 3. 문제행동을 한 경우, 학생이 힘겨워 하는 과제 부여하기 • 무거운 가방을 메고 10~20분 서 있기 • 던진 물건, 쓰러뜨린 물건 정리 반복 (3번 결과 중재 사용 경우 학부모 동의 요망)

❋ <표 7-8> 교육청 지원단이 제공한 자문 자료를 포함한 솔루션 협의회 회의록

2015 성베드로학교 PBS 개별 지원 선정학생 솔루션 협의회

날짜	교육청 지원단: 7. 11.(금)	학교: 7. 17.(금) 15:00~	
대상학생	한샛별(중 ○학년 ○반)	장소	회의실
참석자	• 지원단협의회: ○○○(○○학교 교사), ○○○(○○특수교육지원센터), 교육과정부장 • 학교협의회: 교감, 학생부장, 개별 지원 담당, 교육과정부장, 담임		
교육청지원단 협의 내용	• 개별 지원 방향 모색을 위한 협의 – 학교 지원: 질책보다 칭찬 비율 높이기 　　　　　　 행동 반경 제한하기 　　　　　　 성공할 기회 늘이기 　　　　　　 행동계약서 사용하기 – 멘토 활동: 학업지원 및 지역사회 체험활동 　　　　　　 멘토와의 관계가 1년 정도 장기적으로 지속되도록 지원		
학교협의회 협의 내용	• 개별 지원 방향 모색을 위한 협의 – 학교 지원: 행동 반경 제한하기 　　　　　　 용어 사용 바르게 하기 　　　　　　 잘한 행동 칭찬하기 　　　　　　 존재 가치를 인정할 수 있도록 지도 – 멘토 활동: 학습지도 1회와 지역사회 활용 1회 　　　　　　 다양한 외부 활동을 통하여 외부활동 충족시키기 　　　　　　 1년 이상의 지속적인 멘토활동 필요 • 향후 계획 – 학부모 상담 – 2차 솔루션 협의회 – 멘토 활동		
최종 결론	• 도덕적 관념 심어주는 데 많은 시간이 필요하니 시간을 가지고 지도 • 지속적인 멘토 활동 필요함 • 상식적인 행동과 옳고 그름에 대한 가치관을 형성시킬 필요가 있음		

❋ <표 7-9> 개별 지원 대상학생 긍정적 행동지원계획서(성베드로학교 개별화교육계획에 첨부)

2014 PBS 개별 지원 대상학생 긍정적 행동지원계획

담임	학생생활부장 (개별 지원 담당)	수업연구부장 (개별화교육 담당)	교감	교장	결 재

학생	고 ○학년 ○반 김우진(가명)	
학생행동 특성	• 강점: 건강 상태 양호/아침 걷기에 적극적 참여/복용 약물 추가 후 창문 때리는 행동 감소/선호 음식 있음/무서워하는 동물이 있음/어느 정도 수용적임 • 문제행동: 수업시간에 이석하기/복도나 창문에 물건 던지기/친구들이 사용하는 관심 있는 물건을 만지거나 사용하려 함/배고픈 것을 참지 못함/(간식이나 관심이 있는 물건을 가지러) 다른 교실로 들어가기	
성베드로 PBS팀	담임교사, 개별 시원 담당교사, 담당부장, PBS 총괄부상, 교감	
항목	**기간**	**지원협의 내용**
대학생 멘토	2014. 6. ~	– 행동에 대한 명확한 피드백 요구 – 체계적 활동 계획 내에서 활동 제안 및 수용 요구 – 일상생활 기술 및 지역사회 활용 기술 습득을 위한 지원 요구
학교 지원	2014. 6. ~	– 학교 규칙/설정된 한계를 지도할 방안 필요 – 패턴 안에 패턴 구축: 시각적으로 계열화시킨 일정표 도입 – 성인들의 일관된 지시어/요구/반응: '~하면 ~할 거야' 등의 조건문 사용 – 기다리기 지도: 기다리는 동안 할 수 있는 활동 교수(예: 역할 부여, 숫자 세기, 노래 부르기 등) – 약물치료가 전제되는 상태에서 명확한 시간 및 활동 계획에 따른 학교생활 요구 – 교직원에게 문제행동 관련 대처 방식을 고지, 통일시키는 노력 요망
병원/ 치료 지원		– 약물 복용에 따른 학급에서의 활동 상황 점검 검토 – 감각통합 진단 의뢰 후 결과에 따라 감통치료 결정
가족 지원		– 전문가의 어머니 상담이 필요하다고 판단되나 이를 위해 가족과 협의 요망(상담 내용에 대한 담임 의견)
교육청 PBS팀	박○○(○○대 교수), 김○○(○○학교/PBS팀장), 박○○, 김○○	
최종 지원 결정 사항	– 어머니 간접치료(○○행동치료연구소)에 부가, 단기 행동치료(+교사 안내) 실시 – 장애 자녀 양육 역량강화를 위한 어머니 상담 실시 – 대학생 멘토활동 주 2회 실시 → ○○○(○○대학교 1학년)	

* 2014년 성베드로학교차원 PBS 개별 지원 대상학생 선정에 따른 행동지원계획임

일련의 과정을 거쳐 교육청지원단의 자문 기록과 교내 솔루션팀의 기능평가 및 행동지원계획(초안)이 완성되면 학생별로 개별 지원 방향을 최종 확정하는 솔루선위원회를 개최하였다. 〈표 7-8〉의 내용을 기초로 솔루선위원회의 협의 내용을 살펴보면 교육청 자문단협의회에서는 학생의 자료를 검토한 후 몇 가지 개별 지원 방향을 제시하고 있다. 이후 열린 학교협의회에서는 지원단이 제안한 사항을 바탕으로 협의를 거쳐 잠정적 결론을 내렸다. 즉, 샛별이의 학교지원과 멘토활동 방향을 정하고 향후 부모상담을 거쳐 2차 솔루선협의회를 개최할 것 등을 결정하였으며 이러한 과정에서 기초가 될 중요한 가치관을 공유하였다. 이후에는 학부모 상담(대면 혹은 유선전화)을 거쳐 회의 결과와 향후 계획에 대해 알리고 추후 일정에 대해 논의하였다.

개별 지원 대상학생의 행동지원계획을 실행하기에 앞서 〈표 7-9〉와 같은 행동지원계획을 작성하여 학생별 개별화교육계획 서류에 첨부하여 개별 지원 운영 내용 및 방식을 공식화하고자 했다. 〈표 7-9〉의 내용처럼 고등학생인 우진(가명)은 수업 중 이석하는 일이 많고 창밖으로 복도나 운동장에 물건을 던지는 등 다양한 문제행동을 보여 개별 지원에 의뢰되었다. 이후 학교 지원 요구사항과 대학생 멘토활동, 약물 복용, 치료 지원, 가족 지원 방향 등에 대한 성베드로 긍정적 행동지원 솔루선위원회 협의 결과, ① 행동치료연구소의 어머니 간접치료와 학생 단기 행동치료, ② 장애자녀 양육 역량 강화를 위한 어머니 심리상담, ③ 대학생 멘토활동이 우진이를 위한 행동지원계획으로 최종 결정되었다.

📖 3. 행동지원계획 실행 및 점검하기

개별 지원 요구 학생의 문제행동에 대처하기 위한 자료 수집과 분석, 그리고 향후 지원을 위한 계획을 수립한 후에는 이러한 계획을 실행하고 점검해야 한다. 우선 학교에서는 이 내용을 공식화하기 위해 개별화교육계획에 〈표 7-9〉와 같은 서류를 작성하여 함께 첨부하고 치료 지원 사항에 개별 지원 대상학생임을 명기하도록 한다(학교별로 개별화교육계획 나이스 전자결재시스템 탑재가 이루어지는 경우 적용 방법에 대한 모색과 협의가 필요).

　행동지원계획 실행에 대해 설명하기 위해 〈표 7-9〉에 기술한 김우진(가명) 학생의 예를 들어 활용하고자 한다. 우진이를 지도하는 교사들의 기능평가 자료를 참고하여 볼 때 우진이는 고1 연령이지만 수업시간에 자리에서 지속적으로 일어나려 하고, 특정 물건에 관심을 보여 두드리거나 집어던지는 행동이 수업시간 40분 중 10회 이상 발생하고 있다. 또한 우진이는 특별한 배경사건 없이 충동적으로 타인의 물건 등을 허락 없이 만지거나 집어 들고 복도에 던져버리기도 한다. 따라서 물건을 빼앗긴 친구의 공격을 갑자기 받거나 복도나 창 밖에 던지는 물건으로 인해 다른 사람의 안전을 위협할 수 있으며, 이를 통해 성인의 관심을 이끌고 사물 얻기 기능을 충족하고 있었다. 아울러 다동(多動)적 특성으로 인해 학교 밖에서는 교사가 반드시 손을 잡고 이동 혹은 활동을 수행해야 하는 상황이었다.

　이러한 우진이의 문제행동은 일과 시작 전이나 이동 시간, 점심시간(양치 시) 등 교사가 1:1로 우진이를 대하거나 놀이실, 놀이터 등 자신이 좋아하는 '활동'을 수행하는 시간에는 발생 빈도가 낮았지만 수업시간, 쉬는 시간, 점심시간, 체육 시간 등 학교 일과 중 대부분의 시간에 고빈도로 발생하였다. 우진이의 행동문제에 대한 분석을 통해 행동지원계획으로서 최종 결정된 행동치료, 어머니 상담, 대학생 멘토활동 세 가지 분야의 진행 사항에 대하여 각각 기술해 보고자 한다.

1) 행동치료

　행동치료센터를 통한 중재는 우진이가 보이는 문제행동의 선행사건을 변화시키고 대체행동을 지도하며 결과에 대한 즉각적이고 명확한 피드백을 경험하도록 하는 응용행동분석(ABA) 방식의 집중적 치료를 제공하기 위함이었다. 이곳은 내담자가 행동과 그 결과에 대한 기능적 관계를 익히며 환경의 큰 축이 되는 부모가 중재 방법을 익히도록 하기 위해 부모 관찰 및 중재 방법 학습을 의무화하고 있는 곳이다. 또한 내담자와 부모가 이러한 방식을 익히기 위해서는 최소한 2~3개월 정도의 입원 치료를 요하는 곳이었지만, 학교와의 협의를 통해 학교생활을 중단하지 않은 채 우진이에 대한 5회기의 단기 치료와 부모 간접 치료 절차 및 담임교사에 대한 중재 방법 역할 방출(role release)을 시도하기로 결정했다.

　치료센터에서 제공한 우진이에 대한 문제행동 중재 내용과 결과는 다음과 같다. 우진이는 여름방학 기간을 이용하여 어머니와 함께 7월 29일부터 8월 26일까지 5회기 동안 치료센터에 내원하여 단기 문제행동 중재를 받았으며 어머니는 치료 장면 관찰을 통해 중재 방법을 익혔다. 그 결과 과제카드를 사용한 의사소통 성공률이 20%에서 80%로 상승했으며 우진이의 문제행동(문 두드리기 행동) 횟수가 줄어들었다. 그리고 치료사 관찰을 통해 어머니가 지시 따르기 중재를 직접 실시했을 때 우진이의 지시 수용도가 높아질 수 있음을 보여 주고 있다. 하지만 센터 치료사와 어머니 지시에 대해 수용률이 모두 높았던 3회기를 지나자 어머니 지시 수용 비율은 다소 낮아졌으며, 마지막 5차시에 지시 따르기 중재를 어머니 혼자 시도한 결과 1분간 8회라는 고빈도의 공격행동을 보이는 것이 관찰되었다.

❉ <표 7-10> 우진이의 의사소통카드 훈련 진행 결과(과자카드, %)

7월 29일	8월 5일	8월 12일	8월 19일	8월 26일
20%	62%	83%	76%	80%

❉ <표 7-11> 우진이의 문제행동 중재 결과(문 두드리기 행동 분당 횟수)

7월 29일	8월 5일	8월 12일	8월 19일	8월 26일
5.3회	2.6회	0.5회	1.2회	1.5회

❉ <표 7-12> 우진이의 문제행동 중재 결과(어머니 공격하기 분당 횟수)

7월 29일	8월 5일	8월 12일	8월 19일	8월 26일
-	-	-	-	8회

❉ <표 7-13> 우진이의 지시 따르기(어머니 지시) 훈련 결과(%)

7월 29일	8월 5일	8월 12일	8월 19일	8월 26일
미실시 (치료자 관찰)	31.6%	76.5%	52%	46.2%

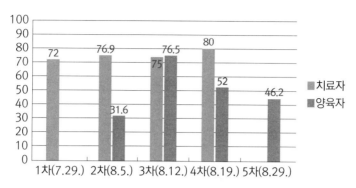

[그림 7-4] 치료자 vs. 양육자(우진이 어머니) 지시 순응률 비교

이 결과서는 담임교사에게 전달되었으며 개학 직전 담임교사는 행동치료센터를 방문하고 치료 상황과 행동치료사의 중재 방법에 대해 익혀 2학기 학급 운영 시 참고하고 실제로 적용하였다. 행동치료 환경에서 문제행동이 개선의 여지를 보였다는 사실은 무척 다행스럽고 긍정적인 측면이지만 우진이는 결국 치료실 밖 가정이나 학교, 기타 지역사회의 복잡하고 다양한 환경과 자극 속에서 살아가야 하는 것이 사실이다. 따라서 부모와 담임교사가 치료사로부터 역할 방출(role release)을 통해 중재 방법을 익혀 가정과 학교 환경에서 행동치료의 취지에 맞게 (수정된) 방법의 일관되고 지속적인 행동치료를 실시함으로써 행동치료 효과의 일반화를 꾀하는 것이 행동치료 전개를 위해 필수적이며 중요한 과제로 남았다.

2) 어머니 상담

개별 지원 요구 학생 선정 절차에 따라 대상학생이 선정된 후 담당부서의 부장교사가 개별 지원 참여에 대해 설명하고 사업에 참여할 것을 제안했을 때 학부모의 첫 번째 반응은 대부분 '놀람'이었다. 자녀의 행동문제로 학교의 연락을 받는 것이 유쾌한 일은 아니므로 개별 지원 대상학생으로 선정되었다는 현실을 '부정' 하고 싶은 심리 상태를 보이는 경우가 상당히 많다. 그러나 개별 지원 사업에 대해 좀 더 설명하고 이후 학생과 가정에서 받을 서비스에 대해 구체적인 안내와 설명을 제공하면 상황을 받아들이고, 학교 및 교사에 대한 신뢰를 바탕으로 개별 지원 서비스를 수용하기로 마음을 돌리는 것을 볼 수 있었다.

우진이의 경우 학교에서 다양한 행동문제가 발생하는 데 반해 가정에서는 다른 가족 구성원이 없이 모든 시간을 어머니가 1:1로 우진이의 요구에 맞춰 주고 있어 문제 상황은 상대적으로 적은 반면 어머니는 심리적·신체적으로 상당히 소진한 모습을 보이고 있었다. 이에 장애 자녀 양육 역량강화를 위한 어머니 상담을 10회기 계획하여 6월부터 9월까지 4개월간 진행하였다. ○○상담소는 장애학생 어머니와의 상담 경험이 풍부한 곳으로 서울시교육청의 긍정적 행동지원단의 자문을 통해 안내를 받았다.

성베드로학교의 개별 지원을 담당하는 학생생활부 부장교사는 상담소와의 전화 통화를 통해 상담일자와 회수, 상담 비용 등에 대한 실무를 담당하며 경비 지출을 위한 근거 자료로 상담일지 제출을 요구하였다. 이 경우 '심리상담'의 고유 특성상 상담 내용에 대한 비밀 유지가 전제되어야 하므로 구체적 상담 내용은 기록하지 않도록 합의한 채 상담에서 다루었던 사항에 대하여만 간략하게 언급하도록 하였다(〈표 7-14〉 참조). 그간의 상담 일지를 통해 파악해 보았을 때 상담자는 장애학생 어머니의 심리적 긴장을 완화하고 정서적 안정과 내적인 성장을 돕기 위해 다음 [그림 7-5]와 같은 단계의 심리상담을 진행하고 있는 것을 엿볼 수 있었다.

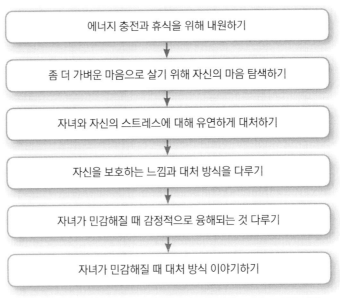

[그림 7-5] 심리상담 전문가의 장애학생 어머니 상담 진행 방향

✱ <표 7-14> 긍정적 행동지원 상담/치료 기록지 예

서울시교육청 PBS 상담/치료 기록지

날짜: 2017년   월   일(요일)   시간:

학생명		연령	세	성별		회기	회기
상담자				(서명)	상담 형태	■ 개인상담 □ 가족상담	
형태	□ 학생상담 ■ 부모상담 □ 치료 지원(구체적으로:) □ 기타						
주요 내용	내적 어려움 토로						

행동 관찰	
한 주간 변화 내용	

향후 상담일정	2017년 월 일(요일) 시간: 시 분

상담 내용	상담자/치료사 건의 사항
• 내담자 호소 내용 올해 아들을 감당하기 더 힘든 점 힘든 자신 토로 눈물이 많이 남 • 상담 진행 힘들고 외로운 것에 대해 토로할 수 있도록 함	약간의 우울함이 있음

이후 상담/치료 계획	어디서도 쉴 수 없고 위로받기가 힘들지만 상담실에 올 때 쉬러 오는 느낌으로 오기(에너지 재충전이 필요)

3) 대학생 멘토활동

앞서 언급했듯이 서울시교육청에서는 2012년에 긍정적 행동지원 사업을 시작했는데, 국외 사례와 다른 특징적 사항으로 '대학생 멘토활동'을 들 수 있다. 앞서 긍정적 행동지원을 운영하고 있는 미국에서는 국가 단위의 '긍정적 행동지원 운영지원 센터'를 설립하고 이 센터 소속 전문 강사가 교사연수를 담당하거나 일선 학교의 긍정적 행동지원 운영을 돕고 있으나, 우리나라에는 전업(專業)으로 이러한 업무를 담당할 인력 자원과 시스템이 없다. 따라서 이미 현업(現業)으로 교사, 교수, 치료사 등 직업을 가진 이들이 시간을 내어 이러한 업무를 수행하는 것만이 가능하기에 대안적으로 운영하고 있는 체제라고 할 수 있겠다.

멘토(mentor)란 '조언자' 혹은 '믿을 만한 상대'를 의미하는 어휘이다. 긍정적 행동지원 운영에서의 멘토는 개별 지원 대상학생과 1:1로 짝지어 학생별 행동지원 계획을 실행하는 과정에서 개별 지원 대상학생의 일상생활, 여가 및 지역사회 활용 기술, 기능적 학업 수행을 지도하고 이끌어 주는 역할을 담당하고 있으며 특수교육학과, 특수체육학과 등 관련학과의 대학생들로 구성되는 것이 일반적이었다. 2013년 성베드로학교 학교차원 긍정적 행동지원 개별 지원이 시작된 이후 4년째

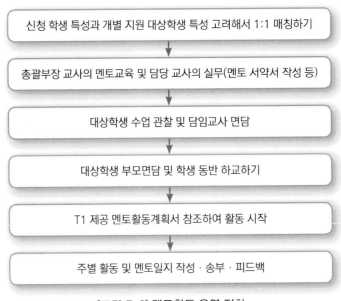

신청 학생 특성과 개별 지원 대상학생 특성 고려해서 1:1 매칭하기

↓

총괄부장 교사의 멘토교육 및 담당 교사의 실무(멘토 서약서 작성 등)

↓

대상학생 수업 관찰 및 담임교사 면담

↓

대상학생 부모면담 및 학생 동반 하교하기

↓

T1 제공 멘토활동계획서 참조하여 활동 시작

↓

주별 활동 및 멘토일지 작성 · 송부 · 피드백

[그림 7-6] 멘토활동 운영 절차

멘토활동이 진행되고 있으며, 개별 지원 운영 예산 가운데 비중이 가장 높은 만큼 만족도 또한 큰 활동이다. 교육청에서 학교차원 긍정적 행동지원 운영을 위한 예산 지원을 받던 2013년과 2014년에는 교육청에서 멘토학생을 선발해서 기본 교육 후 학교에 배정하였으며, 2015년과 2016년에는 학교에서 관련 대학에 직접 요청해서 멘토학생을 선정하고 있다. 2016년에 성베드로학교에서 멘토학생 선발 후 진행했던 절차를 소개하면 [그림 7-6]과 같다.

멘토활동 대상학생 선정을 위한 관련 학과란 특수교육학과 혹은 특수체육학과가 설치된 대학으로 서울 지역과 근교인 이화여자대학교와 한국체육대학교, 가톨릭대학교, 용인대학교 등을 의미한다. 서울시교육청의 멘토활동 운영 절차를 경험한 대학들은 멘토 선발 과정에 적극 협조하고 있다. 2016학년도에 활동한 대학생 멘토는 가톨릭대학교 특수교육학과 학생 2명과 성베드로학교에서 자원봉사활동을 했던 나사렛대학교 특수교육과 학생이다.

대학생 멘토가 선발된 후에는 약속을 정하여 긍정적 행동지원을 총괄하고 있는 교육과정부장교사가 멘토교육을 실시했다. 여기서는 긍정적 행동지원 사업에 대한 소개와 아울러 긍정적 행동지원 운영에 대한 설명을 제공한다. 멘토에 따라 대학에서 행동지원 관련 강의를 수강하였거나 그렇지 않을 수 있는데, 긍정적 행동지원에 대해 이미 배워 알고 있는 경우 큰 도움이 되었다. 특수교육 관련 학과 학생들은 장애학생 지도를 위한 기본 소양과 지식을 가지고 있는 경우가 많으므로 멘토교육을 통해 자신의 역할과 활동 내용에 대한 정보를 제공하고 구체적인 유의사항에 대해 익힌다.

✱ <표 7-15> 멘토교육 및 담당교사 안내 사항

멘토교육	멘토활동 오리엔테이션
• PBS 사업 소개	• 멘토-학생 결연
• PBS의 정의 및 특징	• 대상 학생 소개
• 문제행동의 기능 및 행동 발생 4단계	• 활동 요일과 시간 정하기
• 문제행동 중재 방법 및 멘토의 역할	• 학교 방문 일정 정하기
• 문제행동 지원계획 소개(예시)	• 멘토일지 작성 방법 설명하기
• 활동 관련 유의사항	• 연락처 제공 및 자료 송부 방법 정하기
• 질의 & 응답	• 멘토활동 서약서 작성하기

　　멘토교육 이후에 이루어지는 오리엔테이션은 개별 지원 실무 담당자가 진행하며 우선 담당학생에 대한 설명 이후 학생 특성과 체격 조건, 멘토의 성격과 특기 등을 고려하여 학생과 1:1로 매칭을 한다. 그리고 학생과 멘토가 함께 활동이 가능한 요일과 시간을 정하고 다음번에 학교에 와서 대상 학생의 수업시간 활동 모습을 관찰한 후 담임교사와 대상학생에 대해 설명을 듣거나 활동을 위해 꼭 알아야 하는 사항에 대해 질문을 통해 파악하도록 요구한다. 그다음 멘토활동 서약서를 작성하도록 한다. 다음 〈표 7-16〉의 멘토활동 기초조사표는 멘토가 담임교사 면담을 통해 대상학생과의 활동 시 유의해야 할 사항을 파악하여 정리하도록 학교에서 제공하는 자료이다. 〈표 7-17〉은 멘토활동 시 일반적으로 유의해야 할 사항에 대해 숙지한 후 준수할 것을 약속하는 멘토활동 서약서의 예이다.

❀ <표 7-16> 멘토–담임교사 상담 자료: 멘토활동 유의사항

2015 성베드로학교차원 PBS 개별 지원 멘토활동

멘토활동을 위한 기초조사서

학년반: 중 3–1   대상학생 이름: 안○○   멘토 이름: 강○○

		일반적 유의사항
1	이동 능력	• 안전이 최우선입니다. 가장 일반적이고 안전한 방법으로 이동합니다. • 걷기(이동 능력)에 문제가 없고 ○○ 편에서 팔짱을 끼고 이동하는 편이나, 종종 갑자기 이탈(예: 개를 만난 경우)할 수 있으므로 이탈 상황에 100% 대처할 수 있는 만반의 준비를 하여야 합니다.
2	신변 처리	• 용변이 보고 싶을 때 표시하도록 함과 아울러, 화장실을 이용해야 하는 상황에서도 제안하여(예: 전철 이용 전 전철역 화장실 가기) 이용하도록 합니다. • 대변을 볼 경우에는 밖에서 대기하다가 나중에 들어가, 뒤처리를 해 줍니다. • 손 씻기, 옷 입기와 벗기, 음식물 먹기 등 일상생활기술이 필요한 상황마다 할 수 있는 부분을 알아낸 후 최대한 동작을 요구하며 차근차근 지도합니다.
3	의사소통 및 의사결정	• 1~2음절로 의사표현하는 단어를 기억하고 사용하도록 하며, 두 가지 선택지 중(예: 두 가지 음식의 선택 상황) 의견을 물어 결정합니다. • 싫다는 의사표현을 할 경우는 계획을 관철하기보다 잠시 다른 곳으로 주의를 돌리며 상황을 관찰합니다. • 상황에 적절하게 손을 잡아끌거나 관심을 표현하는 사물 등의 이름을 이야기해 줍니다.
4	기타	• 활동과 관계의 주도권은 멘토 형이 가집니다(예: 결정된 활동 내용을 ○○에게 설명해 주며 이행 가능한 활동의 정확한 수행을 요구하기). • 시설 이용 상황에서는 일반적 수준의 방법을 ○○가 익히도록 반복하여 지도합니다(예: 지하철에서 복지카드 대어 교통비 정산하기). • 시설 이용, 신변처리 기술 이용 시마다 활동 기회를 최대한 제공하여 반복적인 경험이 이루어지도록 하도록 합니다(예: 잠옷 바지 벗기, 양말 신기).

✽<표 7-17> 멘토활동 유의사항/서약서

PBS Team 사례관리요원 유의사항/서약서
성베드로학교 학생생활부

1. PBS팀 회의 시간과 대상학생과의 약속 시간을 반드시 지키며, 불가피한 경우 최대한 빨리 부모님에게 연락을 취한다.
2. 대상학생과 그 가족에 관련된 어떠한 정보도 외부(온라인, 오프라인 모두)에 유출하지 않으며, 부모님과 학생의 동의 없이 대상학생의 사진을 촬영하지 않는다.
3. 대상학생과 자신의 안전을 위해 다음 사항에 유의한다.
   1) 대상학생과 함께 있을 때 휴대폰이나 MP3 등을 사용하지 않는다.
   2) 대상학생을 만나러 갈 때는 양손의 사용을 방해하지 않는 소지품만 가지고 간다.
   3) 대상학생이 예상치 못한 공격행동을 보일 때 위험을 초래할 수 있는 장신구를 착용하지 않는다.
   4) 대상학생과 항상 함께 활동하고 학생이 시야에서 벗어나지 않도록 유의한다.
   5) 외부 활동이 종료된 후에는 반드시 가족 중 한 명에게 직접 학생을 인계한다.
   6) 매 회기 전 보호자에게 대상 학생의 신변 상황을 설명 듣고 활동하고, 활동 후에는 보호자에게 신변 상황을 설명한 후 인계한다(아픈 곳, 다친 곳, 당일의 기분이나 유의 사항 등).
   7) 활동 중에는 문제행동의 전조행동에 유의하여 위험 상황을 방지한다.
4. 사례 관리 목적에 따른 담당교사의 지침에 따라 활동한다.
   1) 회기가 끝날 때마다 활동일지를 작성해 두었다가 매주 주말에 담당교사에게 보낸다.
   2) 매 회기의 특이 사항을 학부모 및 담당교사(담임교사)와 의논하고 문제 발생 시 바로 알린다.

위 사항을 준수하겠습니다.
2016년 ○월 ○일

_____학생의 사례관리요원
_____대학교 _____과
성명: _____ (서명)

　수업 관찰과 담임교사 면담을 마친 후에는 학생의 집을 방문하여 부모와 면담을 통해 학생에 대한 정보를 파악하도록 하였다. 이때에는 학생의 건강상 유의점(예: 약 복용시간)이나 행동 특성, 학생이 선호하는 물건이나 활동, 특별한 습관 등을 알아 두고 활동 시간과 연락처를 교환하며 덧붙여 멘토활동 시에 추천하고 싶은 장소나 원하는 활동에 대해 알아 두도록 하였다.

　이후에 학교 개별 지원 담당자가 첫 2~3주간의 활동 계획을 작성하여 주면 대상 학생과의 멘토활동을 시작하였는데, 실제 멘토활동에서 학생과 대학생 멘토 간에 벌어질 다양한 상황에 대해서 활동 이전에 모두 예측하는 것은 불가능하기 때문에 이후에 벌어지는 매 회기 활동 상황에 대해서 학교 담당 교사들과 지속적인 피드백이 필요하였다. 2016년에는 개별 지원 대학생 멘토와 학교 담당자, 개별 지원 담당부장, 총괄 부장교사가 스마트폰에 단체 채팅방을 개설해서 활동 시작과 활동 내용에 대해 수시로 피드백을 제공했다. 첫 2~3주간 멘토활동을 수행한 후에는 학생에 대해 어느 정도 파악한 대학생 멘토가 그동안의 직·간접 체험과 정보를 바탕으로 직접 멘토활동 계획을 작성해 보도록 하였다. 다음 〈표 7-18〉은 개별 지원 대상인 민석(가명)의 8월 중 활동 계획표이다.

　민석이는 스마트폰 사용이 원활하고 새로운 곳 다니기와 맛있는 음식 먹는 것을 좋아하지만, 일상적인 규칙을 실천하거나 음식에 대한 자제력이 부족한 특성을 가지고 있는 학생이었다. 1주일 2회 멘토활동 중 1회는 학습을 수행하고 1회는 민석이가 원하는 곳에 가거나 원하는 음식을 먹는 활동을 보상으로 제공하기로 한 것은 당초 학교 개별 지원팀과의 약속이었다. 이를 바탕으로 대학생 멘토는 민석이와 의논하여 대학, 영화관, 수영장 등 다양한 체험 장소를 정하였고 민석이와 함께 참고서를 구입해서 카페에서 일정 시간 공부를 하기로 계획한 것이다. 특히 8월은 방학이라서 시간이 많이 소요되는 다양한 즐거운 체험이 가능했을 것이다. 빠르고 반복적이며 산만한 민석이의 언어 특성 때문에 '활동 중 주의사항'을 목표를 명확히 하고 시작하는 것으로 정하였으며, 이러한 방식을 지속한 결과 민석이의 행동 및 언어 조절이 상당히 진전되었다는 보고가 있었다.

❈ <표 7-18> 8월 멘토활동 계획표

8월 멘토활동 계획표

2014년   학생: 최○○   멘토: 김○○

	날짜	활동	활동 목표	비고
1주	8/3 (일)	○○ 대학교 투어하기	• 대학교에서는 어떤 방식으로 건물이 구분되는가에 대해 이해한다(예: 사범관, 자연과학관). • 자신이 원하는 대학과 학과에 대해 탐구한다.	• 활동을 시작하기 전 오늘 목표에 대해 상기시킨다.
2주	8/10 (일)	영화관에서 영화 관람하기	• 영화관에서 지켜야 할 예절에 대해서 이해한다. • 영화를 본 후 자신의 소감에 대해 이야기한다.	〃
3주	8/19 (화)	카페에서 공부하기	• 카페 메뉴판을 보고 원하는 음료를 선택해서 주문한다. • 적절한 크기와 속도의 말 소리로 대화한다. • 약속한 분량만큼 성실하게 공부한다.	〃 • 문제를 푼 후에는 답지를 보고 스스로 채점하여 틀린 문제를 점검한다.
	8/20 (수)	여의도 한강수영장에서 수영하기	• 물놀이 예절에 대해서 대화하고 실천한다. • 물놀이가 끝난 후 물놀이 예절을 잘 지켰는지 점검한다.	• 활동을 시작하기 전 오늘 목표에 대해 상기시킨다.
4주	8/26 (화)	카페에서 공부하기	• 카페 메뉴판을 보고 원하는 음료를 선택해서 주문한다. • 적절한 크기와 속도의 말 소리로 대화한다. • 약속한 분량만큼 성실하게 공부한다.	〃 • 문제를 푼 후에는 답지를 보고 스스로 채점하여 틀린 문제를 점검한다.
	8/27 (수)	월미도 여행하기	• 스마트폰으로 월미도의 위치, 교통편, 볼거리와 먹거리 등을 검색한다. • 월미도로 이동하여 검색한 정보에 따라 월미도를 여행한다.	• 활동을 시작하기 전 오늘 목표에 대해 상기시킨다.

❉ <표 7-19> 개별 지원 멘토일지 작성의 예

PBS Team 사례관리 기록지

2016. ○. ○.(○요일)   성베드로학교

학생 이름	학년반	멘토명	담임명/연락처	보호자명/연락처
최승진(가명)	초 ○-○	김○○		

일시	가정 상황	활동 내용	특이 사항
○/○ (수) 09:30 ~ 13:00	승진이 어머님께서 부모 상담 프로그램 참여를 위해 09:30~12:30까지 외출하심	오늘은 승진이와 함께 광고 음악 함께 듣기, 레고 만들기, 좋아하는 것을 스스로 소개해 보기 위한 계획을 세웠다. 승진이가 알아보고 "인사해야지?"라고 하기 전에 먼저 인사를 해 주기 시작했다. 오늘도 활동에 앞서 어떤 활동을 할 것인가에 대해 설명하던 도중, 사 온 레고를 나중에 조립한다고 설명하니 가장 먼저 하고 싶다고 얌전히 이야기를 하기에 이를 강화하기 위해 순서를 바꿔 진행했다. 먼저 레고를 조립하고 승진이가 지쳐 잠이 들어 무릎 위에 재웠다.	승진이가 레고를 조립하던 도중 설명서에 나온 부품을 찾지 못해 예상치 못한 문제행동을 시작했다. 선생님들께 배운 대로 문제행동 간 최대한 관심을 보여 주지 않고 신체 터치를 하지 않으며, 안 된다고 단호히 말했다. 그러던 중 집 안의 화분을 발로 차서 깨고 자신의 신체(다친 다리와 얼굴)를 때리는 행동을 보여 이를 제지하기 위해 손을 잡아 움직이지 못하게 저지했다. 저지를 하자 승진이는 놓아달라는 표현을 하며 더욱 심하게 문제행동을 하기 시작했으며, 제 풀에 지쳐 말로 이제 그만하겠다는 표현을 한 후 문제행동을 멈추었다. 문제행동의 이유와 상태를 말로 설명한 부분에 대해 칭찬하고, 간식을 주는 강화를 했다.

대학생 멘토는 매 회기 활동 시마다 A4 용지 1장 분량의 멘토일지를 작성한 후 이메일을 통하여 개별 지원 담당교사에게 송부하도록 하고, 담당교사는 관련 인사(개별 지원 담당부장, 긍정적 행동지원 총괄부장, 담임교사, 관리자)와 멘토일지 자료를 공유하였다. 앞의 〈표 7-19〉는 멘토일지 작성의 예이다. 멘토일지에는 활동 당일의 가정 상황과 활동 내용, 기타 특이사항을 상세히 기록하도록 함으로써 학생과 멘토, 그리고 학생과 부모 간의 상호작용 및 활동 모습을 그려 볼 수 있도록 했다. 이는 멘토에게는 활동에 대한 기억이 사라지기 전에 활동 상황을 돌아보고 반성(reflect)하도록 하며 개별 지원 운영팀에게는 직접 경험할 수 없는 멘토활동을 그려 볼 수 있는 생생한 자료로서 가치가 있다. 〈표 7-19〉의 멘토일지의 경우 승진(가명)은 폭발행동을 종종 보인 학생인데, 활동 당시 다리를 다쳐 가정으로 방문하여 활동하게 된 상황이었으며 부모 면담을 마친 2회기의 활동 내용이다. 멘토일지를 통해 승진이가 문제행동을 보일 경우의 대처 방법에 대한 교사들의 조언을 대학생 멘토가 적극적으로 실천하고자 노력한 것을 확인할 수 있다.

4) 개별 지원 활동 및 운영 점검

개별 지원은 그간의 학교교육에서 접해 보지 못했던 획기적인 시도이다. 개별 학생이 처한 생태학적 환경에 대한 이해와 정보를 바탕으로 기존 학교교육 활동에서 접근이 어려웠던 학생의 학교 밖 삶 전반을 향상시키기 위한 방법을 모색하고자 했기 때문이다. 하지만 교내에서 이루어지는 기존의 교육 활동 이외에 개별 지원의 이름으로 진행되는 다양한 치료와 관련 활동들이 목적에 맞게 합리적으로 운영되는 것은 쉬운 일이 아니다. 다양한 크고 작은 업무를 빠뜨리지 않고 성의 있게 처리하기 위해서는 긍정적 행동지원의 취지와 필요성에 대한 업무 담당자의 이해와 열정, 그리고 성실성이 요구된다.

성베드로학교에서는 학생별 행동지원계획을 운영하기 위해 활동 초반과 중반(10월경), 그리고 개별 지원 활동의 종결 시점(12월 중순) 등 3차례 정도 학부모·멘토활동 간담회를 운영했다. 개별 지원 시작 시점에 개최하는 1차 간담회는 참여 학생의 부모와 담임교사, 개별 지원 담당자와 부장교사, 관리자 등이 모여 긍정적 행동지원의 의미와 구체적 활동을 소개하는데 대상 학생별로 따로따로 운영하는

✳ <표 7-20> 개별 지원 운영 점검을 위한 협의회 주요 사항

	1차	2차*	3차
시기	• 개별 지원 시작 • 6월 말경	• 중간 점검 • 10월 경	• 종결 회의 • 12월 중순
참석자	학부모, 담임교사, 개별 지원 담당교사, 담당 부장교사, 관리자, (대학생 멘토)		
내용	• PBS 및 개별 지원 사업 소개 • 관리자 인사 • 학생별 운영 방향 안내	• 학생별 운영 사항 점검	• 개별 지원 운영 경과 보고 • 평가 및 소감 발표 • 건의사항 및 개선 요구 사항 협의

* 중간 평가의 의미로 진행하는 2차 간담회는 담당자 협의를 통해 전화 상담 등으로 운영할 수 있음

것이 좋다.

2차 간담회는 중간 점검의 의미로 실시하는데 개별 지원 운영 사항을 점검하여 개선 방안을 모색하고 참여자들의 의견을 반영하기 위해 실시하며, 유선 전화나 서면을 통한 평가도 가능하다. 〈표 7-21〉은 개별 지원 중간 평가 협의록의 내용으로, 이러한 기회를 통해 개별 지원 운영 경과를 보고하고 상황을 점검하며 남은 기간 동안 개선 요구사항에 대해서도 파악할 수 있다. 3차 간담회는 개별 지원 종결 시점에서 향후 지원 방안을 논의하는 자리이므로 중요한 의미를 가진다. 학사 일정에 따라 회의 시간이 부족할 경우에는 시간이 길어질 것에 대비하여 더욱 합리적인 회의 운영이 필요하다. 종결회의에서는 〈표 7-22〉와 같이 개별 지원 의뢰 당시 대상학생의 문제행동과 그에 따른 긍정적 행동지원팀의 지원사항을 기술한 서식을 마련하여 회의에 참여하여야 하며, 개별 지원을 경험한 부모와 교사들의 종결 시점 의견과 회의를 통해 협의된 내용 및 종결 이후 계획을 함께 논의하여 기록하도록 한다.

❋ <표 7-21> 2014 성베드로학교 개별 지원 운영 중간평가를 위한 간담회 협의록

2014 성베드로학교 개별 지원 대상학생 부모 · 교사 간담회

회기	2차	날짜	2014. 10. ○. 15:00~
기록자		장소	회의실
참석자		교장, 교감, 박○○T, 차○○T, 박○○T, 이○○T, 배○○T(이상 교사), 박○○ 조모, 윤○○ 모, 김○○ 모(이상 학부모)	

안건	• 2014 성베드로 PBS 개별 지원 운영 경과 보고 • 2014 성베드로 PBS 개별 지원 진행사항 점검 • 건의사항 및 개선 요구사항 협의
진행 사항	1. 진행 경과 1) 전체 진행 일정 및 경과(김○○T): 별지 참조 2) 치료지원 서비스(박○○T): 대상학생별 행동지원계획에 따라 부모 및 학생상담, 감통치료, 행동치료 등이 진행 중임을 설명(상담의 경우 개인의 사적 상황이나 상태에 대해서는 학교에 미공개) 3) 멘토활동(차○○T): 학생별 개별 지원 활동이 잘 이루어지고 있음(별지 참조) 2. 학생별 진행 사항 1) 박○○T(A학생 담임): 학생의 문제 상황에 대해 함께 고민하는 기회가 됨. 학교 밖 모습에 관심을 갖게 되어 학생 이해의 폭이 넓어짐. 장기적 · 체계적 접근 노력이 필요하다고 봄 2) 이○○T(B학생 담임): 담임으로서 교육적 혜택을 받게 되어 긍정적인 마음을 가지고 있음. '관심'은 좋은 성과를 낳을 것. 기회가 확대됐으면 함 3) 배○○T(C학생 담임): 학생이 선호하는 다양한 활동을 멘토와 경험하고 있음에 감사. 건강상 어려움이 있으므로 빠른 쾌유를 바람 4) C학생 모: PBS 개별 지원은 부모에게 예민하게 개입되는 부분이 있으므로 선정 초반 다소 갈등했음. 멘토와 잘 맞아 활동을 즐거워하며 참여함 5) B학생 모: PBS 선정으로 학생 개인과 가족 간 힘든 시기에 큰 도움이 되었음. 멘토활동, 상담활동 모두 만족스러우며, 가족 간 마찰이 감소 6) A학생 조모: 학교와 담임교사에게 감사드림. 멘토와 대중교통 이동 및 공원 이용 활동 중임. 감통 치료기관이 A의 '착석과 지시 따르기'에 도움이 되지 않는 듯하여 활동 중단을 고려함
협의 사항	• 개별 지원 학생의 프로그램 진행에 관한 판단과 결정, 변경은 개별 지원팀 협의를 거쳐야 함 • 멘토 관련 사항: 주 2회 3시간이 아니라 1회에 6시간 활동하는 문제는 교육청에 문의가 필요함. 기타 멘토 관련 사항은 담당교사(차○○T, 박○○T)와 협의할 것
교장 말씀	• 교장: (양육관이나 교육관은 변화가 어려운 부분이나) 개별 지원은 전문가의 도움을 받아 서로 노력하는 과정임. 지원이 이루어지고 있다는 데 대해 희망과 감사의 마음을 가질 것. 학생이 만족하고 행복해지도록 노력을 요함 • 교감: PBS는 학생을 대하는 새로운 방식의 노력. 학생에 대해 새로운 시각으로 바라보는 시도임을 수용할 것
추후 일정	• 개별 지원 계속: 상담 일정 회기, 멘토활동 12월까지 • 개별 지원 종결회의: 12월 3주경

❖ <표 7-22> 성베드로학교차원 긍정적 행동지원 개별 지원 사례 종결 솔루션 협의회 회의록

긍정적 행동지원팀 사례 종결 솔루션 협의회

2013. ○. ○.(○요일) ○~○시 ○○학교

학교명	○○학교		학년반		학생명	박○○
보호자				연락처		
담임교사				학교 담당자		
PBS 지원단				멘토 성명		
참석자 명단	학교관계자					
	PBS팀					

문제행동	PBS팀 지원 내용	현재 상황	
• 자신의 생각대로 일 등이 진행되지 않을 경우 지인(또래, 교사, 부모)을 꼬집거나 때림 • 이전에는 3교시 이후부터 교실 수업을 거부. 7월부터는 등교 직후부터 K선생님에게 가고자 함, 공격행동은 없음 • 묻는 질문에 반대로 대답하는 편임(같은 질문을 계속 반복) • 특정 일과/사람/활동 집착 • 놀이실 입실을 거부함 • 급격하게 살이 찌고 있음	• 기간 2013.7. ~2013.12. • 지원 내용 – 멘토 지원: 주 2회 멘토와 함께 수영 – 치료 지원: 감각 통합 문제 진단 및 치료사의 학교 방문 컨설팅 – 교사와 PBS 자문단 협의회: 학교 중재 방안 모색	담임 교사	
		교과 교사	
		보호자	
		기타	
		PBS팀	• 멘토링 시작 시보다 고집이 줄고(어느 레인에서 수영할지 고집 부리던 것이 줄어듦), 멘토 말에 잘 따름 • 같은 질문을 반복하는 행동이 줄어듦 • 가끔 큰 소리에 귀를 막고 큰 반응을 보이지만, 냄새에 대해서는 문제를 보이지 않았음 • 사우나를 거부했었는데 멘토를 따라 들어감 • 샴푸만 주면 머리를 감고 샤워도 스스로 함(세수는 아직 도움 필요) • 옷 입기: 스스로 입으려 노력하나 뒤집어 입는 일이 많음

협의 결과 종합 및 향후 계획	학교 지원	
	PBS팀 지원	

제8장

학교차원 긍정적 행동지원 운영 성과

이 장에서는 성베드로학교차원 긍정적 행동지원을 운영하면서 얻게 된 양적 평가와 질적 평가 결과에 대해 기술하고자 한다. 성베드로학교에서는 학교차원 긍정적 행동지원의 보다 구체적이고 객관적인 성과를 파악하기 위해 2013년과 2014년에 학생들의 수업 참여행동 동영상 자료를 수집하여 긍정적 행동지원 운영 이전과 이후의 상황을 분석하였다. 그리고 긍정적 행동지원 운영 참여 교사를 대상으로 2013년에 문제행동 관리에 대한 교사효능감, 2014년에는 학급관리 기술의 긍정적 행동지원 운영 전 · 후 검사 자료를 비교했다.

아울러 양적 평가 자료를 보완하기 위한 서술평가 자료도 수집하였다. 성베드로학교차원 긍정적 행동지원은 1년을 단위로 3월에 새 학년도가 시작되면 그 해의 리더십팀을 중심으로 학교차원 긍정적 행동지원 규칙을 정한 후 보편적 지원과 개별 지원을 실시하였는데, 연말이 되면 한 해 동안의 운영 성과에 대하여 전체 참여 교사를 대상으로 서술적 평가(학교 제작)를 실시하여 평가 결과를 수렴하여 보고하고 개선 방안을 마련한 후 다음 해 운영에 이를 반영하여 왔다.

✿ **<표 8-1> 성베드로학교차원 긍정적 행동지원 운영 성과 개요**

				2013년	2014년	2015년	2016년
학생 성과	양 적	포 상	개별 규칙	전체	84	106	137	174
				수상자 수 평균	7 (12회)	13.2 (8회)	15.2 (9회)	17.4 (10회)
			수업 참여	전체	711	479	579	617
				수상자 수 평균	35.6 (20회)	47.9 (10회)	52.6 (11회)	51.4 (12회)
		자료 분석		수업참여행동 (동영상)	수업참여행동 (동영상)	GAS (IEP 목표성취 척도)	GAS (IEP 목표성취 척도)
	서 술	교사 간접 보고 (학교 제작)		2013 성베드로 학교차원 PBS 운영평가서	2014 성베드로 학교차원 PBS 운영평가서	2015 성베드로 학교차원 PBS 운영평가서	2016 성베드로 학교차원 PBS 운영평가서
교사 성과	양 적	척도 자료 분석		교사효능감	학급관리 기술	–	–
	서 술	직접 보고 (학교 제작)		2013 성베드로 학교차원 PBS 운영평가서	2014 성베드로 학교차원 PBS 운영평가서	2015 성베드로 학교차원 PBS 운영평가서	2016 성베드로 학교차원 PBS 운영평가서

1. 학생에게 미친 영향

1) 양적 평가

(1) 포상 성과
① 긍정적 행동지원 개별 규칙: 칭찬나무(명칭: 나의 약속)

학교차원 긍정적 행동지원 운영을 통해 성베드로학교의 전체 교사들은 긍정적 행동지원 학교 규칙을 학생들에게 '바른 행동'으로서 강조하고 지도하여 왔으며, 규칙 가운데 특정 내용을 학생별 개별 규칙으로 정하여 수시로 지도하고 있다고 앞서 밝힌 바 있다. 통상적으로 성베드로학교의 재학생들은 긍정적 행동지원 개별 규칙 수행 기회를 매일 혹은 수시로 제공받으며 규칙 준수가 정해진 횟수(20회)에 도달하면 포상을 받고 있다. 다음 [그림 8-1]은 〈표 8-1〉에서 제시한 4년간 학교차원 긍정적 행동지원 개별 규칙 포상자(수) 현황을 도표와 그래프로 나타낸 것이다.

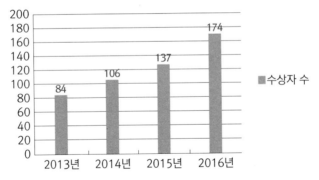

[그림 8-1] 성베드로학교차원 긍정적 행동지원 개별 규칙 연간 수상자 현황

[그림 8-1]에서 나타난 바와 같이 2013년에는 긍정적 행동지원 개인별 규칙을 정하고(규칙 결정 방법은 제2부 제5장 참조), 학생의 규칙 준수 회수가 포상 기준에 도달해 수상한 학생 수(누계)가 84명이었으며, 2014년 106명, 2015년 137명, 2016년에는 174명에 달하였다. 긍정적 행동지원의 이름으로 학교 전체의 규칙과 개별 학생 대상 규칙을 정하고 이를 교수하자 그에 따른 긍정적 행동 변화를 가져왔다는 사실은 매우 의미 있는 일이 아닐 수 없다.

② 수업 참여: 칭찬판(명칭: 날마다 크는 우리반)

성베드로학교차원 긍정적 행동지원 운영을 통해 가장 역점을 둔 사항 중 한 가
지는 학생들의 바른 수업 참여 행동에 대해 적극적으로 강화하는 일이었다. 수업
에 잘 참여한다는 것은 학교와 학생 본연의 과업일 뿐 아니라 학업에 몰두하느라
행동문제를 일으킬 기회가 줄어들기 때문에 매우 바람직하다. 성베드로학교의 재
학생들은 매일 매 수업시간 동안의 긍정적 수업참여에 대해 즉각적인 피드백을
받았으며 그 결과는 기록되었고 정기적으로 강화를 받았다. 2016년의 경우 긍정
적 수업참여행동에 대한 포상은 12월 보편적 지원 종료 시까지 총 12회에 달했으
며 수상 학생은 617명에 이르렀다. 포상이 계속됨에 따라 상당수 재학생은 '바른
수업참여'에 따른 교사의 '칭찬이나 강화물' 그리고 공식적인 '수상'이라는 결과와
의 기능적 관계를 점차 익히고 있다.

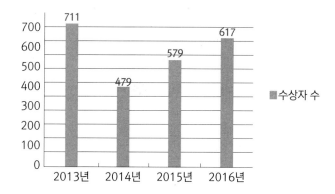

[그림 8-2] 성베드로학교차원 긍정적 행동지원 수업 참여 연간 수상자 현황

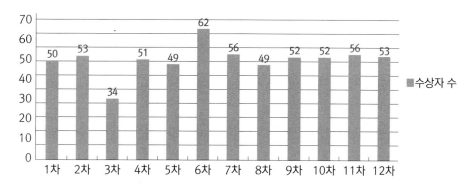

[그림 8-3] 2016년 성베드로학교 긍정적 행동지원 수업 참여 수상자 수(회당)

[그림 8-2]와 [그림 8-3]은 4년간 수업참여 수상 학생 수와 2016년도의 회차별 수상자 수를 그래프화 한 것이다. 회차별 수상자 수가 50명 수준에서 안정적인 이유는 1차년도(2013년) 긍정적 행동지원의 운영에서 담임교사의 주관적 판단을 존중한 결과 학급 간 수상자 수의 편차가 상당히 컸기 때문에, 연간 평가를 통해 학급 인원의 40%까지를 수상자로 인정하기로 리더십팀에서 수업 참여 수상자 운영 방법을 변경하였기 때문이다. 긍정적 행동지원 운영 4년을 경과하자 본교의 상당수 학생들은 매 수업시간과 매일, 2주별 수업 참여행동 강화 방법과 그에 따른 자신의 수상 여부에 대하여 이해하고 있다.

(2) 수업참여행동 동영상 분석 결과(2013, 2014년)

성베드로학교에서는 2013년과 2014년 보편적 지원 운영에 참여한 재학생들의 수업참여행동 변화를 객관적으로 파악하기 위해 보편적 지원 운영 전후의 학생들의 수업 참여 장면을 동영상으로 촬영한 후 분석을 의뢰했다(촬영 유의사항은 〈부록 1 궁금한 이야기(Q&A)〉 참조). 수업 장면 동영상 촬영은 2013년의 경우 4월 말에 수업참여행동 촬영에 대한 오리엔테이션을 실시한 후 보편적 지원에 참여한 전체 학급 교사들의 자료를 수합했다. 그러나 별도로 자료에 대한 사전 확인을 하지 않은 채 11월에 수합한 동영상 자료와 함께 분석자에게 송부하였기에 분석에 포함할 수 없는 결측치가 많아진 측면이 있었다(예: 개별수업 장면 촬영의 경우, 촬영 시간 부족 등). 2014년에는 이러한 경험을 바탕으로 수업 촬영 이전에 교사들을 대상으로 보다 상세한 내용의 오리엔테이션을 실시하여 연구 자료로 사용할 수 없는 결측치를 최소화할 수 있었다.

✽〈표 8-2〉 수업참여행동 동영상 분석 자료 관련 개요

	2013년	2014년
분석 인원	참여 학생 다수 (55/83명, 초등 4학년~중등 3학년)	참여 학생 전체 (134/134명, 초등 1학년~고등 3학년)
촬영 시기	사전(4월 말), 사후(11월 말)	사전(4월 말), 사후(11월 말)
촬영자	수업교사(담임 혹은 교과교사, 별도 촬영자 없이 카메라 고정)	2013년과 같음

촬영 일시	문제행동이 가장 빈발하는 요일 및 수업 시간(사전, 사후검사 동일 시간 선택)	2013년과 같음
비고	촬영 오리엔테이션 1회 실시, 분석 자료 미검토	촬영 오리엔테이션 2회 실시, 학생 식별표 작성, 자료 송부 전 분석 자료 검토

수업참여행동 동영상 분석에서는 수업참여행동과 비참여행동을 〈표 8-3〉과 같이 조작적으로 정의한 후 전간기록법(whole-interval recording)으로 분석했던 선행연구(김영란, 2012) 방법을 따랐다.

❋<표 8-3> 수업참여행동에 대한 조작적 정의

영역	조작적 정의	예시
강의 주목 행동	교사가 학급이나 개인에게 말하거나 정보를 제공할 때, 교사나 수업 관련 자료를 바라보는 행동 및 정보를 제시하는 또래를 쳐다보는 행동으로 바른 자세 유지하기를 포함	• 교사가 제시하는 수업 자료(PPT, 교재 등) 바라보기 • 수업과 관련한 교사의 말이나 행동에 집중하기 • 교사의 수업 관련 질문에 자신의 의사소통 방식에 따라 답하기(말로 답하기, 지적하기, 몸짓으로 표현하기) • 질문에 답하기, 발표하기, 과제수행하기, 시연하기 등의 방법으로 정보를 제시하는 또래 쳐다보기 • 의자에 엉덩이를 붙이고 허리를 편 상태에서 손과 다리를 제자리에 위치시킨 바른 자세
과제 수행 행동	수업시간에 제공된 개별 또는 그룹 과제를 요구에 맞게 필요에 따른 도움을 받아 수행하는 행동(교재 던지기, 구기기, 찢기, 빨기, 주머니에 넣기 등의 행동은 제외)	• 학습지 풀기(질문을 듣고 해당 그림 지적하기, 관련 있는 것끼리 선 긋기, 쓰기, 스티커 붙이기, 오려 붙이기) • 코팅 자료 붙이기 • 실험 기구 다루기 • 컴퓨터 조작하기 • 과제 발표나 수업과 관련하여 질문하기 • 개인 요구에 따라 스스로 또는 교사의 도움 받아 수행

지시 따르기 행동	학생 행동 통제를 위한 교사의 언어적 · 신체적 지시를 따르는 행동	• 수업과 관련 없는 곳을 쳐다보거나 바르지 않은 자세 또는 자리 이탈 등으로 교사의 언어적 · 신체적 행동 통제를 받았을 때 지시에 맞게 행동하기 • 지시를 듣고 앞으로 나오기, 이동하기
비참여행동		• 무단으로 자리 이탈하기 • 수업과 관련 없는 또래와의 장난이나 다툼 벌이기 • 수업과 관련 없는 말하기 • 수업과 관련 없는 행동을 하는 또래 쳐다보기 • 창 밖, 문 밖, 교실 천정 등 수업과 관련 없는 곳 쳐다보기 • 웃음, 노래, 책상 두드리기, 손뼉 치기 등으로 수업과 관련 없는 소음 내기 • 책상에 엎드려 있기 • 턱 괴기, 손 머리에 얹기, 입에 손 넣기, 얼굴 만지기, 코 파기, 손 흔들기, 손가락 장난하기 등 손과 팔을 가만히 두지 않는 경우 • 몸을 앞뒤, 옆으로 흔들기, 의자 다리가 바닥에서 들리게 흔들기 • 명찰, 옷 등을 불필요하게 계속하여 만지기

출처: 김영란(2012), p. 103.

전간기록법이란 목표행동이 구간 내내 지속되면 (+)로 기록하며, 전혀 발생하지 않았거나 그 구간 전체 동안 한 번이라도 비참여행동이 발생할 경우 (−)로 기록하는 방법이다(이소현, 박은혜, 김영태, 2000). 성베드로학교에서는 긍정적 행동지원의 운영 시작 전과 후반에 전체 참여 학급의 1시간(40분) 수업을 촬영한 동영상 자료에서 수업 시작 5분 후부터 10분간 8초 동안 관찰하고 2초 동안 기록하는 방식으로 〈표 8-4〉와 같은 기록지에 10초 간격 총 60개 구간의 수업참여행동(목표행동)의 발생 여부를 파악한 후 〈표 8-5〉와 같이 동영상 검사 결과를 기록했다.

❀<표 8-4> 수업참여행동 기록지(발생 경우 +로 표시)

0:10	0:20	0:30	0:40	0:50	1:00	1:10	1:20	1:30	1:40
—	—	—	—	—	—	—	—	—	—
1:50	2:00	2:10	2:20	2:30	2:40	2:50	3:00	3:10	3:20
—	—	—	—	—	—	—	—	—	—
3:30	3:40	3:50	4:00	4:10	4:20	4:30	4:40	4:50	5:00
—	—	—	—	—	—	—	—	—	—
5:10	5:20	5:30	5:40	5:50	6:00	6:10	6:20	6:30	6:40
—	—	—	—	—	—	—	—	—	—
6:50	7:00	7:10	7:20	7:30	7:40	7:50	8:00	8:10	8:20
—	—	—	—	—	—	—	—	—	—
8:30	8:40	8:50	9:00	9:10	9:20	9:30	9:40	9:50	10:00
—	—	—	—	—	—	—	—	—	—

❀<표 8-5> 2013년 성베드로학교 수업참여행동 동영상(사전검사) 분석 결과(예)

		학생 1	학생 2	학생 3	학생 4	학생 5	학생 6	학생 7
초 0-1	+	48	39	32	0	12	42	—
	%	80	65	53.3	0	20	70	—
중 0-2	+	46	46	48	39	16	55	1
	%	76.7	76.7	80	65	26.7	91.7	1.7

성베드로학교 학생들의 수업참여행동에 미치는 학교차원 긍정적 행동지원의 효과를 통계적으로 분석하기 위해 사용한 방법은 두 종속(대응)표본 t검정(two-dependent samples t test)이었다. 이는 사전검사 자료와 사후검사 자료와 같이 동일한 연구 대상에게 검사를 두 번 실시하여 얻은 자료이기 때문에 두 짝지어진 자료(matched pair data)가 서로 독립적이지 않으며 종속되어 있을 경우에 사용하는 방법이다(성태제, 2007). 분석 방법에 따라 2013년과 2014년, 성베드로학교에서 학교차원 긍정적 행동지원에 참여했던 학생들의 수업참여행동 변화를 그래프와 통계적으로 분석한 결과는 다음과 같았다.

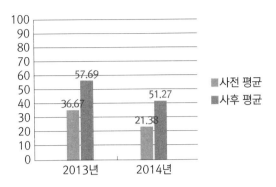

[그림 8-4] 성베드로학교차원 긍정적 행동지원 참여에 따른 수업참여행동 점수 변화

✤<표 8-6> 2013년 성베드로학교차원 긍정적 행동지원 효과에 대한 두 종속표본 t검정 결과

	사전 수업참여행동	사후 수업참여행동
평균	36.67	57.69
표준편차	27.48	30.38
사례 수	44	44
t	−4.49	
유의확률	0.000	

✤<표 8-7> 2014년 성베드로학교차원 긍정적 행동지원 효과에 대한 두 종속표본 t검정 결과

	사전 수업참여행동	사후 수업참여행동
평균	21.38	51.27
표준편차	22.18	31.50
사례 수	134	134
t	−12.44	
유의확률	0.000	

학교차원 긍정적 행동지원에 참여한 성베드로학교 학생들의 수업참여행동에 대한 두 종속표본 t검정 결과를 살펴보면 2013년의 경우(〈표 8-6〉 참조), 사전 수업참여행동 점수 평균은 36.67, 표준편차는 27.48이며, 사후 수업참여행동 점수 평균은 57.69, 표준편차는 30.38이다. 그리고 사전 수업참여행동과 사후 수업참여행동의 차이에 대한 통계적 유의성을 검정한 결과 t통계값은 −4.49, 유의확률

은 .000으로서 유의수준 .01에서 학교차원 긍정적 행동지원 참여에 따른 학생들의 수업참여행동 수준의 사전과 사후 결과에 차이가 있는 것으로 분석되었다.

　2014년의 경우(〈표 8-7〉 참조)에는 사전 수업참여행동 점수 평균은 21.38, 표준편차는 22.18이며, 사후 수업참여행동 점수 평균은 51.27, 표준편차는 31.50이다. 그리고 사전 수업참여행동과 사후 수업참여행동의 차이에 대한 통계적 유의성을 검정한 결과 t통계값은 −12.44, 유의확률은 .000으로서 유의수준 .01에서 학교차원 긍정적 행동지원 참여에 따른 학생들의 수업참여행동 수준의 사전과 사후 결과에 차이가 있는 것으로 분석되었다. 즉, 2013년과 2014년도 두 해 모두 수업참여행동 사전검사 점수에 비하여 사후검사 점수가 통계적으로 유의하게 상승하였으며, 이는 성베드로학교차원 긍정적 행동지원이 참여학생 수업참여행동 변화에 긍정적 영향을 미쳤음을 의미한다.

(3) 개별화교육계획 목표성취척도(2015, 2016년)

　긍정적 행동지원을 학교 체제로서 운영한 2년간의 경험을 가진 후 성베드로학교에서는 교사 평가와 학교 평가 등의 협의 과정을 통해서 교육청의 교수적 지원과 예산 지원이 종료되는 2015년도에도 자체적으로 긍정적 행동지원을 운영하기로 결정하였다. 한편 2013년과 2014년 운영을 통해 교사들에게 경험이 축적되었다 해도 학교차원 긍정적 행동지원이 보다 장기적인 학생 생활지도 체계로서 자리 매김하기 위해서는 프로그램 운영이 교사들에게 도움이 되며, 통상적 업무로서 여겨질 필요가 있었다.

　2015년도 초에 구성된 리더십팀에서는 이러한 취지를 살려 교사들의 중복 노력을 줄이고 학생별 개별화교육계획 목표 성과를 고취하고자 성베드로학교 학생들의 생활 및 행동과 관련한 개별화교육계획 목표를 긍정적 행동지원 학교 규칙으로 수렴하고 도달 수준에 대해 GAS를 사용하여 평가하기로 결정하였다. 이는 기존 학교 업무인 개별화교육계획 작성 및 지도 내용을 긍정적 행동지원 개별 목표 지도와 연계하고자 한 것으로, 2013, 2014년도의 긍정적 행동지원 개별 규칙 지도 시에도 이미 일부 교사는 그 내용을 학생들의 개별화교육계획 목표로 삼아 지도한 사례가 있었다. 개별화교육계획 학생별 목표를 긍정적 행동지원 학교 규칙으로 정하기 위해서는 몇 가지 준비와 절차가 필요했으며 그 내용은 [그림 8-5]와 같다.

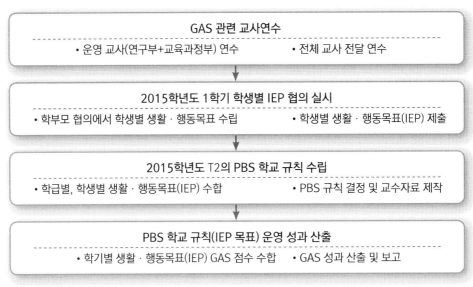

[그림 8-5] GAS 도입 및 운영 절차

[그림 8-5]에 제시했듯이 성베드로학교의 리더십팀에서 학생들의 개별화교육계획 목표를 수합하여 긍정적 행동지원 학교 규칙화하는 절차 이전에 GAS에 대한 이해가 필요했다. 따라서 GAS에 관한 지식 및 실행 경험을 가지고 있는 교육청 지원단에게 관련 교사연수를 청하였으며 이후에 리더십팀 및 전체 교사에게 전달 연수를 실시했다. GAS란 학생들의 개별화교육 목표 성취 정도를 알아보기 위한 척도이며 Kiresuk 등(1994)이 개발한 것으로 중재 목표의 성취 수준을 측정하고 프로그램의 효과성을 결정할 때 사용한다. GAS는 측정하고자 하는 중재 목표의 척도 수준을 5단계로 〈표 8-8〉의 기준에 따라 위계화한 후 5점 척도로 측정한다. 측정자는 각 개별화교육 목표를 −2점부터 +2점 사이의 5점 체계에 따라 점수를 부여해야 한다. 그리고 이를 위해서는 학급 담임들이 개별화교육계획의 목표를 측정 가능한 행동적 용어로 진술할 수 있어야 한다.

 GAS를 활용한 학생들의 개별화교육 목표 성취 수준 측정 방법은 김영란(2012)의 방법을 참고하여 5점 척도로 학생들의 개별화교육 성취 점수를 측정한 후 목표가 1개인 경우의 방법을 따라 원점수를 구했다. 원점수는 평균 50, 표준편차가 10인 표준화된 T점수로 변환하여 환산하는 것이다. GAS T점수는 환산된 T점수가 50~59점일 경우 학생이 교사가 기대하는 수준으로 목표 또는 기술을 학습했다는 것으로 수용 가능한 성취 수준임을 의미하지만 40점 이하는 학생이 만족스러운 성취를 이루지 못했음을, 60점 이상은 학생이 기대했던 것 이상으로 많은 성취를 이루었음을 뜻한다.

❉ <표 8-8> GAS 성취 수준의 점수 위계 표

> −2점(가장 만족스럽지 못한 성취)
> −1점(기대에 미치지 못하는 성취)
> 　0점(기대한 수준의 성취)
> ＋1점(기대 이상의 성취)
> ＋2점(최상의 성취)

　개별화교육계획 목표 측정 방법에 대한 인식을 갖춘 후 전체 교사에게 변화된 방식의 운영 내용을 전달하기 위해 교육연구부에서 교사연수를 실시하였다. 우선 학기 초에 운영되는 개별화교육계획 협의회에서 담임교사들은 학부모와 협의하에 학생들의 긍정적 행동지원 개별 규칙으로 적용하기 위한 생활 및 행동지도 관련 목표를 측정 가능한 행동 용어로서 최대한 표현하여 학기별 장기 목표로 한 가지씩을 결정한 후 정해진 서식에 보고하도록 하였다.

　개별화교육계획 협의회를 마치고 학생별 개별화교육계획 목표를 교육연구부에서 수합한 후 이 자료를 가지고 2015년과 2016년도 첫 번째 리더십팀 회의를 개최하였다. 한편 2015년도 리더십팀 회의에서는 학생들의 개별화교육계획 목표를 수합하여 내용을 검토하여본 결과, 2013년에 결정한 긍정적 행동지원 학교 규칙(스스로 바르게 다 함께)의 장소별(교실, 화장실, 식당, 이동 구역) 세부 규칙이라는 틀보다 '상황별(식사, 용변/위생, 이동, 지시 따르기, 의사소통, 여가)' 틀을 적용하는 것이 적절하다고 판단하였으며, 2016년에도 동일한 방식으로 개별화교육계획 목표를 수합하여 학교 규칙을 정하였다(<표 8-9> 참조).

✽<표 8-9> 2016년 초등학교 고학년 긍정적 행동지원 학교 규칙(예)

	식사	용변 · 위생	이동	의사소통	지시 따르기	여가
스스로	• 도구 사용하기(숟가락, 포크, 에디슨 젓가락)	• 휴지로 닦기(비위생적인 상황) • 위생 점검표 수행하기 • 바른 자세로 소변 누기 • 용변 시 옷 내리고 올려 입기		• 자기 생각 단어로 표현하기 • 자기 생각을 언어적 · 신체적으로 적절히 표현하기	• 상황에 적절한 지시 수용하여 행동하기 • 정해진 시간의 학급 활동에 스스로 참여하기 • 교사 지시 수행하기	
바르게	• 적절한 시간 동안 식사하기 • 채소 반찬 먹기 • 여러 번 씹은 후 음식 삼키기	• 옷 정리/단정하게 입기 • 화장실 사용 규칙 이행하기		• 조사를 포함한 문장형 말하기 • 모방하여 단어 수준 말하기	• 상황에 적절한 긍정적 반응하기(지시 순응, 고집부리지 않기) • 물건 정리하기 • 수업 중 바른 자세로 활동에 참여하기	
다함께	• 식사 예절 지키기		• 친구들과 보조 맞추어 걷기	• 높임말 사용하기(교사, 어른)	• 학급 활동 중 기다리기	• 친구와 순서 지키며 놀기

　2016년도 1학기에 긍정적 행동지원 개별 목표 수립 현황에 따른 GAS 측정 결과는 다음과 같다. 전교생의 개별화교육계획 목표를 수합한 긍정적 행동지원 학교 규칙의 영역별 현황은 〈표 8-10〉과 같았는데, 규칙의 세부 영역은 초저/초고/중/고등학교 과정 별로 상이했지만 전체적으로 다음 그림과 같다. 과정별 GAS 점수의 평균을 산출한 결과는 [그림 8-6]과 같다.

✽ <표 8-10> 2016년도 1학기 긍정적 행동지원 개별화교육계획 목표 수립 현황(도표)

	PBS 학교 규칙 선정 학생 수					
	식사	용변/위생	이동	의사소통	지시 따르기	기타
초등 저학년	12	11	1	4	7	2
초등 고학년	9	7	1	8	7	1
중학교	5	5	1	12	11	5
고등학교	12	11	–	15	9	1

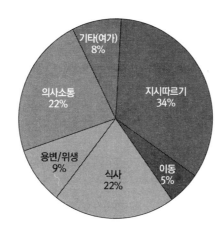

[그림 8-6] 2016년도 1학기 긍정적 행동지원 개별화교육계획 목표 수립 현황(그래프)

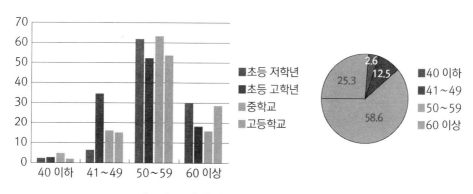

[그림 8-7] 학생별 GAS 평균 점수 분포

[그림 8-7]의 결과를 살펴보면 네 과정별로 세부 점수는 상이하나 점수 분포 양상은 동일하다. 그리고 GAS 점수 산출에 따른 측정 결과(평균)를 살펴보면, 기대

이상 및 최상의 성취를 이룬 학생이 83.9%에 달하고 기대에 미치지 못하거나 만족스럽지 못한 학생 비율은 각각 12.5%와 3.6%로 매우 낮았다. 긍정적 행동지원 학생별 규칙 그 자체가 학생의 개별화교육계획 목표가 된다는 사실은 교사들이 규칙 결정에 더욱 세심한 주의를 기울이고 성과를 높이기 위한 지도에도 더욱 열심히 나서도록 하는 데 기여했을 것으로 판단되며, 그 결과 높은 성과로 이어졌다고 할 수 있을 것이다.

2) 서술 평가

성베드로학교에서는 지난 4년 동안 해마다 1년간의 학교차원 긍정적 행동지원 운영을 마친 후 참여 교사를 대상으로 〈표 8-11〉과 같은 평가서를 작성하도록 했다. 이 평가서는 긍정적 행동지원 운영 상황에 대한 구성원의 진술한 평가와 아울러 향후 발전을 위해 요구되는 내용을 파악하기 위해 성베드로학교에서 자체 제작한 것이다. 구체적인 내용으로 성베드로학교차원 긍정적 행동지원 자체 및 운영 체계 이해도에 대한 교사들의 자기 점검 내용과 더불어 ① 학생들에게 미친 긍정적 성과, ② 교사들에게 미친 긍정적 성과, ③ 개선이 요구되는 사항을 포함하고 있다. 여기서는 성베드로학교차원 긍정적 행동지원이 전교로 확산되어 학생들과 교사들의 긍정적 행동지원 운영에 관한 이해 수준이 안정적으로 형성되었다고 판단되는 2015년도(3차년도) 평가서 내용을 중심으로 살펴보고자 한다.

✤〈표 8-11〉 학교차원 PBS가 학생에게 미친 긍정적 측면(2015년도 PBS 운영평가서 중)

구 분	교사 서술 내용
행동 변화를 위한 노력의 계기	• 학급별 칭찬판과 칭찬나무에 대해 이해하고 있는 학생의 경우 일일 강화물을 받기 위해 노력함(자기행동 조절) • PBS가 학교, 학생들의 바른 행동에 대한 기준이 되어 학생 중재 시 구체적 기준과 준거가 됨 • (교사의 지속적 관심과 배려를 통해) 학생 스스로 규칙을 따르고자 하는 변화를 보임 • 하교 시 긍정적 행동을 평가해 주는 과정과 일일 강화물을 기다리며 즐거워함, 다음 날 다짐을 수용함

좋은 행동에 동기가 생김 (포상과의 기능적 관계 이해)	• 칭찬나무에 관심을 가짐(스티커 개수 세기, 선의의 경쟁, 선물을 받고 좋아함) • 상위그룹 학생에게 매우 효율적. 칭찬판과 칭찬나무를 거론하면 바르게 행동함 • 강화를 기대하고 긍정적 행동을 유발함(칭찬판 사진을 내리면 다시 제 할 일을 함) • 칭찬판, 칭찬나무 운영이 학생들이 행동 수행을 하는 기준이 됨 • 좋은 행동에 대한 동기유발의 기회가 됨 • 학생들이 상품을 받기 위해 노력하는 모습이 보임(2명) • 상을 받는 친구를 보고 부러워함(→ 상을 받고 싶다고 말하며 노력함) • (특정 학생의 경우) 칭찬판을 이용한 강화물 제공으로 수업 태도와 성취도가 매우 긍정적으로 개선 • 행동-보상 간 연관성을 일상생활을 통해 학습함
정서적 변화	• PBS 선물을 받고 바로 엄마에게 자랑함-단순 보상 이상의 자신감을 갖게 되었음 • 칭찬과 격려를 통해 대인 관계가 향상됨 • 강화물과 교사 강화를 통해 학생의 긍정적 측면을 부각시키자 자신감, 자존감이 상승함
부정적 행동 감소	• 학생들의 부적절한 행동이 현저하게 줄어들고 긍정적으로 변화되었음 • 미디어월(전체 포상판) 강화가 수업 중 문제행동 제지에 도움이 되어 수업참여행동이 개선되었음
PBS 규칙의 이해와 실천	• (특정 학생의 경우) PBS 칭찬 학생의 의미를 알고 더 노력하는 모습을 보였음 • 고쳐야 하는 습관이나 잘못된 버릇에 대해 반복적으로 수정을 요하는 이야기를 듣게 되자 스스로 의식하여 바른 행동으로 교정됨 • 칭찬판과 칭찬나무 스티커판 게시를 통해 학생의 상황이해와 행동 수행이 가능했음 • 월요일마다 열심히 학교 규칙을 공부하여, 학생들이 어린데도 익숙하게 규칙 학습에 참여하는 등 내용 이해도가 높아짐 • 지속적 운영을 통해 학생들이 PBS에 대한 인식이 형성됨 • 학급에서의 약속을 일주일에 한 번씩 상기하며 스스로 실천하는 기회 • PBS 규칙을 익히고 친구들의 행동도 점검해 주며 반복학습이 이루어짐

성베드로학교에서 교사들이 앞의 평가서를 작성하도록 배부할 때에는 구체적인 학생의 예(학생 이름 제시)를 들어 성과를 기술하도록 안내하고 있어, 특정 학생에게 미치는 효과를 보다 상세하게 알 수 있었다. 앞의 〈표 8-11〉을 통하여 성베드로학교의 교사들이 서술적으로 기술한 내용을 가능한 한 그대로 전달하고자 하였는데, 지난 4년간의 긍정적 행동지원 운영평가서를 검토해 보면 실상 연도별로 학생들에게 미치는 긍정적 효과는 대략 유사한 것을 확인할 수 있다.

교사들을 통해 살펴본 지속적인 학교차원 긍정적 행동지원 운영이 학생들에게 미치는 효과는 〈표 8-12〉와 같이 몇 가지 측면으로 정리되어, 이러한 내용을 [그림 8-8]의 내용과 같이 분석하는 것이 가능해진다. 즉, 긍정적 행동지원 학교 규칙을 수립하고 학생들에게 강조하여 학급차원으로 혹은 개별 규칙으로서 꾸준한 지도와 함께 지속적인 강화를 제공하면 학생들이 바른 행동에 대한 기준을 갖게 되고 동기가 높아져 바른 행동 수행을 위한 노력을 하게 된다. 아울러 학생들이 바른 행동을 수행한 이후에 교사와 부모의 칭찬뿐 아니라 학교에서 준비한 다양한 강화물을 계속 받을 수 있어 이 행동이 유지될 가능성이 높다고 볼 수 있다.

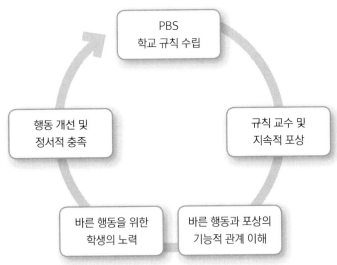

[그림 8-8] 성베드로학교차원 긍정적 행동지원 참여 학생 행동 변화 도식

❋<표 8-12> 성베드로학교차원 긍정적 행동지원 운영평가서(학교 제작)

2013 성베드로학교차원 PBS 평가

교사 성명:

질문 내용		평가(인원)			
		매우 그렇다	그렇다	별로 그렇지 않다	전혀 그렇지 않다
PBS 강화체계 운영(자기 점검)					
1	학급별 칭찬판: 수업참여행동을 매 교과 수업시간별로 최대한 운영하였습니까?				
2	학생별 칭찬나무: 개별학습 목표를 적절하게 수립하고 운영하였습니까?				
3	일일 강화물을 정해진 규칙대로 부여하였습니까?				
4	학급별 기록부를 매일/매주 작성하였습니까?				
PBS 체계 이해 및 운영					
5	성베드로 PBS 지원팀 운영(T1, T2, T3)이 효율적이며 합리적이었습니까?				
6	1학기 PBS 운영은 전반적으로 잘 이루어졌습니까?				
7	PBS 방식과 이념에 대하여 충분히 이해하고 계십니까?				
8	학생들의 생활 및 문제행동 지도를 위해 PBS 방식이 적절하다고 느끼십니까?				

• 1년 동안 운영된 학교차원 PBS가 학급 학생들에게 미친 긍정적 측면을 기술해 주세요(구체적인 학생 사례를 들어주셔도 좋습니다).

• 학교차원 PBS가 선생님에게 미친 긍정적 측면을 구체적으로 기술해 주세요(학생 이해, 학생 생활지도 등).

• 그 밖에 2학기의 학교차원 PBS 운영 개선을 위해 도움이 될 만한 사항을 적어 주세요.

📖 2. 교사에게 미친 영향

1) 양적 평가

(1) 교사효능감(2013년)

최근 들어 더욱 심해진 장애학생들의 문제행동 수준으로 인해 학생들을 대하는 특수교사들의 자존감이 저하되고 있다는 인식이 팽배하다. 이에 성베드로학교차원 긍정적 행동지원의 운영이 교사효능감 향상에 도움이 되는지 알아보고자 하였다. 교사효능감이란 교사 자신이 학생의 성취에 영향을 미칠 수 있는 자신의 능력에 대한 자기 판단을 말한다(Tschannen-Moran, Hoy, 1998). 효능감이 높은 교사들은 어려운 상황에서도 더 도전적 목표를 세우고 동료나 학부모와 더 협력적이다. 또한 학생의 성과에 대해 더 많은 책임감을 가지고 있으며 새로운 프로그램을 실행할 가능성이 더 크다(Allinder, 1995; Skaalvik & Skaalvik, 2007).

성베드로학교에서의 학교차원 긍정적 행동지원이 교사효능감 향상에 도움되는지 알아보기 위해 사용한 도구는 Tschannen-Moran, Hoy(2001)가 개발한 것을 김유정(2005)과 김용수(2012)가 재수정한 척도였다. 이 도구는 최근 긍정적 행동지원 실행 학교 교사들의 교사효능감을 조사한 연구들에서 사용되고 있으며(손유니, 2015), 교수 전략 효능감, 학급 관리 효능감, 학습 지원 효능감의 3개 요인마다 각 8문항씩 총 24개 문항으로 구성되어 있다. Tschannen 등(2001)은 9점 척도로 개발했으나 김용수(2012)는 5점 척도로 수정하였는데, 김용수가 산출한 신뢰도 지수를 살펴보면 전체 신뢰도는 .96, 교수 전략 효능감은 .90, 학급 관리 효능감은 .92, 학습 지원 효능감은 .89였다(교사효능감 척도는 〈부록 3 도구 모음〉 참조).

✳ <표 8-13> 성베드로학교차원 긍정적 행동지원 참여교사의 교사효능감 두 종속표본 t검정 결과

	사전 교사효능감	사후 교사효능감
평균	3.03	4.27
표준편차	0.56	0.62
사례 수	16	16
t	−5.77	
유의확률	0.000	

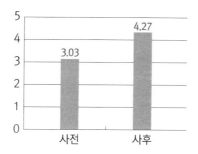

[그림 8-9] 2013년 긍정적 행동지원 참여에 따른 성베드로학교 교사들의 교사효능감 변화

〈표 8-13〉과 [그림 8-9]의 결과와 같이 성베드로학교에서 2013년에 학교차원 긍정적 행동지원을 운영하기 전 프로그램 참여 교사 대상으로 실시한 문제행동 관리에 대한 교사효능감 검사 점수 평균은 5점 척도 중위 점수인 3.03이었고 표준 편차는 0.56이었으며, 사후 교사효능감 점수 평균은 4.27, 표준편차는 0.62였다. 그리고 사전 교사효능감과 사후 교사효능감의 차이에 대한 통계적 유의성을 검정한 결과 t통계값은 −5.77, 유의확률은 .000으로서 유의수준 .01에서 학교차원 긍정적 행동지원 참여에 따른 교사들의 문제행동 관리에 대한 교사효능감 수준의 사전과 사후 결과에 차이가 있는 것으로 분석되었다. 즉, 2013년에 학교차원 긍정적 행동지원에 참여한 교사들의 문제행동 관리에 대한 교사효능감이 통계적으로 유의한 정도로 상승하였으며, 이는 성베드로학교차원 긍정적 행동지원이 참여 교사들의 문제행동 관리에 대한 교사효능감 향상에 긍정적 영향을 미쳤음을 의미한다.

(2) 학급관리기술(2014년)

2014년에는 성베드로학교차원 긍정적 행동지원이 참여 교사들의 학급관리기술에 미치는 효과를 알아보고자 하였다. 학급관리기술(classroom management)이란 교실에서 발생하는 문제를 해결하기 위해 교사들이 사용하는 행동이나 전략(Doyle, 1986)을 말하며 교수 시간 최대화, 학생의 학업참여와 성취를 최대화하기 위한 교수 활동, 예방적인 행동관리 실제로 구성된다(Sugai, Horner, 2002). 성베드로학교에서는 Sugai와 Colvin(2004)이 개발한 것을 Sandy Washburn(2010)이 수정하고 다시 우리나라의 특수학교에서 사용하기 위해 손유니(2015)가 손을 본 학급관리기술 척도(Self Assessment of Classroom Management Tool: SACM)를 사용했다(학급관리기술 척도는 〈부록 3 도구 모음〉 참조). 이 척도는 교사들의 학급관리기술 개선을 돕기 위한 도구로 개발되었으며 증거 기반 학급관리 전략에서 이끌어 낸 열 가지 실제를 중심으로 35개의 질문으로 되어 있는데, 특수학교 상황(예: 학급 학생 10명 이내)에 맞지 않는 3개 문항을 제외하였다. 학급관리기술검사는 각 문항의 질문 내용을 어느 정도 충실하게 실행했는지에 따라 4점 척도로 평정되며 미실행의 경우 0, 지속적 실행이 이루어지지 않는 경우 1, 계획하고 실행해 보았지만 끝까지 수행하기 어려웠다면 2, 끝까지 실행하고 점검과 개선이 이루어지는 경우 3점을 부여한다.

✽〈표 8-14〉 2014년 학교차원 긍정적 행동지원 참여교사의 학급관리기술 두 종속표본 t검정 결과

	사전 학급관리기술	사후 학급관리기술
평균	67.49	84.24
표준편차	16.12	7.98
사례 수	37	37
t	−6.19	
유의확률	0.000	

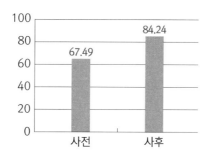

[그림 8-10] 2014년 긍정적 행동지원 참여에 따른 성베드로학교 교사들의 학급관리기술 변화

〈표 8-14〉와 [그림 8-10]에서 보여 주는 바와 같이 성베드로학교에서 2014년에 학교차원 긍정적 행동지원을 운영하기 전 프로그램 참여 교사 대상으로 실시한 문제행동 관리에 대한 학급관리기술 검사 점수 평균은 67.49점이었고 표준편차는 16.12이었으며, 사후 학급관리기술 점수 평균은 84.24, 표준편차는 7.98였다. 그리고 사전 학급관리기술과 사후 학급관리기술의 차이에 대한 통계적 유의성을 검정한 결과 t통계값은 -6.19, 유의확률은 .000으로서 유의수준 .01에서 학교차원 긍정적 행동지원 참여에 따른 교사들의 학급관리기술의 사전과 사후 결과에 차이가 있는 것으로 분석되었다. 즉, 2014년에 학교차원 긍정적 행동지원에 참여한 교사들의 학급관리기술이 통계적으로 유의한 정도로 상승했으며, 이는 성베드로학교차원 긍정적 행동지원이 참여 교사들의 학급관리기술 향상에 긍정적 영향을 미쳤음을 의미한다.

2) 서술평가

앞의 〈표 8-12〉와 같은 평가서 결과를 기초로 성베드로학교의 교사들이 자신에게 미친 학교차원 긍정적 행동지원의 긍정적 측면과 개선 요구사항을 서술하고자 한다.

✳ <표 8-15> 학교차원 PBS가 교사에게 미친 긍정적 측면(2015년도 PBS 운영평가서 중)

구분	교사 서술 내용
학생 이해	• 학생에 대해 다각도에서 이해하려는 노력을 하게 됨 • 학생들의 심리 파악을 더욱 심도 있게 할 수 있었음 • 매 수업 시마다 학생 행동을 자세히 들여다보고 평가하는 데 도움이 됨 • 학생들을 좀 더 관심 있게 관찰하고 이해하려고 노력하게 되었음 • 좀 더 세심하게 학생들을 이해하려고 노력하고 지도하게 됨
긍정적 방법 사용의 계기	• 매 시간 학생 행동을 평가하고 칭찬하면서 내 수업에 대해 돌아보고 자기평가를 하는 기회가 되었음 • 학생들의 작은 변화에 민감하게 반응하고, 긍정적 면을 먼저 찾게 됨 • 교사 칭찬과 미리 계획하여 긍정적 반응을 이끌어 내는 경우가 늘어남 • 의식적으로 칭찬을 하게 되고 부드러운 말투를 사용하게 되었음 • 일일 강화물을 융통성 있게 활용하여 산타교사가 됨(6교시 후에 비타민을 주어야 하지만 간헐적으로 일과 중에도 비타민을 주었음) • 학생들을 긍정적으로 바라볼 수 있는 시선을 갖게 됨 • 학생지도 시 긍정적 방향을 더 먼저 생각하게 됨 • 학생들에게 말하기 전 한 번 더 생각해 보고 말하여 침착해지고, 긍정적으로 말하려 하니 학생들 반응이 긍정적(교사로서 만족감 증대) • 학생지도 시 보다 긍정적 방법으로 접근했음 • 학생들에게 긍정적인 피드백을 하려고 노력하게 됨
생활지도 내용 및 방법론으로 수용	• 칭찬판, 칭찬나무를 활용하여 생활습관지도 및 학교 규칙을 매일 확인, 규칙적으로 지도할 수 있었음 • 학생들에게 가장 필요한 생활 기술을 선정하고 목표 달성을 위해 꾸준하게 유지할 수 있었음 • 적절한 학생지도(강화, 피드백)에 대해 순간순간 스스로 점검하게 됨 • 규칙을 명확하게 규정함으로써 생활지도에 많은 도움이 되었음 • 학생 생활지도를 더 구체적으로 계획할 수 있었음 • 매주 월요일 정해진 시간에 학생들의 생활지도를 더 집중적으로 수행함 • 칭찬판을 통해 학생들의 생활지도에 많은 도움이 되었음 • 생활지도 시 개인별 목표를 주기적으로 점검할 수 있는 계기가 됨 • 목표 도달을 위해 더 적극적인 생활지도를 하게 됨 • 학급 학생들에게 현재 필요한 행동 목표를 알고 신경 써서 지도하게 됨 • 칭찬나무를 IEP와 연계, 학생이 목표행동을 수행하도록 교사가 자주 기억하고 지도, 방법을 제시함 • 학생들의 PBS 목표를 기억하여 지도할 수 있는 기회가 됨 • IEP 교수에 도움을 받음 • IEP 목표와 직접 연결되어 좋았음

문제행동 지도에 도움	• 문제행동을 주시하고 해결책을 마련하려는 태도가 향상되었음 • 문제행동에 대해 긍정적 교수법으로 접근 가능 • 학생 개별 문제행동 상황의 전반적 배경을 확인, 비교적 정확히 파악하고 이해하는 효과가 있음
전체 교사 생활지도체계 통일	• 교직원 간 지도상 일치를 통해 효과를 극대화함 • 학생과 교사의 상호 이해 및 의사소통에서도 도움이 되었음

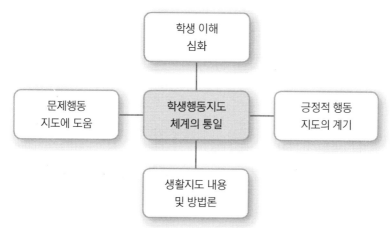

[그림 8-11] 성베드로학교차원 긍정적 행동지원 참여 교사에 미치는 긍정적 영향

[그림 8-11]은 〈표 8-15〉의 내용을 도표화한 것이다. 이 내용에서 제시하는 바와 같이 학교차원 긍정적 행동지원은 학생뿐 아니라 참여 교사들에게도 많은 이점을 주고 있음을 확인할 수 있다. 즉, 학교차원 긍정적 행동지원 체계를 도입하여 운영한다는 것은 교사들이 동일한 학생 생활 및 행동지도 체계를 사용하는 계기를 마련하여 행동지도의 효율성과 합리성을 높일 뿐 아니라, 학생에 대한 이해를 심화시키고 교사들이 학생들에게 긍정적 방식의 접근을 사용하도록 하는 계기가 된다. 또한 긍정적 행동지원이 학생 생활지도의 구체적인 내용 및 방법으로서 작용하며 문제행동 지도를 위한 실제적이고 효율적인 방법론을 제공한다는 커다란 이점을 제공하고 있다.

부록

◆ 궁금한 이야기(Q&A)
◆ 서식 모음
◆ 도구 모음

부록 1

궁금한 이야기
(Q&A)

📖 1. 학교 전체의 체제 수립 관련

[TIP1] 구성원 의견 조사는 꼭 필요한가요? 그리고 80%를 넘어야 하나요?

학교차원 긍정적 행동지원을 운영하려면 구성원 중 80% 이상의 동의를 구해야 한다고 알려져 있다. 일회성 프로그램에 그치지 않고 사업을 지속적으로 추진하기 위해서는 상당수 구성원의 동의가 이루어진다 하여도 결코 쉬운 일이 아니기 때문이다. 따라서 구성원들의 배타적인 인식과 태도 등 학교 문화와 분위기를 변화시키기 위한 시간을 가진 후 서서히 학교차원 긍정적 행동지원을 도입하는 것을 권장하고 있다.

그러나 사실 성베드로학교는 체계적인 동의 절차를 거쳐 긍정적 행동지원 운영을 시작한 것이 아니라 암묵적으로 혹은 구두로 동의를 구하고 '학교 특색사업'으로서 도입했었다. 설득할 시간이 충분하더라도 '일거리가 늘어나는 것'이라는 구성원들의 사고방식을 바꾸는 것은 언제든 쉽지 않다. 갑작스럽든 어떻든 계기가 필요하다!

[TIP2] 구성원 의견 조사를 하지 않거나 합의 과정을 거치지 않고 학교차원 긍정적 행동지원을 시작할 경우 예상되는 어려움은 무엇이 있을까요?

성베드로학교가 구성원들의 정확한 의견 조사와 확인 절차를 거친 후 긍정적 행동지원 사업을 시작하지 않았다는 사실은 운영에 있어 어려운 상황에 부딪힐 때마다 혹 그 때문에 야기되는 문제가 아닌가 돌이켜 반추하게 되는 빌미를 제공하고 있다. 하지만 다시금 의견을 물을 수도 없어 서울시교육청이 예산과 교수적 자문을 제공하는 학교 특색사업의 위치를 2013~2014년간 유지하였다. 2014년 말, 교육청의 지원 종료를 앞두고 실시된 긍정적 행동지원 운영평가와 학교교육활동 자체평가를 통해 교사들에게 의견을 물었을 때, 상당수의 교사들이 '교육청의 지원 없이 성베드로학교차원 긍정적 행동지원 사업 운영을 계속하는 것에 동의' 하는 의견을 피력하였다. 4년을 경과한 성베드로학교차원 긍정적 행동지원은 관리자 의지에 따라 2017년도에는 '중점사업'의 지위를 가지게 되었다.

TIP3 리더십팀 교사들을 선정하는 데 어떤 조건이 있을까요?

현재 성베드로학교는 학교차원 긍정적 행동지원 운영 5년차이므로 업무 추진을 위해서 투입해야 하는 고유 시간에 대한 개념이 생겼다. 2016년 초 리더십팀을 구성하면서 긍정적 행동지원 총괄 교사는 리더십팀 교사(초저, 초고, 중, 고 네 가지 과정별 2명) 선발의 조건으로 ① 전년도 활동 교사, ② 자원 교사, ③ 리더십팀 미활동 교사라는 조건을 제시했다. 누구나 자원하여 활동이 가능하며, 만일 원하는 교사가 없는 경우 이전에 리더십팀 활동 경험이 없는 교사가 참여하기로 한 것이다. 이런 조건을 가지게 된 데는 몇 가지 이유가 있다.

우선 전년도에 활동한 교사가 올해 또 리더십팀 업무를 맡고자 한다면 '열정이 많은 교사'일 가능성이 높으며 자원하는 교사 또한 마찬가지다. 하지만 만일 ①, ② 조건의 교사로 리더십팀 인원이 채워지지 않는 경우 이제까지 리더십팀으로 활동하지 않았던 교사를 포함하고자 한다. 동료들의 노고 덕분에 긍정적 행동지원 운영이 가능했으므로 이번에는 미참여 교사의 수고를 요한다는 합의가 이루어졌기 때문이다.

TIP4 행동지원실에 위기 상황의 학생을 데려가는(에스코트)하는 특별한 방법이 있나요?

폭발행동을 보이는 상황의 장애학생을 행동지원실까지 데려가는 것(에스코트)은 성인 1~2명이 동원되더라도 절대 쉬운 일이 아니다. "행동지원실에 데려가는 것이 상당히 어렵다. 일단 데려갈 수 있다면 문제가 절반은 해결된 것이 아닌가?"라며 에스코트 방법을 묻는 이가 많다. 이 경우 "성인 2명이 각각 학생의 양쪽 겨드랑이를 낀 채 앞으로 전진한다. 학생은 (반대 방향으로) 비스듬하게 드러누운 자세로 이끌려 가는 방식으로 진행한다. 행동지원실로 에스코트하기 시작하는 것부터 위기관리 절차라고 볼 수 있다."라고 답할 수 있다.

TIP5 학교차원 긍정적 행동지원 운영을 위해 관리자의 협력은 어느 정도 중요한가요?

학교차원 긍정적 행동지원 관련 문헌을 살펴보면 관리자의 협력과 의지는 성공적 운영과 실패의 이유로 동시에 거론된다. 즉, 학교차원 긍정적 행동지원 운영을 위해 관리자의 협력은 필요조건으로 작용하여 관리자가 열정적 의지와 성의를 가지고 있을 때 성공적 운영의 가능성이 높아진다. 반대로 관리자의 학교차원 긍정적 행동지원 실행에 대한 의지가 없을 때에는 운영 자체가 불가능하거나 사기를 낮추는 부정적 요인으로 작용한다.

성베드로학교 관리자의 경우 긍정적 행동지원 도입에 적극적 의사를 보이고 운영에 적극 협력해 왔다. 매주, 혹은 2주마다 규칙 준수 학생을 포상하는 일을 4년째 적극 추진하고 있으며, 리더십팀의 결정으로서 교사 강화를 요청했을 때 요구한 사항보다 더 진전된 결정을 해 주었다(예: 교사 포상 조퇴권 부여). 아울러 교외에서 손님이 방문한 경우에는 학교의 자랑거리로서 긍정적 행동지원 운영을 소개하고 있으며, 학교장 스스로 평소에 성베드로학교 재학생들의 개별적 행동을 기억하고 점검해 주곤 한다. 이는 학교장 스스로도 학교차원 긍정적 행동지원이 운영 학생과 교사, 그리고 학교와 학부모를 위해 매우 유익한 사업이라는 사실에 강화를 받고 있기 때문이라고 본다.

 ## 2. 보편적 지원의 운영

TIP1 학교차원 긍정적 행동지원 운영을 위한 외부 자원은 언제 종료될 수 있나요?

외국에서는 일선 학교가 주도적으로 학교차원 긍정적 행동지원을 운영해 나가기보다 교육청이나 긍정적 행동지원 전문 지원 기관(OSEP Center on PBIS 등), 대학의 지원단 등 학교 외부 전문가 집단의 자문을 수용하여 진행되는 경우가 많다. 이러한 외부로부터의 지원 인력은 긍정적 행동지원 운영 초기에 집중적 도움을 제공하지만 점차 학교 자체의 능력과 문화로서 긍정적 행동지원이 운영되고 지원을 종료해야 하기에, 학교 내부에서 일정 인원의 선도적 그룹 구성원(예: 리더십팀 교사)들이 성장해야 한다.

TIP2 우리나라의 학교차원 긍정적 행동지원 운영 상황은 어떠한가요?

우리나라는 일선 학교가 학교차원 긍정적 행동지원의 운영을 결정한다 해도 행정적 · 특수교육적 도움을 줄 수 있는 지방자치단체별 과정 혹은 체계가 개발되어 있지 않은 경우가 대부분이다.

하지만 서울시교육청에서는 2012학년도 이후 전문가 집단(예: 대학교수, 치료교육 전문가)과 학교차원 긍정적 행동지원 운영을 지원할 특수교사들로 교육청 소속 '긍정적 행동지원단'을 구성하여 학교차원 긍정적 행동지원 운영을 지원하고 있다. 2013년부터 서울시 관내 특수학교에 '긍정적 행동지원단' 운영 학교를 연 2개교씩 선정하고 교육청 소속 '긍정적 행동지원단'이 학교차원 긍정적 행동지원의 시작과 운영을 돕고 있다. 즉, 우리나라에는 국가 단위로 긍정적 행동지원만을 전문적으로 지원하는 기관(예: 미국의 OSEP Center on PBIS)이 아직까지 없고, 현직을 별도로 가진 소수의 전문가 집단과 긍정적 행동지원을 운영하는 특수학교 교사들로 구성된 특수학교팀 교사 집단의 열정에 의존하고 있는 상황이어서, 계속적 확장과 충분한 지원을 제공하기 위한 체제가 매우 부족한 실정이었다. 그러나 2017년도에 교육부에서 특별교부금으로 예산지원이 이루어져, 전국적으로 특수학교차원 긍정적 행동지원 운영이 확산 일로에 있다.

TIP3 학교차원 긍정적 행동지원의 '보편적 지원' 운영 실태는 학교마다 같은가요?

학교차원 긍정적 행동지원의 운영 사항이 교육청이나 대학 등 지원단의 자문에 의해 큰 틀이 결정되는 것이 일반적이기는 하더라도, 실제 운영 실태는 그 학교가 가지고 있는 분위기나 문화 등에 의해 큰 차이를 보인다. 그리고 기본적으로 동일한 내용으로 같은 강사에게 교사연수를 수강하더라도 해당 학교의 독특한 문화적 요소(예: 관리자 특성, 학교의 사회 · 경제적 위치, 교사 및 교직원 인적 구성 등)에 따라 매우 다양한 모습으로 발전하게 된다. 즉, 교육청 자문단이나 컨설팅장학 등을 통한 제안을 정시 · 수시 자문, 교사연수 등의 방식으로 수용한다 할지라도, 보편적 지원의 구체적 운영 내용은 큰 틀부터 세부 사항에 이르기까지 결국에는 학교 자체의 역량과 구성원의 열정 및 구체적 결정 사항에 따라 다양하고 개성 있게 이루어지게 된다.

TIP4 리더십팀 교사 교육은 어떻게 받을 수 있을까요?

리더십팀 교사들은 학교차원 긍정적 행동지원 운영에서 중추적 역할을 담당해야 하기에 동료 교사들보다 심화된 관련 지식 및 소양이 필요하다. 2013년에 학교차원 긍정적 행동지원을 시작한 성베드로학교는 리더십팀 대상 연수를 받지 못한 채 시작해야 했지만, 서울시교육청 특수학교팀 긍정적 행동지원단에서는 2015년부터 학교차원 긍정적 행동지원 도입이 결정된 특수학교의 리더십팀 교사들을 대상으로 학교차원 긍정적 행동지원 운영을 위해 필수적인 사항에 대한 단기 '전문성 향상 연수'를 실시하고 있다(1회기: 리더십팀 역할 및 규칙 개발, 2회기: 학교 규칙 결정, 3회기: 규칙 교수, 4회기: 강화, 교정 전략 및 위기관리계획, 5회기: 자료 기반 의사결정).

우리나라에서도 리더십팀 대상의 12회기 교육프로그램이 이미 개발되어 있으며(손유니, 2015), 학교차원 긍정적 행동지원의 운영은 서두르기보다는 차근차근 진행되는 것이 바람직하다. 따라서 학교차원 긍정적 행동지원 운영을 계획한 학교의 리더십팀은 최소한 4~5회기 정도의 위와 같은 교육을 거치는 것이 좋을 것이다. 리더십팀 및 학교차원 긍정적 행동지원에 관한 심화된 지식을 제공하는 전문성 향상 연수가 시도 교육청 혹은 국립특수교육원 수준에서 꾸준히 제공되고 있다.

TIP5 긍정적 행동지원 학교 규칙 지도를 위해 어떤 노력이 필요한가요?

학교차원 긍정적 행동지원 운영 첫 해에는 리더십팀에서 교수 자료를 제작하여 학급별로 배부하는 일을 실행하면 모든 교사가 열심히 학교 규칙을 교수할 것으로 생각했다. 하지만 시간이 경과하면서 긍정적 행동지원 규칙 교수 상황을 살펴보았을 때, 학급별 편차가 매우 컸다. 긍정적 행동지원 학교 규칙을 결정한 이후에는 누가, 언제, 어디서, 어떻게 지도할 지 세부사항을 정하여 이행하는 것이 중요하다. 그리고 리더십팀이 교수 자료를 배부한다고 하여도 교사들이 학생들에게 교수 규칙을 지도하기 위해서는 별도의 교수 계획과 학습지, 교수학습과정안 등 각 교사들의 세부적인 준비가 필요하다.

[TIP6] 긍정적 행동지원 학교 규칙 지도를 위해 유의할 점 혹은 좋은 방법이 있을까요?

긍정적 행동지원 학교 규칙 지도에 있어 꼭 기억해야 할 사항은 학교 규칙도 다른 모든 학습 내용처럼 실제로 '가르쳐야 한다'는 점이다. 예를 들어, 학생들이 '점심식사 후 바른 방법으로 식판 정리하기'를 학습하기에 가장 적합한 장소는 바로 식당이다. 식판 반납구 앞에서 줄을 선 후 식사 도구와 식판을 정해진 위치에 놓고 사용한 냅킨을 휴지통에 버리며, 남은 음식을 모아 잔반통에 버리는 일련의 행동을 배우기 위해서는 실제 사용되는 식기를 사용하여 전진형 행동형성 방법, 혹은 최소촉진의 방법으로 지도하는 것이 적절하다. 또한 교사가 바른 행동 방법을 구체적으로 제시하는 직접교수 방법을 사용하고 학생들은 급우들의 수행을 관찰하고 모델링하며, 그 결과에 따라 강화해 주는 방법을 추천할 수 있다. 그리고 실제 장소에서 실습 전에 교실에서 사전학습으로 시뮬레이션 해 보는 것이 유익할 것이다.

즉, 긍정적 행동지원 학교 규칙(기대행동)과 같은 '규칙의 지도'가 여타 학습 내용과 같이 '직접적으로 지도하여야 한다'는 부분에 대한 인식과 그에 대한 강조, 교수 자료 제작 및 공유, 학생들의 경험을 통한 학습 방법을 권장하고자 하는 지속적인 노력이 필요하다.

[TIP7] 개별화교육계획 목표를 긍정적 행동지원 학교 규칙과 동일하게 운영할 때 얻게 되는 이점은 무엇인가요?

IEP 목표 풀(pool)을 학교 규칙(기대행동)으로 결정할 경우 긍정적 행동지원 실행이 학생별로 요구되는 IEP 목표의 지도 자체가 되므로, 교사들의 노력과 수고가 줄어들고 기존 학교 업무가 별도로 늘어나지 않는 큰 이점이 발견되었다. 또한 IEP 목표를 GAS에 따라 평가하는 과정을 함께 수행하면 IEP 목표 증진을 위해 더욱 노력하게 되고 그에 따라 학생들에 대한 규칙 지도 성과를 높일 수 있는 계기로 작용할 수 있다.

TIP8 실무팀 운영을 위한 유의사항은 무엇인가요?

　실무팀 구성원은 각 부서 부장교사들이므로 학기 초는 물론 각 부서 업무 추진을 위해 늘 바쁜 것이 보통이다. 따라서 업무 총괄 부장교사는 여유 시간을 두고 필요한 업무 내용을 안내하거나 요청하고 중간 중간 체크하는 것이 중요하며, 완료된 업무 사항에 대해 항상 충분한 감사 표시를 하여야 한다. 부장교사 간 업무 협조가 전제되어야 학교차원 긍정적 행동지원 운영에 무리가 없고 힘이 실리므로 특히 평소에 교사 간 대인 관계를 잘 해 두는 것이 무엇보다 중요하다.

TIP9 긍정적 행동지원 강화 규칙과 교정 규칙을 모든 교사가 잘 지키고 있나요?

　규칙 지도 및 강화 규칙에 비해 교정 규칙과 위기관리계획의 교사별 수행 수준에는 차이가 많다. 이는 교사들이 가지고 있는 교육관이나 기존에 적용해 온 교수방법과 행동지도 방법이 다양할 경우에도 규칙 지도와 강화 체계는 비교적 통일된 형태로 관리가 가능하기 때문이다. 성베드로학교에서는 학생들의 잘못된 행동에 대한 교정 규칙을 각 학급에서 교사마다 별도로 적용하고 있어, 정기적으로 충분히 안내하고 숙지하도록 자료를 제공하며 실행 방법에 대한 구체적 내용의 연수를 계속하고 있다. 그러나 이와 같은 수준으로는 교정 규칙 운영이 '권장 사항' 이상이 되기가 쉽지 않아 개선 방안을 모색하고 있다.

TIP10 학생들이 폭발행동을 보이는 경우의 위기관리계획(시스템)이 제대로 작동하기 위해서는 어떤 사항이 필요할까요?

　사실 위기관리 시스템을 마련하는 것은 그다지 어렵지 않다. 그러나 실제 상황이 발생했을 때 그대로 적용하여 지키기 위해서는 구성원의 합의를 통해 합리적인 방식의 시스템을 마련한 후 연습 과정을 통하여 동선과 인원 배치 등에 대한 구체적 조정 과정을 거쳐야 할 것이다. 이후에도 정기적인 연습을 통해 실제 수행을 대비해야 한다. 즉, 최소한 1학기 단위로 안내 및 재(再) 강조를 위한 연수 및 시스템 점검, 연습 과정이 필요하다.

📖 3. 개별 지원 운영

(TIP1) **개별 지원 학생 선정 과정에서 부모들의 수용 태도는 어떠한가요?**

내 자녀가 상당히 심각한 문제행동을 보인다는 것을 인정하고 있는 학부모라 할지라도 개별 지원 수용을 제안하면 거의 모든 경우 상당히 충격을 받거나 놀라는 반응을 보였다. 그러나 지난 5년간 담당자가 개별 지원을 통해 대상학생과 가족에게 가능한 서비스에 대해 충분히 설명했을 때, 개별 지원 선정을 거부한 경우는 한 번도 없었다. 다양한 치료 지원(부모 및 자녀 전문 상담, 감각통합 치료 등)과 멘토활동 등 개별 지원에 대한 실제적 만족도가 매우 높아 프로그램 종료 시점에 이르면 부모들의 수용 태도가 완전히 달라진다. 즉, 자녀의 문제행동에 대해 보다 폭넓은 시각의 집중적 · 전문적 도움의 손길을 경험하게 되어 자녀에게 새로운 가능성을 발견하고, 학교 당국과 프로그램 운영 교사, 서비스 제공자에게도 감사하는 마음을 표현하는 것을 경험할 수 있었다.

(TIP2) **개별 지원 학생 선정 및 운영 과정에서 교사들의 수용 태도는 어떠한가요?**

학급 학생들의 생활 및 행동지도를 전담하는 담임교사는 내 학급 학생들의 행동문제를 타인들이 거론하거나 논의하는 것을 대체로 즐기지 않는다. 우리나라 학교 현장과 교사들의 정서를 감안할 때 이는 생각보다 민감한 문제로서, 교사들이 다소 불편한 속내를 표현하기 쉽다. 그동안 일선학교에서 학급 학생들의 사안이 학교 전체의 문제로 커질 경우, 학생 행동지도나 학부모 대처를 적절하게 하지 못한 개별 교사의 문제로 간주하여 책임을 묻는 분위기가 있었던 것이 사실이기 때문이다. 따라서 사실 학교 및 교사들의 분위기에 따라 개별 지원을 통해 학급 학생의 문제를 표면화하거나, 다양한 개별 지원 서비스 운영을 위한 절차의 번거로움을 가능하면 회피하고자 하는 분위기가 형성될 수 있다.

이러한 교육 현장의 현실을 감안할 때 개별 지원의 필요성과 절차, 효과 등에 대한 이론과 실제에 관하여 보다 적극적으로 안내하고, 개별 지원의 긍정적 성과에 대하여도 강조함으로써 상황에 대한 교사들의 기본 인식을 조정할 필요가 있다. 또한 학생들의 행동문제에 관한 논의를 공론화하는 동시에, 개별 지원 참여가 학생들의 문제행동 개선을 원하는 교사에게도 좋은 경험이 될 수 있다는 측면을 합리적으로 부각시켜야 한다. 학생들의 행동문제를 학교차원의 '절차'로서 접근하는 것은 긍정적 행동지원 운영의 커다란 이점이다.

TIP3 개별 지원 운영을 위한 솔루션 위원회는 어떻게 구성하나요?

사실 지난 4년간 개별 지원 솔루션 위원회는 해마다 상당히 다른 역할과 방법을 수행해 왔다. 학교에 노하우가 전혀 없었던 2013년 첫해에는 성베드로학교에서 개별 지원 선정 학생의 담임교사에게 기능평가 서류 작성과 제출을 요구하여 교육청 지원단에 제공하였고 부모 상담 및 기능평가, 행동지원계획 수립을 모두 서울시교육청 지원단에서 담당했다. 2014년에는 학교 자체로 부모 상담, 학생 행동에 대한 기능평가와 행동지원계획을 수립하였으며, 성베드로학교에서 1차 솔루션위원회를 거친 후 대상 학생에 대한 모든 자료를 가지고 교육청 지원단과 만나 2차 솔루션위원회에서 행동지원계획을 확정하였다. 2015년부터는 성베드로학교에 노하우가 쌓여 자체적으로 솔루션위원회를 개최하고 지원단 자문 사항을 참고하여 최종 솔루션 결과를 도출하고 있다.

TIP4 개별 지원의 효과는 어느 정도 체감할 수 있나요?

개별 지원에 의뢰되는 학생들의 행동문제 역사(history)를 살펴보면 학생 자신의 장애로 인한 문제 외에 가정 사정, 부모의 양육 태도 등과도 관련되어 상당히 오랜 기간 동안 학습된 결과이므로 상황 개선을 위한 방법 모색이 결코 간단하지 않다. 그러나 개별 지원 선정 학생을 위해 담당 교사들과 부모, 솔루션팀 교사, 관리자 및 각 분야 행동지원 전문가 등이 협업을 통해 문제행동을 분석하고 협의하여 '새로운 접근 방법'을 모색·적용했을 때, 이제까지와는 확연히 다른 명백한 효과가 있었다. 예를 들어, 학생의 오래된 문제행동에 대한 가정의 대처 방법이나 자녀에 대한 부모의 인식에 변화를 가져온 것, 교사의 접근 방법에 대해 전문적 조언을 제공하는 것은 실제적인 도움이 된다. 그러나 개별 지원 운영 효과는 학생에 따라 상이하며, 개별 지원 실시가 종료된 후에도 효과를 지속시키기 위한 노력이 보다 중요한 향후 과제로 남아 있다.

> **TIP5** 대학생 멘토 관리는 어떻게 하는 것이 효율적인가요?
>
> 개별 지원 예산의 큰 비중을 차지하는 멘토활동 운영이 잘 이루어지기 위해서는 멘토 관리가 중요하다. 하지만 실제로 매 회기마다 필요한 활동을 정하고 충실하게 운영해 나갈 수 있는 역량을 갖도록 지원하고 관리하는 것은 쉽지 않은 일로서, 담당자의 업무 부담 또한 상당히 크다. 이러한 상황을 수차례 경험한 성베드로학교에서는 2016년의 경우 멘토 일지 외에 학생생활부 개별 지원 담당 교사와 담당 부장 및 긍정적 행동지원 총괄부장이 참여하는 스마트폰 채팅방을 개별 지원 멘토별로 개설하였다. 그리고 멘토들로 하여금 여기에 매 회기 활동 시작과 종료, 그 외 특기사항에 대해 상시 알리도록 하고 채팅 참여 교사들이 격려와 행동지도 사항을 조언하는 체제를 운영하여 담당교사의 업무 부담을 줄이는 한편, 멘토 입장에서는 활동 점검과 수시 피드백을 받도록 하고 있다.

 4. 성과

> **TIP1** 긍정적 행동지원 운영 성과 파악을 위한 수업참여행동 동영상 촬영 시점은 언제가 좋을까요?
>
> 2013년과 2014년 두 해에 걸쳐 행해진 수업 참여 장면 동영상 촬영은 보편적 지원 운영을 시작하기 전인 4월 말과 운영 하반기인 11월 말에 두 차례 실시되었다. 긍정적 행동지원 운영 이전인 4월에 수업 장면을 촬영하는 것은 프로그램이 학생들에게 영향을 미치기 전의 자료를 얻기 위함이며, 1년간의 활동을 종료하기 직전인 11월 말 촬영은 프로그램이 충분히 영향을 미친 후의 수업 참여 모습을 파악하기 위함이다.

TIP2 수업참여행동 동영상 촬영 시의 유의점은 무엇일까요?

동영상을 목적에 맞게 잘 찍고 자료를 분석하기 위해서는 처음부터 유의사항을 잘 지켜 촬영하는 것이 중요하다. 성베드로학교의 경우 2013년도의 촬영 경험을 바탕으로 교육청 지원단 전문가에게 동영상 촬영 시의 유의사항에 대해 추가 정보를 얻은 후 다음과 같은 유의사항 내용을 적극 홍보했다.

순	구분	요구 사항
1	비디오 설치	– 교실 앞쪽 구석(예: 교사 책상 책꽂이 상단) – 촬영 전 화면에 모든 학생이 다 나오는지, 교사의 동선상 화면을 가릴 염려는 없는지 확인 요망 – 학생 수가 많아 화면에 모든 학생이 나오지 못한다면 기기 2대 설치 고려 – 문제행동이 심한 몇몇 학생이 아닌 전체 학생 촬영 요구
2	촬영 소요시간	– 중단 없이 1시간 수업(40분: 최소 20분 이상)을 이어서 촬영
3	촬영 시간	– 사전검사 시간과 되도록 같은 시간에 촬영할 것(예: 미술교과 교사 담당 월요일 3교시 촬영 경우 이번에도 같은 시간에 할 것. 여의치 않다면 적어도 동일 교사 담당 시간에 촬영 요망)
4	학생 구분	– 영상 제출 시, 학생들의 이름과 인상착의(옷의 모양 등) 등을 적은 학생식별표 제출(예: 학생을 모르는 사람이 비디오를 보았을 때 '저 학생 이름이 ○○구나'라고 확인할 수 있을 정도, 비디오 화면에 나타난 순서대로 정리)
5	기타	– 학생들의 '수업참여행동'을 분석하는 것이 목적이므로 개별학습 촬영 ✕ , 간식 먹기 ✕

그리고 아울러 분석자가 동영상 자료에서 학생들을 잘 식별할 수 있도록 다음과 같은 서식을 완성해서 USB에 담은 동영상 자료와 함께 전달해서 분석을 의뢰했다.

순	복장, 인상착의(학생 식별이 가능하게 적어 주세요)	이름
1	스포츠 머리, 흰 바탕 검정 줄무늬 티셔츠, 청색 바지 착용	김○○(가명)
2	머리 하나로 묶음, 안경 씀, 진분홍색 맨투맨 티셔츠, 청바지	이○○(가명)

TIP3 학교차원 긍정적 행동지원 운영의 긍정적 측면 외에 문제가 되는 점은 없을까요?

'학교 전체 교사 및 교직원들이 학생 지도를 위해 요구되는 규칙을 결정하고 지속적으로 교수함으로써 학생은 물론 자신의 긍정적 변화를 이끌어 내는 일'을 학교차원 긍정적 행동지원이라고 일컬을 때, 부정적 측면이 있을 수 없다. 그러나 학교 전체 교직원의 합의와 협력을 이끌어 내고 이를 지속하는 일이 힘이 드는 것은 분명한 사실이다. 따라서 효과가 명백한 학교차원 긍정적 행동지원의 효과적인 운영과 지속을 위해서는 다양한 측면에서의 지속적인 강화 방안 마련이 꼭 필요하다(예: 관리자의 의지 및 지원, 운영 교사 강화방안, 행정적 지원 등).

5. 운영 예산 관련

2013년(학교차원 긍정적 행동지원 1차년도)
예산 집행 결과(전액 서울시교육청 교부금)

사업명	교부 총액(원)	집행액(원)	집행잔액(원)	비고
2013 긍정적 행동지원단	23,800,000	23,800,000	-	

순	항목	세부 내역	소계
1	진행경비	• 강화물품 구입(스티커, 필기도구, 문구세트, 생활용품, 상장, 비타민 외) • 학교 규칙판 설치: 칭찬판, 포상판, 코너판 등 제작 • 배너 제작 설치 • TRF(아동, 청소년 행동평가 척도 교사용) 검사 실시 • PBS 수업참여 행동 영상촬영 메모리(USB) 구입	7,495,090
2	운영수당	• 전체교사 연수(감각통합 이론과 실제) • 개별 지원 담임교사 연수(개별화 행동지원계획) • 각종 자문 수당 • 멘토 수당: 4명(남: 3명, 여: 1명, 2013년 7월~2014년 1월) • 수업참여행동 동영상 결과 분석 2회(1학기, 2학기)	11,731,200
3	출장여비 및 교통비	• 강화물품 구입 교통비 • 출장 여비	111,000
4	치료지원비	• 감각통합(○○연구소장) 진단 및 협력치료 • 성교육(○○성폭력상담소장) 상담 • 보완대체 의사소통(AAC) 진단 및 상담 • 학부모 상담	2,040,000
5	협의회 및 회의 준비비	• 회의물품 구입 • 협의회(T1, T2, T3) • 개별 지원 대상학생 학부모 간담회 • 개별 지원 대상학생 담임교사 간담회 • 개별 지원 대상학생 담임교사 및 지원단 협의회 • 전체 교직원 협의회 • 특수교육보조원 대상 협의회 • 개별 지원 멘토학생 간담회 • 개별 지원 대상학생 학부모 간담회 • 사업 운영 결과 보고회	2,422,710
	총계		23,800,000

2016년(학교차원 긍정적 행동지원 4차년도)
수립 예산(성베드로학교+교육부 특별 교부금)

사업명	구분	예산액	비고
2016 장애학생 문제행동 중재 프로그램	성베드로학교 예산	5,150,000원	–
	교육부 지원 예산	9,800,000원	–
총액		14,950,000원	

순	항목	학교		교육부	
		세부 내역	예산액(원)	세부내역	예산액(원)
1	운영수당	연수비	600,000	–	–
2	보편적 지원	강화물품 및 사무용품	3,000,000	강화물품 및 설비비	1,200,000
3	소집단 지원	자치회운영	500,000	자치회 물품 구입, 캠프활동 지원 등	1,500,000
4	개별 지원	개별 지원 운영 평가	400,000	자문, 멘토활동, 치료지원 등	6,300,000
5	협의회 및 회의 준비	T2, T3 평가회	650,000	T1 평가회, T2 월례협의회	700,000
6	출장여비 및 교통비	–	–	출장여비, 교통비	100,000
합계		5,150,000(34.4%)		9,800,000(65.6%)	
		14,950,000(100%)			

TIP1 학교차원 긍정적 행동지원 운영을 위해 필요한 전체 예산은 어느 정도인가요?

　성베드로학교의 경우를 예로 들어 설명하면 2013, 2014년, 2015년과 2016년의 집행 예산액과 예산 수립 당시 처한 상황이 각각 매우 달랐다. 2013년과 2014년에는 서울시교육청의 긍정적 행동지원단 공모에 선정되어 각각 2,380만 원과 2,000만 원의 운영 예산을 교부받아 학교 예산 없이 전액 목적사업비로 사업을 추진할 수 있었다.

　2015년에는 서울시교육청의 예산 지원이 전혀 없는 채로 교사 합의를 통해 긍정적 행동지원 사업을 계속하여 추진하기로 결정했었다. 당시에는 긍정적 행동지원의 운영을 위한 설비가 모두 갖추어진 상황이어서, 보편적 지원 운영을 위한 400만 원가량의 예산을 수립할 수 있었지만 1,000만 원 정도가 소요되는 개별 지원 예산 수립은 불가능했다(이후 2015년 9월에 교육청 예산으로 3차년도 긍정적 행동지원 운영학교에 200만 원이 추가로 교부됨). 2016년에는 긍정적 행동지원 운영을 위한 학교 예산을 515만 원으로 증액하여 수립했고, 3월 중 교육부의 '문제행동 중재 프로그램' 공모 사업에 지원해서 980만 원을 추가로 수령, 총 1,495만 원으로 학교차원 긍정적 행동지원의 보편적 지원과 개별 지원, 소집단 지원 사업을 추진했다(앞의 2013년도와 2016년도 실제 예산 수립 및 집행 내역서 참고).

TIP2 학교차원 긍정적 행동지원 운영, 특히 극소수의 문제행동을 보이는 학생 대상 개별 지원에 학교 예산이 지나치게 많이 소요되는 데 대한 평가는 어떠한가요? 소요 예산을 절감할 다른 방법은 없을까요?

　학교차원 긍정적 행동지원의 보편적 지원을 실시하기 위해서는 1차년도 운영 초기에 학급별 칭찬판 설치, 전체 포상판, 코너판 그 외 물리적 요건을 마련하기 위한 기본 설비 비용이 필요하다. 그러나 이후에는 성베드로학교와 같은 중간 규모 특수학교의 경우 연간 400만 원 정도의 예산으로 보편적 지원 운영이 가능하다. 하지만 개별 지원 운영을 위해서는 훨씬 큰 금액의 예산이 필요하다. 실제로 성베드로학교는 2013년에 서울시교육청에서 받은 예산 2,380만 원 가운데 1,000만 원 정도가 개별 지원 대상학생 4명을 위해 집행되었으며, 2014년에는 목적사업비 2,000만 원 중 개별 지원 대상학생 3명에게 980만 원이 지출되었다. 즉, 현재 서울특별시와 같이 멘토활동을 포함하는 개별 지원 운영 시스템으로는 1인당 멘토활동 경비가 연간 250~300만 원가량 소요되어 대상 학생 3명의 개별 지원을 위해 1,000만 원 정도의 예산이 요구되는 것이다.

이에 교육청 예산 없이 학교예산만으로 긍정적 행동지원을 운영해야 하는 2015년을 맞으며 2013년에 긍정적 행동지원단 공모에 함께 선정되었던 J특수학교와 성베드로학교는 보편적 지원의 경우 학교 운영비로 충당하며 계속 운영을 결정했지만, 개별 지원에 대한 향후 대책은 서로 달랐다. 공립학교인 서울 J특수학교는 멘토활동과 기타 지원(예: 부모 상담, 성교육 등) 없이 솔루션 회의만을 존속하기로 결정했다. 학생들의 문제행동 기능평가와 행동지원계획안을 수립하고 솔루션 회의를 통해 향후 요구되는 서비스 방향과 대책을 논의한 다음 결정사항을 학부모에게 제안하고 필요한 서비스를 안내하는 방식을 택하여, 개별 지원 서비스의 실제적 운용은 하지 않기로 한 것이다.

성베드로학교의 경우에는 2년간의 경험을 통해 운영 필요성과 만족도가 매우 높은 개별 지원 사업을 '예산' 문제로 인해 포기해야 하는 상황에 이르러, 지속적인 운영 방안을 다각도로 모색한 끝에 서울 A대학교 특수교육과 박○○ 교수의 도움을 받을 수 있었다. 박○○ 교수가 2015년도 2학기 대학원 '정서행동장애 교육' 수업을 수강하는 학생들의 실습 과제로 성베드로학교 학생의 문제행동 기능을 파악하고 주 2회를 지원하도록 팀 과제를 부여한 것이다.

그 결과 성베드로학교는 대상학생 3명의 개별 지원을 포기하지 않은 채 특수교육 전공 대학원생 멘토활동과 박○○ 교수의 지속적이고 전문적인 멘토활동 지도를 받을 수 있었고, 대학원생들은 팀 기반(3명이 한 팀으로 구성) 현장실습을 통한 문제행동 중재라는 값진 체험의 기회를 얻었다. 개별 지원 멘토 대학원생에게는 자원봉사자의 개념을 적용하여, 멘토활동에 소요되는 활동비(월 10만 원 이내)와 최종 평가회에서 다과와 식사만을 제공했다(2016학년도 2학기에는 박○○ 교수의 '가족 지원' 수업을 통해 개별 지원 멘토활동 진행됨).

부록 2
서식 모음

1. 긍정적 행동지원 운영 안내 가정통신문(2016년)

2. 보편적 지원 강화 집계표 예(2016년 엑셀 서식)

3. 성베드로학교차원 긍정적 행동지원 교정 전략(2015년도 개정본)

4. 성베드로학교차원 긍정적 행동지원 위기관리계획(2013년)

5. 행동지원실 입실 기록지(2013년)

6. 개별 지원 대상학생 학부모 상담기록지(2013년~)

7. 개별 지원 대상학생 인적사항표(서울시교육청 제공, 2013년~)

8. 개별 지원 대상자 선정 동의서(서울시교육청 제공, 2013년~)

9. 기능평가 및 행동지원계획 서식(2013년~)

10. 솔루션 협의회 회의록(2015년~)

11. 개별 지원 대상학생 긍정적 행동지원계획서(IEP에 첨부, 2014년~)

12. 긍정적 행동지원 상담/치료 기록지(서울시교육청 제공, 2013년~)

13. 개별 지원 멘토-담임교사 상담 자료: 멘토활동 기초조사서(2015년~)

14. 개별 지원 멘토활동 유의사항/서약서(서울시교육청 제공, 2013년~)

15. 개별 지원 멘토활동 계획표(2014년~)

16. 개별 지원 멘토일지(서울시교육청 제공, 2013년~)

17. 개별 지원 사례 종결 솔루션 협의회 회의록(서울시교육청 제공, 2013년~)

◆ **서식 1: 긍정적 행동지원 운영 안내 가정통신문(2016년)**

밝고 깨끗한 학교, 함께 해서 행복한 학교

www.stpeters.sc.kr

성베드로 교육통신	전교생
	제2016 - 016호
2016학년도 성베드로학교차원 긍정적 행동지원 실시 안내	

　하느님의 크신 은총이 학부모님 가정에 충만하시고, 소망하시는 모든 일이 뜻하신 대로 이루어지길 기원합니다.

　본교는 '성베드로학교차원 긍정적 행동지원(Positive Behavior Support: PBS)'을 재학생들의 생활 및 행동지도 방식으로 정하고 지난 3년간(2013∼2015년) 서울시교육청의 예산 지원 및 교수적 자문을 받아 실시해 온 바 있습니다. 올해에도 재학생들의 바람직한 행동 지도를 위한 4차년도 '성베드로학교차원 긍정적 행동지원' 운영을 위해 더욱 노력하고자 합니다. 학부모님들의 많은 관심과 성원을 부탁드립니다.

― 아래 ―

1. 실시 기간: 2016. 5. 2.(월) ∼ 2016. 12. 9.(금)
2. 대상: 전교생(전공과 제외)
3. 세부 내용

구분	대상	내용	세부 내용	비고
보편적 지원	전교생	학생별 PBS 규칙 지도	• 학생별 PBS 목표 수행 포상	• 매일, 20회 목표 도달 시 상장, 상품 제공
		수업 참여 지도	• 수업에 집중, 과제 수행, 지시 따르기 이행 시 포상	• 매 시간, 매일, 2주간 목표 도달 시 강화 및 상품 제공
소집단 지원	학급별 선발 학생	인성 계발 및 봉사 학습	• 월 1회 학생자치회 운영 • 캠페인 활동 및 봉사 활동	• 적극적·실천적 의미의 봉사 학습 실시
개별 지원	집중적 지원 요구 학생	기능평가 행동지원계획 수립 및 운영	• 행동의 원인과 기능 파악 • 행동지원 방법 협의 및 운영	• 학부모/교사 상담, 서류 검토 • 학생별 솔루션위원회 실시

2016년 4월 25일

성베드로학교장 '직인 생략'

◆ 서식 2: 보편적 지원 강화 집계표 예(2016년 엑셀 서식)

학년반	번호	이름	강화 결과(○월 ○일 ~ ○월 ○일)										1차 소계
			월	화	수	어린이날	임시 공휴일	월	화	수	목	금	
초 ○-○	1												
	2												
	3												
	4												
	5												
	6												
초 ○-○	1												
	2												
	3												
	4												
	5												
	6												
소계													

학년반	번호	이름	강화 결과(○월 ○일 ~ ○월 ○일)										1차 소계
			월	화	수	어린이날	임시 공휴일	월	화	수	목	금	
고 ○-○	1												
	2												
	3												
	4												
	5												
	6												
	7												
	8												
고 ○-○	1												
	2												
	3												
	4												
	5												
	6												
	7												
	8												
소계													

◆ **서식 3: 성베드로학교차원 긍정적 행동지원 교정 전략(2015년도 개정본)**

○○학교 문제행동 교정 전략

- 교정 전략(corrective strategy; Scheyermann, 2008)
  - 문제행동 수준에 따라 제공 가능한 후속 결과
  - 세 가지 문제행동 수준에 따라 후속 결과의 범위를 제한하는 방식

◆ 문제행동 수준별 후속 결과

문제행동 수준	I수준 자신에게만 영향	II수준 다른 사람의 학습 방해 질서 있는 환경에 영향	III수준 자신과 타인에게 위해
행동의 예	• 바르지 않은 자세 • 손장난 • 작은 소음 내기 • 과제 거부	• I수준에 비해 행동 빈도와 강도가 더한 경우(I수준 후속 결과에도 최소 3회 이상 발생+기존 활동을 멈추어야 할 정도의 강도)	• 때리기, 꼬집기, 주먹과 발로 차기, 물기 등의 신체적 공격 • 기물 파손 • 심각한 자해행동
후속 결과	• 근접(가까이 가기) • 말 없는 부드러운 신체적 접촉 • 언어적 지시 • 바른 자세에 대해 설명 • 신체적 접촉(손 잡아주기) • 난이도 조절하여 제시, 과제 제공 • 간접 지시 • 무관심 • 기능적 의사소통훈련	(I수준 결과를 포함하고) • 신체적 촉진 • 반응 대가 • 자리 이동 • 비배제 타임아웃 • 언어 및 신체적 도움 • 소리 나지 않는 물건(공) 잡고 있기 • 과제 부여 • 선호 활동 부여 • 주의(계속 시 칭찬판 하강, 강화물 제거) • 자리 재배치	(II수준 결과를 포함하고) • 배제 타임아웃(행동지원실로 이동) • 권리 박탈 • 부모면담 • 교무실 한쪽에 서있기 • 무게가 나가는 물건 들고 서 있기 • 교실 밖에 세워 두기(관리 요망)

* 본교 학생생활규정 및 현행 지침에 따른 절차와 맥을 함께하도록 함

* III수준 후속 결과 적용 경우 학부모 동의 요망함

◆ 서식 4: 성베드로학교차원 긍정적 행동지원 위기관리계획(2013년)

위기관리계획

◆ 위기관리 프로그램 개요

'위기관리프로그램'이란 성베드로학교차원 PBS 실시에 따라 학생의 문제행동 대처를 위한 '예방'전략을 사용했음에도 불구하고 심각한 문제행동으로 교사나 또래의 안전을 위협할 만한 상황이 발생했을 때, 문제행동을 보인 학생은 물론 학급에 함께 있는 성인 과 다른 학생을 보호하기 위해 운영되는 제반 과정을 의미합니다.

◆ 위기관리 계획

1. 교실 바로 앞에 있는 ○○실로 학생들을 안전하게 대피시킨다.

   1) 특수교육 보조원이 S1와 S2 학생을 담당

   2) S3가 S4, S5 학생을 도와 ○○실로 이동

2. ○○실로 이동한 보조원은 보건교사에게 상황을 전달한다.

3. 보건교사는 교감(내선: 1234)과 행정직 교직원(010-1234-1234)에게 전화로 상황을 전 달한다.

4. 전화를 받는 교감과 행정직 교직원은 즉각 교실로 이동한다.

5. 담임교사, 교감, 행정직 교직원은 협력하여 3층에 위치한 행동지원실로 ○○○ 학 생을 이동시킨다.

6. ○○○ 학생이 행동지원실로 이동하면 보조원과 보건교사는 ○○실에 대피한 ○학년 ○반 학생들을 교실로 이동시키고 교실에서 학생들을 안정시킨다.

7. 행동지원실에서 담임교사는 ○○○ 학생 앞에 서서 공격을 위한 시도를 차단하고 2분 동안 조용히 앉아 있으면 교실로 돌아갈 수 있다고 설명한다.

8. 행동지원실에서 ○○○ 학생이 안정을 되찾게 되면(예: 2분 동안 조용히 앉아 있으 면) 행동을 돌아보도록 하고 교실에서의 바른 행동에 대해 안내한 후 교실로 함께 돌 아간다.

9. 교실로 돌아왔을 때 행정실 교직원(또는 지킴이 선생님)과 담임교사는 학생 바로 옆에 서서 10분간 학생이 과제 수행을 시작하거나 자리에 조용히 앉아 있는 등 사태가 안 정된 것을 확인한 후에 일과를 계속하도록 한다.

10. 교사는 위기 사건에 대한 공식적 일화 기록(선행사건, 행동 특성, 결과에 대한 일련 의 과정)을 알림장이나 전화를 통해 학부모에게 설명한다.

◆ **서식 5: 행동지원실 입실 기록지(2013년)**

행동지원실 입실 기록

작성자: _____   ____학년 ____반 이름: _____   날짜: _____

• 행동을 직접 관찰했습니까?	Y / N
• 발생한 행동은 무엇입니까?	
• 행동 발생한 시간은 언제입니까?	
• 행동이 발생한 장소는 어디입니까?	
• 상황에 있었던 사람은 누구입니까?	
• 발생한 행동의 대상이 무엇입니까?(예: 특정 사람, 물건)	
• 행동 바로 전에 어떤 일이 일어났습니까?	
• 행동 바로 후에 어떤 일이 있었습니까?	
• 입실-퇴실 후 진정까지 소요된 시간	
• 관찰 결과: 행동지원실 이동, 입실 및 교실 복귀 상황에 대한 객관적 서술	
• 기타(평상시와 다른 일과, 환경, 학생에 대해 기술, 교사가 생각하기에 도움이 될 만한 내용에 대하여 설명)	

◆ **서식 6: 개별 지원 대상학생 학부모 상담기록지(2013년~)**

긍정적 행동지원 기능평가(부모 면담)

일시	2017. ○. ○. ○시~		장소	
대상			상담자	
상담목적	개별 학생 지원을 위한 부모 요구 파악 및 지원 방안 모색			

■ 약물치료 관련(건강 상태)
-
-
-

■ 생육사 및 현재 진행 중인 특수교육 서비스
-
-
-

■ 가정에서의 일과
-
-
-

■ 가족과의 관계
- 아버지

- 어머니

- 기타 가족

■ 자녀에 양육 시 어려운 점
-
-
-

■ 장래에 대한 기대
-
-
-

◆ **서식 7: 개별 지원 대상학생 인적사항표(서울시교육청 제공, 2013년~)**

2017년 PBS 개별 지원 대상학생 인적사항

학생명		성별		보호자명	
				보호자 휴대폰	
생년월일		학년반		담임명	
				담임 휴대폰	
거주지 주소					

가족 특성	□한부모가정 □재혼가정(□친부 □친모) □조손가정 □친인척 보호 □시설 보호(기관명 :) □기타( ) □위의 요인 중 어느 것에도 해당 없음
생활 수준	□국민기초생활수급대상자 □차상위 □저소득 □일반(상, 중, 하) □기타 특이사항( )

가족관계 (필요시 행 추가)	성명	관계	생년월일 (연령)	학력	직업	동거 여부 (o, x)	비고

〈비고〉

◆ 서식 8: 개별 지원 대상자 선정 동의서(서울시교육청 제공, 2013년~)

2017 긍정적 행동지원 대상자 선정 동의서

학교:

학년반:

학생 성명:

본인은 위 학생의 보호자로서 ○○학교에서 실시하는 '2017 긍정적 행동지원단' 개별 지원 사업에 자녀가 대상자로 선정되는 것에 동의합니다.

아울러 ○○학교의 긍정적 행동지원단 개별 지원 운영 방침과 긍정적 행동지원단에서 결정한 사항에 대하여 협조하고, 자녀의 긍정적 행동 형성에 도움이 될 수 있도록 보호자로서 책임을 다할 것을 약속합니다.

보호자 성명: (인)

주소:

연락처:

2017년   월   일

○○학교장 귀하

◆ 서식 9: 기능평가 및 행동지원계획안 서식(2013년~)

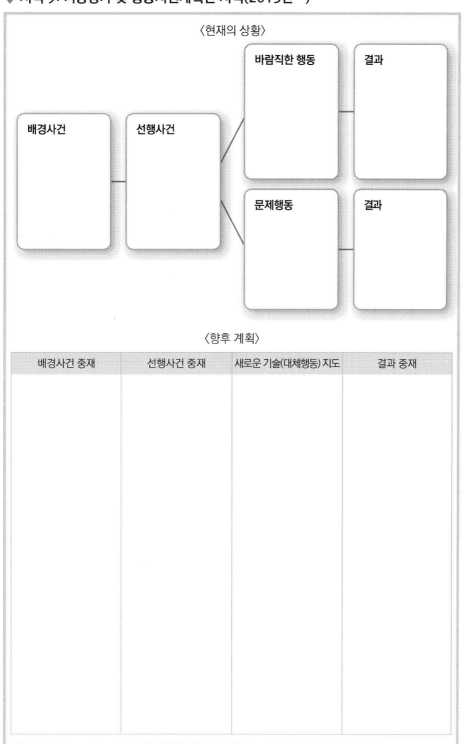

◆ 서식 10: 솔루션 협의회 회의록(2015년~)

2017 ○○학교 PBS 개별 지원 선정학생 솔루션 협의회

날짜	교육청 지원단:	학교:	
대상학생		장소	
참석자			
교육청지원단 협의사항	• 개별 지원 방향 모색을 위한 협의		
학교협의회 협의사항	• 개별 지원 방향 모색을 위한 협의 • 향후 계획		
최종 결론	• • •		

◆ 서식 11: 개별 지원 대상학생 긍정적 행동지원계획서(IEP에 첨부, 2014년~)

2017 PBS 개별 지원 대상학생 긍정적 행동지원계획

	담임	학생생활부장 (개별 지원 담당)	수업연구부장 (개별화교육 담당)	교감	교장	결 재

학생	
학생행동 특성	• 강점: • 문제행동:

○○ PBS팀	

항목	기간, 빈도	지원협의 내용
대학생 멘토		
학교 지원		
병원/ 치료 지원		
가족 지원		

교육청 PBS팀	

최종 지원 결정 사항	

◆ 서식 12: 긍정적 행동지원 상담/치료 기록지(서울시교육청 제공, 2013년~)

서울시교육청 PBS 상담/치료 기록지

날짜: 2017년   월   일(요일)   시간:

학생명		연령		세	성별	
상담자	(서명)	회기				회기
형태	☐ 학생상담 ☐ 부모상담 ☐ 치료 지원(구체적으로:) ☐ 기타					
주요 내용						

행동 관찰	
한 주간 변화 내용	

향후 상담 일정	2017년 월 일(요일) 시간: 시 분

상담 내용	상담자/치료사 건의 사항
• 내담자 호소 내용 • 상담 진행	

이후 상담/치료 계획	

◆ **서식 13: 개별 지원 멘토–담임교사 상담 자료: 멘토활동 기초조사서(2015년~)**

2017 ○○학교차원 PBS 개별 지원 멘토활동

멘토활동을 위한 기초조사서

학년반: _____   대상학생 이름: _____   멘토 이름: _____

	현재 상태	어떻게 도와주어야 하나
이동 능력		
신변 처리		
의사소통 능력		
멘토활동 시 추천 장소 및 활동		
기타 (궁금한 사항)		

◆ **서식 14: 개별 지원 멘토활동 유의사항/서약서(서울시교육청 제공, 2013년~)**

PBS Team 사례관리요원 유의사항/서약서
○○학교 안전생활부

1. PBS팀 회의 시간과 대상학생과의 약속 시간을 반드시 지키며, 불가피한 경우 최대한 빨리 부모님에게 연락을 취한다.
2. 대상 학생과 그 가족에 관련된 어떠한 정보도 외부(온라인, 오프라인 모두)에 유출하지 않으며, 부모님과 학생의 동의 없이 대상 학생의 사진을 촬영하지 않는다.
3. 대상 학생과 자신의 안전을 위해 다음 사항에 유의한다.
    1) 대상학생과 함께 있을 때 휴대폰이나 MP3 등을 사용하지 않는다.
    2) 대상학생을 만나러 갈 때는 양손의 사용을 방해하지 않는 소지품만 가지고 간다.
    3) 대상학생이 예상치 못한 공격행동을 보일 때 위험을 초래할 수 있는 장신구를 착용하지 않는다.
    4) 대상학생과 항상 함께 활동하고 학생이 시야에서 벗어나지 않도록 유의한다.
    5) 외부 활동이 종료된 후에는 반드시 가족 중 한 명에게 직접 학생을 인계한다.
    6) 매 회기 전 보호자에게 대상 학생의 신변 상황을 설명 듣고 활동하고, 활동 후에는 보호자에게 신변 상황을 설명한 후 인계한다(아픈 곳, 다친 곳, 당일의 기분이나 유의 사항 등).
    7) 활동 중에는 문제행동의 전조행동에 유의하여 위험 상황을 방지한다.
4. 사례 관리 목적에 따른 담당교사의 지침에 따라 활동한다.
    1) 회기가 끝날 때마다 활동일지를 작성해 두었다가 매주 주말에 담당교사에게 보낸다.
    2) 매 회기의 특이 사항을 학부모 및 담당교사(담임교사)와 의논하고 문제 발생 시 바로 알린다.

위 사항을 준수하겠습니다.

2017년 ○월 ○일

_____학생의 사례관리요원

_____대학교 _____과

성명: _____ (서명)

◆ **서식 15: 개별 지원 멘토활동 계획표(2014년~)**

○월 멘토활동 계획표

2017년   학생: ○○○   멘토: ○○○

	날짜	활동	활동 목표	비고
1 주	○/○ ( )			
2 주	○/○ ( )			
3 주	○/○ ( )			
	○/○ ( )			
4 주	○/○ ( )			
	○/○ ( )			

◆ **서식 16: 개별 지원 멘토일지(서울시교육청 제공, 2013년~)**

PBS Team 사례관리 기록지

2017. ○. ○.(○요일)   ○○학교

학생 이름	학년반	멘토명	담임명/연락처	보호자명/연락처

일시	가정 상황	활동 내용	특이사항

◆ **서식 17: 개별 지원 사례 종결 솔루션 협의회 회의록(서울시교육청 제공, 2013년~)**

긍정적 행동지원팀 사례 종결 솔루션 협의회

2017. ○. ○.(○요일) ○~○시 ○○학교

학교명	○○학교	학년반		학생명	
보호자	.		연락처		
담임교사			학교 담당자		
PBS 지원단			멘토 성명		
참석자 명단	학교관계자				
	PBS팀				

문제행동	PBS팀 지원 내용	현재 상황	
	• 기간 • 지원 내용	담임 교사	
		교과 교사	
		보호자	
		기타	
		PBS팀	

협의 결과 종합 및 향후 계획	학교 지원	
	PBS팀 지원	

부록 3
도구 모음

1. 행동원인규명척도(연세대학교 심리학과, 2013)
2. 교직원을 위한 기능평가 체크리스트(March et al., 2000)
3. 학생 문제행동 관리 현황 설문지(성베드로학교 , 2011)
4. 교사효능감 척도(Tschhannen-Moran & Hoy, 2001; 손유니, 2015)
5. 학급관리기술 척도(Sugai & Colvin, 2004; 손유니, 2015)
6. BoQ(Cohen et al., 2007; 김경양 외, 2010)
7. 학교차원 긍정적 행동지원 운영평가서(성베드로학교, 2013)

◇ 도구 1: 행동원인규명척도(연세대학교 심리학과, 2013)

이름: _____ 생년월일: _____ 날짜: _____

목표행동	목표행동은 무엇입니까? 한 가지만 선택해 주세요: ① 자해 ② 공격 ③ 파괴 ④ 상동 ⑤ 기타 선택한 목표행동을 구체적으로 적어 주세요: _____

이 행동을 왜 한다고 생각하십니까?	응답 ○	응답 ×
1. 어떤 형식이든 사람들이 자신에게 관심을 갖는 것이 좋아서		
2. 그 행동의 결과로 얻는 감각이 좋아서		
3. 타인에게 주목 받는 것을 즐기기 때문에		
4. 자기가 원하는 것을 즉각적으로 얻지 못해서		
5. 시키는 일을 거부하려고		
6. 하라고 하는 일이 힘들어서		
7. 그 행동 자체가 주는 느낌이 좋아서		
8. 관심의 대상이 되고 싶어서		
9. 자신이 원하는 장난감/물건을 가질 수 없어서		
10. 주어진 일(과제)을 하기 싫어서		
11. 그 행동을 하는 것 자체가 좋아서		
12. 다른 사람의 관심을 끌려고		
13. 어떤 장난감/물건을 갖기 위해서		
14. 시키는 일이 어려워 피하려고		
15. 본인이 갖고 싶은 장난감/물건을 얻으려고		
16. 그 행동이 주는 자극을 추구하기 위해		

* 채점 방식: 행동원인규명척도는 문제행동의 원인을 측정하고자 하는 검사이다. 크게 행동의 원인은 대표적으로 네 가지 기능으로 구분되며, 행동원인규명척도에서는 행동에 해당하는 원인을 파악하는 문항으로 구성되어 있다. 각 기능에 해당하는 문항은 다음과 같고, 문항에 해당하는 경우 ○(1점)으로 표시하며, 해당하지 않은 경우 ×(0점)로 표시한다. 해당 기능의 문항 총점이 높을수록 그 기능을 위하여 문제행동을 하는 것으로 해석할 수 있다.

• 과제 회피(5, 6, 10, 14 문항)
• 요구(4, 9, 13, 15 문항)
• 관심(1, 3, 8, 12 문항)
• 자기자극(2, 7, 11, 16 문항)

◇ **도구 2: 교직원을 위한 기능평가 체크리스트(March et al., 2000)**

개별 지원 대상 학생의 행동문제 기능평가를 위한 조사서(Part A)

1단계	학생 이름: _____ 날 짜: _____ 학교급/학년반: _____ 작성자: _____
2단계	• 학생 프로파일: 학생의 강점을 세 가지 이상 기록해 주세요.

3단계

• 행동문제

____ 더딘 반응	____ 신체적 공격	____ 방해행동	____ 도둑질
____ 반응하지 않음	____ 부적절한 언어	____ 불순종	____ 파괴적 행동
____ 위축	____ 괴롭히기	____ 과제를 하지 않음	____ 기타
____ 부적절한 소리	____ 자해행동		

• 행동문제에 대해 자세히 기록주세요.

4단계

• 일과 확인: 행동문제 발생 가능성이 높은 시간, 활동, 가능성 등을 기록해 주세요.

시간	활동	행동문제 발생 가능성						특정 행동문제
		1 (낮음)	2	3	4	5	6 (높음)	
	등교 후 일과 시작 전							
	주지 교과(국어, 사회, 수학 등)							
	활동 중심 교과(음악, 미술, 체육 등)							
	쉬는 시간							
	교실 이동 시간							
	점심시간(식당)							
	점심시간(여가 시간)							
	점심시간(양치질)							
	전환 (수업 시작할 때)							
	체육관							
	놀이실							
	놀이터							
	기타 특별실( )							
	하교 준비							

5단계

• 추후 평가가 필요한 활동 일과 세 가지를 선정하세요.
  – 선정 기준: ① 가장 높은 점수가 확인된 활동 일과, ② 유사 행동문제 상황 → 선정된 각 활동 일과에 대해 Part B를 작성하세요.

개별 지원 대상 학생의 행동문제 기능평가를 위한 조사서(Part B)

1단계	학생 이름: ＿＿＿＿＿＿＿＿＿＿＿＿＿＿＿＿ 날 짜: ＿＿＿＿＿＿＿＿＿＿ 학교급/학년반: ＿＿＿＿＿＿＿＿＿＿＿＿ 작성자: ＿＿＿＿＿＿＿＿＿＿

2단계

• 일과/활동/환경: Part A에서 확인된 활동 일과는 무엇인가?

일과/활동/환경	행동문제

3단계

• 행동문제에 대한 더 자세한 정보 제공

   – 어떤 행동문제가 보이는가?

   – 행동문제는 얼마나 자주 발생하는가?

   – 행동문제가 발생할 때, 얼마나 오랫동안 지속되는가?

   – 행동문제의 강도/위험 수준은 어떠한가?

4단계

• 행동문제가 발생할 때 예견할 수 있는 사건은 무엇인가?

관련 이슈(배경 사건)		환경적 특성	
＿＿ 질병	기타	＿＿ 질책/교정	＿＿ 구조화된 활동
＿＿ 약물 사용		＿＿ 신체적 요구	＿＿ 비구조화된 시간
＿＿ 부정적인 사회성	＿＿＿＿＿	＿＿ 사회적 고립	＿＿ 지루한 과제
＿＿ 가정 문제	＿＿＿＿＿	＿＿ 또래	＿＿ 활동 시간이 김
＿＿ 학업 실패	＿＿＿＿＿	＿＿ 기타	＿＿ 어려운 과제

5단계

• 행동문제를 유지시킬 가능성이 가장 높은 결과는 무엇인가?

무엇인가를 얻게 됨		무언인가를 피하게 됨	
＿＿ 성인의 관심	기타	＿＿ 어려운 과제	기타
＿＿ 또래의 관심		＿＿ 질책	＿＿＿＿＿
＿＿ 선호하는 활동	＿＿＿＿＿	＿＿ 또래의 부정적인 말	＿＿＿＿＿
＿＿ 돈/물건	＿＿＿＿＿	＿＿ 신체적 노력	＿＿＿＿＿
		＿＿ 성인 관심	＿＿＿＿＿

6단계

• 행동지원계획을 수립하기 위해 사용된 정보 요약

배경 사건과 예견 요인	행동문제	유지시키는 결과

7단계

• 요약된 정보의 정확성에 대해 어느 정도 확신하는가?

전혀 확신할 수 없음					매우 확신함
1	2	3	4	5	6

8단계

• 행동문제를 다루기 위해 그 동안 사용해 온 노력은 무엇인가?

행동문제 예방 전략			행동문제 반응 전략		
＿＿ 일과 조정	기타 ＿＿	없음 ＿＿	＿＿ 질책	기타 ＿＿	없음 ＿＿
＿＿ 좌석 배치 조정		＿＿＿＿＿	＿＿ 타임아웃		＿＿＿＿＿
＿＿ 교육과정 조정			＿＿ 등교 정지		

담임교사가 팀 협의를 위해 작성할 수 있는 기능평가 참고자료(김영란, 2012)

• 다음은 학생의 기본 정보에 대한 내용입니다. 강점과 약점을 모두 포함하여 각 항목별로 내용을 기록해 주세요.

학생의 전반적 특성	건강 상태 및 약물 복용 여부	
	인지	
	언어 및 의사소통	
	일상생활 기술	
	사회성	
	선호도	• 좋아하는 것(사람, 활동, 놀이, 음식 등) • 싫어하는 것
행동문제 관련 정보	교사가 생각하는 행동문제의 기능	
	행동문제 발생 관련 요인	
	행동문제 비발생 관련 요인	
	과거에 효과적이었던 방법	
	과거에 비효과적이었던 방법	
학급 관련 정보	• 학급 학생들의 특성 및 또래 관계, 지원 인력(부담임, 보조원, 자원봉사 자 등)	
가족 관련 정보		
기타	• 추가로 알려 주실 정보가 있으면 기록해 주세요.	

◇ **도구 3: 학생 문제행동 관리 현황 설문지(성베드로학교 , 2011)**

학생 문제행동 관리 현황 설문지

본 설문지는 2011 성베드로학교 컨설팅장학 내용인 '학교 및 학급차원 학생 생활지도(문제행동 관리) 방법 및 절차 점검'을 위한 기초 자료 조사를 위해 작성·활용될 예정입니다. 본교 재학생들의 문제행동 실태 및 행동문제 관리 현황 파악을 위해 선생님들의 협조를 부탁드립니다.

• 설문 내용 체계 및 작성 안내

1. 본 설문지에서는 '문제행동'에 대한 다음과 같은 관점을 사용하고자 합니다.

– 문제행동은 장애의 유무에 관계없이 모든 아동들에게서 나타나며 특히 장애학생들은 여러 유형의 문제행동을 보이곤 한다. 장애학생 문제행동은 품행 문제와 학업 기술 두 가지 유형으로 나누어지며 과도한 행동, 행동결핍, 부적절한 자극 조절에 의한 상황에 맞지 않는 행동의 세 가지 형태로 표출된다(이소현, 박은혜, 2006).
– 본 설문에서는 품행 문제의 두 가지 구분인 내·외현화 문제 분류에 따라 본교 학생들의 문제행동 실태를 파악해 보고자 합니다.

2. 다음 학생의 문제행동 및 중재현황 검목표(다음 쪽)의 문제행동 각 분류 사항을 검토하신 후, 개별 학생의 문제행동 정도와 그에 따른 선생님의 중재 유형에 대하여 기술해 주시기 바랍니다.

   1) 문제행동의 정도 및 지원 요구 정도 기록(다음 척도 준거표를 참고하여, 각 문제행동의 특성에 해당하는 기준에 따라 정도 표시)

척도 구분 / 척도 준거	정도				
	덜 심각				심각
	1	2	3	4	5
행동 강도 (발생 빈도, 지속 시간)	불규칙적이며 가끔, 짧은 지속 시간	–	규칙적인 반복 또는 불규칙적으로 자주, 일정한 지속 시간	–	규칙적이며 자주, 오랜 지속 시간
지원 요구 정도	교사 개입·지원이 거의 필요하지 않음	–	교사의 일부 개입·지원을 필요로 함	–	전면적인 교사 개입·지원을 필요로 함

   2) 문제행동의 중재 현황 기록(개별 학생의 해당 문제행동에 대하여 아래 중재 방법 목록 중 현재 적용하고 있는 방법의 번호를 기록, 1개 이상이나 기타의 경우 직접 서술)

번호	중재 내용	번호	중재 내용
①	대체행동에 대한 물질적 강화	②	대체행동에 대한 사회적 강화
③	새로운 강화 인자의 중단(소거)	④	강화 인자 박탈(반응 대가)
⑤	타임아웃	⑥	혐오 자극의 제시
⑦	신체적 제지(구속, 속박)	⑧	구어 지도
⑨	별도의 중재를 하지 않음	⑩	기타

학생 문제행동 및 중재 현황 검목표

성베드로 초등·중·고	이름	성별	생년월일(만 세)	장애 유형·등급
학년 반		남/여		

• 위 학생이 보이는 문제행동의 종류와 정도, 그에 따른 선생님의 중재 현황을 기술해 주세요.

행동 분류		세부행동 내용 예시	정도					중재 현황 (번호/서술)
			덜 심각			심각		
			1	2	3	4	5	
외현적	공격적 행동	기물의 파괴, 타인 공격, 자해						
	과도한 언쟁	비속어 사용, 공격적인 말하기						
	합리적 요청 불응	지시 불이행						
	지속적 성질부리기	울분, 소리 지르기						
	지속적 거짓말, 도벽	거짓말 반복, 물건 훔치기						
	자기 조절력 결여 및 지나친 행동 수준	부적절한 불만 표현, 동일 행동의 반복						
	타인에 대한 방해	이탈 반복, 또래 및 타인 간섭						
	타인에 대한 복종 요구	부적절한 명령 및 지시 사용						
	기타 외현적 문제행동							
내현적	슬픔 및 우울	슬픈 감정, 우울함, 자기비하						
	환청 및 환각	부재하는 소리·사물에 대한 감각						
	특정 생각의 고착	특정 생각이나 의견, 상황에서 벗어나지 못함						
	행동 집착	반복적이고 쓸모없는 행동에서 벗어나지 못함						
	비전형적 감정	갑자기 혹은 자주 우는 등의 감정적 행동						
	자살 언급	자살 및 유사 상황의 언급						
	흥미 감소	이전에 흥미 있어 하던 활동에 대한 관심 감소						
	기피 대상	과도한 놀림, 학대, 무시, 기피의 대상이 됨						
	활동 수준 심각한 제한	무기력, 지나친 활동 지연, 신체 기능과 무관하게 느린 수행						
	학대 증후	신체적, 정서적, 성적 학대의 증후						
	위축, 회피, 자기 방치	대인 관계에 방해가 되는 위축, 사회적 상호작용 회피, 개인적 돌봄의 결여(비위생적 상태 등)						
	기타 내현적 문제행동							

• 학생들의 문제행동 지도 시 특별히 어려움을 느끼는 경우에 대하여 기술해 주세요.

행동문제 유형	해당 유무 (○ 표시)	해당 경우의 조치 사항 (상세 기술, 절차가 있는 경우 단계별 기술)
① 학생의 건강 문제(만성 질환, 안전 사고 등)		
② 교사의 체력적 한계		
③ 행동지도 방법 모색의 어려움		
④ 행동지도를 위한 협력의 어려움(학부모, 교직원, 기타)		
⑤ 문제해결 절차상의 어려움(학부모, 행정실 등과 인적 관계 어려움 등)		
⑥ 다른 학생 지도 및 안전 관리		
⑦ 기타		

• 학생들의 문제행동 및 안전지도를 위해 '추가적인 관리'가 요구된다고 생각하는 부분에 대하여 조금 필요(1점)~매우 필요(5점)의 정도 구분과 구체적인 사례에 대하여 간략하게 기술해 주세요.

구분	해당 경우 * 기술 예: 5. 중고등부 대소변 관리 시 다른 학생들의 관리가 이루어지기 어려움							
시간	통학버스 이용	등 · 하교 시간	수업 중	쉬는 시간	전이(이동) 시간	점심시간	방과후 교육	
장소	주차장 학교 주변	출입구	놀이터	계단	각층 교실	각층 복도	각층 화장실	식당	특별실 (해당 실)	교무실
특정 상황	위생 관리		아침 걷기		다른 학생 지도		교외 활동		기타(부모가 함께 있는 경우)	

◇ **도구 4: 교사효능감 척도(Tschhannen-Moran & Hoy, 2001; 손유니, 2015)**

날짜: 월 일

교사효능감 척도

• 작성 방법: 다음 문항의 해당되는 점수에 ∨ 표시해 주세요.
1: 전혀 아님, 2: 아주 조금, 3: 보통, 4: 약간 그러함, 5: 매우 그러함

번호	문항	점수				
		1	2	3	4	5
1	나는 교실에서 일어나는 학생들의 방해행동을 통제할 수 있다.					
2	나는 학생들이 학급 규칙을 따르도록 할 수 있다.					
3	나는 방해행동을 보이거나 시끄럽게 소리 내는 학생을 진정시킬 수 있다.					
4	나는 우리 학급의 행동 관리 체계를 수립할 수 있다.					
5	나는 문제를 일으키는 일부 학생들이 수업을 망치지 않도록 예방할 수 있다.					
6	나는 반항적인 학생들에게 잘 대응할 수 있다.					
7	나는 학생 행동에 대해 내가 기대하는 바를 학생들이 분명하게 알도록 할 수 있다.					
8	나는 활동이 원활하게 진행될 수 있도록 활동의 순서와 방법을 잘 계획할 수 있다.					
9	나는 학생들이 스스로 학교생활을 잘할 수 있다는 믿음을 갖게 할 수 있다.					
10	나는 학생들이 배움을 가치 있게 여기도록 도울 수 있다.					
11	나는 학교생활에 흥미를 보이지 않는 학생을 동기화시킬 수 있다.					
12	나는 학생이 학교생활을 잘 해내도록 가족이 도울 수 있게 지원한다.					
13	나는 잘 따라오지 못하는 학생을 향상시킬 수 있다.					
14	나는 학생이 생각하는 능력을 가질 수 있도록 돕는다.					
15	나는 학생의 창의력을 육성하기 위해 노력한다.					
16	나는 가장 어려운 학생들도 배제하지 않고 잘 이끌 수 있다.					

◇ 도구 5: 학급관리기술 척도(Sugai & Colvin, 2004; 손유니, 2015)

※ 다음은 학급관리기술에 대한 질문입니다. 질문 내용을 읽고 선생님의 의견과 가장 잘 맞는 곳에
∨표 해 주시기 바랍니다. 구체적인 채점 기준은 다음과 같습니다.

0 = 아직 실행해 보지 않음
1 = 몇 가지는 시도해 보았지만 열심히 하거나 지속적으로 하지 못함
2 = 계획하고 실행해 보았지만 포기하지 않고 끝까지 잘 수행하기는 어려웠음
3 = 포기하지 않고 끝까지 실행하고 점검하였으며, 필요하면 사용하던 전략을 개선함

	학급관리 실제		평점		
교실 구조화와 예측 가능성 최대화	1. 나는 학생들이 교실에서 행동하는 절차를 수립하고 학생에게 분명하게 가르친다.	0	1	2	3
	2. 나는 교실 내 혼란이나 번잡함을 최소화하고 교사–학생 간 근접성을 최대화하도록 교실의 물리적 환경을 구조화한다.	0	1	2	3
	3. 나는 적극적으로 학생들을 감독한다(학생들 사이를 돌아다니기, 학생들 살펴보기, 학생과 상호작용하기, 학생 강화하기).	0	1	2	3
교실 규칙 만들기, 가르치기, 긍정적 진술하기	4. 학급 규칙은 "하지 마" "안 돼"라는 표현 대신에 "하자"를 사용한다.	0	1	2	3
	5. 나는 학급 규칙을 정할 때 학생들을 참여시킨다.	0	1	2	3
	6. 나는 일과 안에서 학급 규칙을 명확하게 가르치고 여러 번 복습시킨다.	0	1	2	3
효과적인 교수전달체계로 학생행동 관리하기	7. 나는 한 활동에서 다른 활동으로 부드럽고 효율적으로 넘어간다.	0	1	2	3
	8. 나는 수업/활동을 열심히 준비한다(준비된 자료, 능숙한 교수, 명백한 지시, 준비된 활동).	0	1	2	3
	9. 나는 학생들에게 학습 목표를 명확하게 설명해 준다.	0	1	2	3
	10. 나는 수업이 끝날 때 학생들에게 분명한 피드백을 제공한다.	0	1	2	3
다양한 교수 전략을 사용하여 학생을 적극적으로 수업에 참여시키기	11. 나는 다양한 수업 참여 전략을 사용하고, 학생에게 수업 참여 기회를 많이 준다(예: 반응카드, 전체 답하기, 생각하고 의견 나누기, 조작 활동, 쓰기, 기타 다양한 방법).	0	1	2	3
	12. 나는 다양한 학생 중심 교수 전략을 일관성 있게 실행한다(예: 협동학습, 중요한 사고 기술, 차별교수 등).	0	1	2	3
	13. 나는 학생들이 수업 활동에 관찰 가능한 형태로 자주 참여하도록 한다(학생들은 눈에 보이는 일을 수행하고 있다. 예를 들어, 교사나 친구들과 토론하기, 조작하기, 만들기 등).	0	1	2	3
교수 평가하기	14. 수업 활동이 끝날 시점에 나는 얼마나 많은 학생들이 목표에 도달했는지 안다.	0	1	2	3
	15. 나는 수업을 잘 따라오지 못하는 학생들을 위해 시간을 더 많이 주거나 도움을 제공한다.	0	1	2	3
	16. 나는 다음에 더 잘하기 위해 개선이 필요한 사항을 생각해 보고 기록해 둔다.	0	1	2	3

긍정적인 상호작용 최대화하기	17. 나는 학생들과 긍정적 : 부정적 = 4 : 1의 비율로 상호작용한다.	0	1	2	3
	18. 나는 매시간 적어도 평균 2~3번은 모든 학생들과 긍정적으로 상호작용한다.	0	1	2	3
	19. 나는 학생들의 규칙 위반을 지도한 후 학생들이 규칙을 잘 따르면 정적 강화를 한다.	0	1	2	3
수업시간 동안 교실을 적극적으로 감독하기	20. 나는 교실 규칙을 따르는 것에 대해 즉각적으로 구체적인 칭찬이나 강화를 제공한다.	0	1	2	3
	21. 나는 학생들이 바람직한 행동을 하였을 때 이를 인정하기 위한 다양한 체계를 사용한다(예: 교사의 칭찬과 보상, 집단 강화, 행동 계약, 토큰 체계 등).	0	1	2	3
	22. 나는 학생들의 교실 규칙 위반 행동을 다루기 위해 차별강화 전략을 사용한다.	0	1	2	3
규칙 위반에 대한 단계적 전략을 사용하기	23. 나는 학생들의 학업적 · 사회적 오류에 대해 구체적이고, 간략한 교정 전략을 사용한다(기대하는 행동 말하기).	0	1	2	3
	24. 나는 학생들이 규칙 위반 행동을 하지 않도록 하기 위해 최소 제한적인 절차(예: 비음성적, 근접성, 사전 교정, 재교수 등)를 먼저 사용하고 그다음에 더 제한적인 절차를 사용한다.	0	1	2	3
	25. 나는 학생들의 규칙 위반 행동에 대해 차분하고, 정서적으로 객관적, 사무적인 방식으로 반응한다.	0	1	2	3
돌봄과 지지적 관계	26. 나는 학년 초, 학기 중에 학생/가족들과 자주 의사소통한다.	0	1	2	3
	27. 나는 학생의 잘못을 지도하는 동안에도 학생을 존중하는 태도로 말한다.	0	1	2	3
책임감에 대해 가르치고 학생들이 의미 있는 일을 맡아서 할 기회 제공	28. 나는 학생의 책임감을 향상시키기 위해 학생이 학급 일을 맡아서 할 수 있는 기회를 준다.	0	1	2	3
	29. 나는 자기통제와 자기점검 전략들을 학생들에게 지도한다.	0	1	2	3
	30. 나는 사회적 기술 교수, 문제해결 전략들을 학생들에게 지도한다.	0	1	2	3
	31. 나는 학생들이 서로 친해지고 협력적으로 문제를 해결할 수 있도록 구체적인 활동을 제공한다.	0	1	2	3

※ 다음은 선생님이 교실에서 학생들과 어떻게 상호작용하는지를 알아보는 것입니다. 선생님이 생각하시기에 한 시간의 수업 동안 학생들과의 긍정적 상호작용을 몇 번 하는지, 부정적 상호작용을 몇 번 하는지 적어 주세요. 그 다음 각 상호작용의 횟수에 기초하여 부정적 상호작용이 1일 때 긍정적 상호작용이 얼마가 되는지를 계산해서 적어 주세요.

긍정적 상호작용(칭찬): 학생들의 바람직한 행동을 인정하는 말이나 행동	부정적 상호작용(질책이나 벌): 학생들의 바람직하지 않은 행동이 허락되지 않는다는 것을 나타내는 말이나 행동 또는 벌 부과
한 시간 수업에서 학생들과 긍정적인 상호작용을 몇 번 합니까? _____번	한 시간 수업에서 학생들과 부정적인 상호작용을 몇 번 합니까? _____번
긍정적인 상호작용 : 부정적인 상호작용 = _____ : 1	

◇ 도구 6: BoQ(Cohen et al., 2007; 김경양 외, 2010)

SW-PBS 중재충실도 검사(Benchmarks of Quality: BoQ)

영역	항목	잘 실행됨	실행하고는 있지만 개선이 필요함	아직 실행하지 못함
PBS팀	1. PBS팀은 학교행정가의 지원을 받음			
	2. PBS팀은 최소 한 달에 한 번 정기적인 협의 시간을 가짐			
	3. PBS팀은 명확한 목표를 가지고 있음			
교직원의 참여	4. 교직원들은 정기적인 자료 공유를 통해 학교 곳곳에서 일어나는 행동문제를 알고 있음			
	5. 교직원들은 PBS 실행 목표를 수립하고 검토하는 과정에 참여함			
	6. PBS팀은 교직원으로부터 지속적으로 피드백을 받음			
훈육에 대한 효과적인 절차	7. 훈육 절차가 서술식으로 기술되거나 그림 형식으로 묘사되어 있음			
	8. 훈육 내용을 문서화하는 절차가 훈육 절차에 포함되어 있음			
	9. 훈육의뢰서는 의사결정에 도움이 되는 정보를 포함함*			
	10. 훈육이 적용되는 문제행동이 정의되어 있음			
	11. 심각한 행동/사소한 행동이 학교차원에서(전교적으로) 명확하게 구별되어 있음			
	12. (훈육을 필요로 하는) 문제행동에 대한 적절한 반응이 위계적으로 제시되어 있음			
자료 수집 및 분석 계획	13. ODR(훈육실 의뢰 수) 자료를 모으고 분석하는 데 데이터 시스템을 활용함*			
	14. PBS팀은 문제행동 이외의 자료(출석, 성적 등)를 수집하고 사용함			
	15. PBS팀은 최소한 한 달에 한 번 자료를 분석함			
	16. 수집, 분석된 자료는 PBS팀과 교직원들에게 (최소한) 한 달에 한 번 공유됨			
기대와 규칙 개발	17. 3~5개의 긍정적으로 진술된 학교 전체의 기대가 교내에 게시됨			
	18. 학교차원의 기대는 모든 학생과 교직원에게 적용됨			
	19. 특정 환경별로 규칙이 개발되고 게시됨			
	20. 규칙들은 기대와 연관되어 있음			
	21. 교직원들은 기대와 규칙 개발에 참여함			
보상/ 인식 프로그램 수립	22. 보상(강화) 체계는 학교 전체에 일관적으로 실행됨			
	23. 학생들이 규칙을 따를 때 이를 보상하기 위한 다양한 방법을 사용함			
	24. 보상은(강화는) 기대 및 규칙과 관련됨			
	25. 학생들의 흥미를 유지할 수 있는 다양한 보상(강화)물을 사용함			
	26. 교사가 잘못을 지적하는 것에 비해 잘한 행동 인정 비율이 높음			
	27. 학생들은 인센티브를 판별하고 개발하는 데 참여함			
	28. 보상 체계에는 교직원 인센티브(격려 방법)도 포함되어 있음			

기대와 규칙 교수를 위한 수업 계획	29. 행동에 대한 교육과정에는 기대와 규칙 교수가 포함되어 있음			
	30. 수업에는 규칙과 기대를 따르는 행동의 예와 그렇지 않은 예가 포함되어 있음			
	31. 수업에 다양한 교수 전략들을 사용함			
	32. 기대와 규칙의 지도가 과목별 교육과정에 삽입됨			
	33. 교직원들과 학생들은 행동 교육과정의 개발과 전달에 참여함			
	34. SW-PBS 프로그램의 주요 특성을 가족/지역사회와 공유하기 위한 전략을 개발하고 실행함			
실행 계획	35. 훈육 체계를 전 교직원에게 교육하기 위한 교육과정을 개발하고 적용함			
	36. 학생들에게 기대, 규칙, 보상체계를 지도하는 것과 관련된 교직원 연수 계획을 수립하고 일정을 정하여 실시함			
	37. 학생들에게 기대, 규칙, 보상체계를 지도하기 위한 계획을 수립하고 일정을 정하여 실시함			
	38. 학생과 교직원들을 위한 보충교육(동기나 흥미를 잃어갈 때 다시 한 번 격려하는 교육) 계획을 수립하고 일정을 정하여 실시함			
	39. 보상/인센티브에 대한 연간 일정이 수립되어 있음			
	40. 신임 교직원과 전입생을 위한 오리엔테이션 계획을 수립하고 실행함			
	41. 가족과 지역사회를 참여시키기 위한 계획을 수립하고 실행함			
교실 체계	42. 학교차원의 기대행동에 따른 교실 규칙을 정의하고 교실에 게시함			
	43. 문제가 빈번하게 발생하는 활동들에 대한 학급 일과와 절차가 명확하게 정해져 있음			
	44. 교실에서 지켜야 할 기대행동을 교수함			
	45. 학급 교사는 즉각적이고 구체적인 칭찬을 함			
	46. 학급 규칙과 일과를 잘 지키는 학생에 대한 인정이 부적절한 행동에 대한 지적보다 자주 일어남			
	47. 교실 내 행동문제를 추적(기록)하는 절차가 마련되어 있음			
	48. 학급에는 문제행동에 대한 후속 결과와 중재가 광범위하게 마련되어 있으며, 이는 모두 문서화되어 있고 일관되게 실행됨			
평가	49. 교직원들에게 PBS에 대한 설문(PBS를 평가하는 설문)을 실시함			
	50. 학생들과 교직원들은 학교차원의 기대와 규칙을 잘 알고 있음			
	51. 교직원들은 의뢰 절차(훈육실에서 다룰 행동과 교실에서 다룰 행동을 결정하는 것)와 서식을 적절하게 사용함			
	52. 교직원들은 보상(강화) 체계를 적절하게 사용함			
	53. PBS의 성과들(행동문제, 출석)을 문서화하고, 이를 PBS 평가에 사용함			

* 9, 13번 문항은 우리나라 상황에 맞지 않는 문항이므로 교육청 자문단과의 협의하에 제외함

◇ 도구 7: 학교차원 긍정적 행동지원 운영평가서(성베드로학교, 2013)

학교차원 PBS 운영평가

교사 성명	

질문 내용	평가(인원)			
	매우 그렇다	그렇다	별로 그렇지 않다	전혀 그렇지 않다
A. PBS 강화 체계 운영(자기 점검)				
1 학급별 칭찬판: 수업참여행동을 매 교과 수업시간 별로 최대한 운영하였습니까?				
2 학생별 칭찬나무: 개별학습 목표를 적절하게 수립 하고 운영하였습니까?				
3 일일 강화물을 정해진 규칙대로 부여하였습니까?				
4 학급별 기록부를 매일/매주 작성하였습니까?				
B. PBS 체계 이해 및 운영				
5 성베드로 PBS 지원팀 운영(T1, T2, T3)이 효율적 이며 합리적이었습니까?				
6 1학기 PBS 운영은 전반적으로 잘 이루어졌습니까?				
7 PBS 방식과 이념에 대하여 충분히 이해하고 계십 니까?				
8 학생들의 생활 및 문제행동 지도를 위해 PBS 방식 이 적절하다고 느끼십니까?				

• 1년 동안 운영된 학교차원 PBS가 학급 학생들에게 미친 긍정적 측면을 기술해 주세요(구체적인 학생 사례를 들어주셔도 좋습니다).

• 학교차원 PBS가 선생님에게 미친 긍정적 측면을 구체적으로 기술해 주세요(학생 이해, 학생 생활지도 등).

• 그 밖에 학교차원 PBS 운영 개선을 위해 도움이 될 만한 사항을 적어 주세요.

📖 **참고문헌**

교육부(2016). 2016 특수교육 연차보고서(2016년 정기국회 보고자료). 서울: 교육부.

서울특별시교육청(2014). 긍정적 행동지원의 이론과 실제(교원 15시간 직무연수 자료). 서울: 서울시교육청 학교생활교육과.

강삼성, 이효신(2013). 학급수준의 긍정적 행동지원이 통합학급 초등학생의 행동과 학교생활만족도에 미치는 영향. 정서·행동장애연구, 28(1), 1-35.

김경양, 남보람, 김영란, 박지연(2010). 학교차원의 긍정적 행동지원에 관한 문헌연구: 보편적 지원의 실행과 성과를 중심으로. 특수교육, 9(3), 117-140.

김미선(2006). 학교차원의 긍정적 행동지원이 장애학생을 포함한 학생들의 문제행동과 학교 분위기에 미치는 영향. 이화여자대학교 대학원 박사학위 논문.

김소연, 김영일(2007). 정신지체학교의 학교안전사고 실태, 사고처리 및 예방에 관한 교사의 인식 연구. 특수교육학연구, 42(2), 125-147.

김수연, 이대식(2008). 초등학교 일반학급 교사들이 인식한 학급 내 문제행동 실태와 그 대처방안. 특수교육학연구, 43(1), 183-201.

김영란(2009). 보편적 차원의 긍정적 행동지원에 관한 문헌연구. 특수교육저널: 이론과 실천, 10(4), 81-106.

김영란(2012). 특수학교차원의 긍정적 행동지원이 장애학생의 행동과 개별화교육목표 성취 및 학생 행동관리에 대한 교사의 인식에 미치는 영향. 이화여자대학교 대학원 박사학위 논문.

김영란, 이숙향(2009). 심각한 행동문제 위험 학생의 사회적 행동 증진을 위한 다층강화체계 내 2차 예방 중재 관련 연구 동향. 자폐성장애연구, 9(2), 111-133.

김예리, 박지연(2016). 특수학교에서 실시한 시민교육 프로그램이 장애청소년의 시민의식과 친사회성 기술에 미치는 영향. 열린교육연구, 24(2), 197-219.

김은화, 이승희(2007). 특수학교 정신지체학생의 정서·행동문제 특성과 관련변인. 특수교육학연구, 42(3), 187-217.

김정선, 여광응(2005). 학교(School-setting)에서의 긍정적 행동지원(PBS)이 정신지체학생의 문제행동에 미치는 효과. 특수교육연구, 12(1), 305-338.

김지영, 고혜정(2014). 지적장애학생을 대상으로 한 긍정적 행동지원(PBS) 연구 메타분석: 국내 실험연구를 중심으로. 특수교육재활과학연구, 53(1), 159-178.

문병훈, 이영철(2014). 지적장애학생을 위한 긍정적 행동지원(PBS) 메타분석. 지적장애연구, 16(1), 1-30.

박계신(2013). 학교차원 긍정적 행동지원 적용 자문 경험에 대한 자문화기술지. 정서·행동장애연구, 29(4), 361-397.

박승희, 진창원, 이효정, 허승준, 김제린, 김은주(2012). 중학교 통합교육 심층분석. 충남: 국립특수교육원.

박은혜, 박순희(2001). 중도장애 학생의 교육에 관한 특수학교 교사의 인식조사. 특수교육학연구, 35(1), 29-55.

박지연(2014). 긍정적 행동지원 개관. 긍정적 행동지원의 이론과 실제(교원 15시간 직무연수 자료, pp. 1-7). 서울: 서울특별시교육청 학교생활교육과.

박지연, 김영란, 김남희(2010). 문제행동이 장애아 가족의 삶에 미치는 영향과 가족의 대처방식에 관한 질적 연구. 정서·행동장애연구, 26(3), 17-43.

백종남, 조광순(2013). 학교차원의 긍정적 행동지원 과정에서 나타난 교사들의 문제의식과 그 의미: 개별화된 중재를 위한 시사점. 정서·행동장애연구, 29(2), 149-182.

보건복지부(2006). 아동·청소년 정신건강 프로그램. 서울: 보건복지부.

성태제(2007). SPSS/AMPS를 이용한 알기 쉬운 통계분석. 서울: 학지사.

손유니(2015). 특수학교차원 긍정적 행동지원 리더십팀을 위한 전문성 향상 프로그램 개발 및 효과: 교사효능감, 학급관리기술, 교사상호작용을 중심으로. 이화여자대학교 대학원 박사학위논문.

여희영(2010). 학교차원의 긍정적 행동지원이 대안학교 중등 학생들의 문제행동, 삶의 질, 학교 분위기에 미치는 영향. 이화여자대학교 대학원 석사학위논문.

연세대학교 심리학과(2013). 문제행동 치료의 표준지침 및 치료 매뉴얼. 세종: 보건복지부, 서울: 국립서울병원.

윤예니(2009). 학급차원의 긍정적 행동지원이 초등학교 6학년 학생의 문제행동과 학교생활만족도에 미치는 영향. 이화여자대학교 대학원 석사학위논문.

이가정(2010). 학교차원의 긍정적 행동지원이 특수학교 중학교 학생의 문제행동과 특수교사의 교사효능감에 미치는 영향. 이화여자대학교 교육대학원 석사학위논문.

이소현, 박은혜(2011). 특수아동교육(3판). 서울: 학지사.

이소현, 박은혜, 김영태(2000). 단일대상연구. 서울: 학지사.

이수정(2008). 유아교육 환경에서의 긍정적 행동지원 연구 동향 및 지원 요소 분석. 유아특수교육연구, 8(1), 161-187.

이효정(2014). 문제행동에 대한 새로운 접근: 긍정적 행동지원. 교육비평, 34, 276-287.

차재경, 김진호(2007). 긍정적 행동지원에 관한 국내 실험연구 문헌고찰. 정서·행동장애연구, 23(3), 51-74.

최승희, 이효신(2015). 학교차원의 긍정적 행동지원을 통한 특수교사의 효능감 변화. 정서·행동장애연구, 31(1), 203-220.

Bambara, L. M., & Kern, L. (2005). *Individualized supports for students with problem behaviors: Designing positive behavior plans.* NY: The Guilford Press.

Bohanon, H., Fenning, P., Carney, K. L., Minnis-Kim, M. J., Anderson-Harriss, S., Moroz, K. B., Hicks, K. J., Kasper, B. B., Culos, C., Sailor, W., & Pigott, R. D. (2006). Schoolwide application of positive behavior support in an urban high school. *Journal of Positive Behavior Interventions, 8*(3), 131-145.

Caldrella, P., Shatzer, R. H., Gray, K. M., young, E. L. (2011). The effects of school-wide positive behavior support on middle school climate and student outcomes. *Research in Middle Level Education Online, 35*(4), 1-14.

Carr, E. G., Dunlap, G. H., Koegel, R. L., Turnbull, A. P., Sailor, W., Anderson, J. L., Albin, R. W., Koegel, L. K., & Fox, L. (2002). Positive behavior support: Evolution of an applied science. *Journal of Positive Behavior Interventions, 4*(1), 4-16.

Carr, E. G., Horner, R. H., Turnbull, A. P. Marquis, McLaughlin, D. M., Mcatee, M., L., et al. (1999). *Positive behavior support for people with disabilities: A research synthesis.* Washington, DC: American Association for Mental Retardation.

Carter, D. R., & Horner, R. H. (2009). Adding functional behavioral assessment to First Step to Success: A case study. *Journal of Positive Behavior Interventions, 11*(1), 22-34.

Coffey, J., & Horner, R. H. (2012). The sustainability of schoolwide positive behavioral interventions and supports. *Exceptional Children, 78,* 407-422.

Coleman, M. C., & Webber, J. (2002). *Emotional and behavioral disorders: Theory and practice*(4th ed.). Boston: Allyn & Bacon.

Colvin, G., Kame'enui, E. J., & Sugai, G. (1993). School-wide and classroom management: Reconceptualizing the integration and management of students with behavior problems in general education. *Education and Treatment of Children, 16*(4), 361−381.

Didden, R., Ducker, P., & Korzilius, H. (1997). Meta-analytic study on treatment effectiveness for problem behaviors with individuals who have mental retardation. *American Journal on Mental Retardation, 101*(4). 387−339.

Dunlap, G., & Carr, E. G. (2007). Positive behavior support and developmental disabilities: A summary and analysis of research. In S. L. Odom, R. H. Horner, M. E. Snell, & J. Blacher (Eds.), *Handbook of developmental disabilities* (pp. 467−482). New York: Macmillan.

Dunlap, G., Sailor, W., Horner, R. H., & Sugai, G. (2011). "Overview and history of positive behavior support"In W. Sailor, G. Dunlap, G. Saugai, & R. H. Horner(Eds.), *Handbook of positive behavior support* (pp. 3−16). NY: Springer Science.

Durand, V. M., & Crimmins, D. B. (1988). Identifying the variables maintaining self-injurious behavior. *Journal of Autism and Developmental Disorders, 18*(1), 99−117.

Everson, C. M., & Emmer, E. T. (1982). *Preventive classroom management.* Alexandria, VA: Assocation for Supervision and Curriculum Development.

Filter, K. J., McKenna, M. K., Benedict, E. A., Horner, R. H., Todd, A. W., & Watson, J. (2007). Check in/check out: A post-hoc evaluation of an efficient, secondary-level targeted intervention for reducing problem behaviors in schools. *Education and Treatment of Children, 30*(1), 69−84.

Flannery, K. B., Sugai, G., & Anderson, C. M. (2009). School-wide positive behavior support in high school: Early lessons learned. *Journal of Positive Behavior Interventions, 11*(3), 177−185.

Flannery, K. B., Frank, J. L., Kato, M. M., Doren, B., & Fenning, P. (2013). Implementing schoolwide positive behavior support in high school settings: Analysis of eight high schools. *High School Journal, 96*(4), 267−282.

Franzen, K., & Kamps, D. (2008). The utilization and effects of positive behavior support strategies on an urban school playground. *Journal of Positive Behavior Interventions, 10*(3), 150−161.

Goffredson, D. C., Goffredson, G. D., & Hybl, L. G. (1993). Managing adolescent behavior: A multiyear, multischool study. *American Educational Research Journal, 30,* 179−215.

Guess, D., Helmsetter, E., Turbull, H., & Knowlton, S. (1987). *Use of aversive procedures with persons who are disabled: A historical review and critical analysis.* (TASH Monograph series, No. 2). Seattle: TASH.

Hawken, L. S., & Horner, R. H. (2003). Evaluation of a targeted group intervention within a school-wide system of behavior support. *Journal of Behavioral Education, 12*(3), 225−240.

Hawken, L. S., MacLeod, K. S., & Rawlings, L. (2007). Effects of the Behavior Education Program (BEP) on problem behavior with elementary school students. *Journal of Positive Behavior Interventions, 9*(2), 94−101.

Hawken, L. S., & O'Neill, R. S. (2006). Including students with severe disabilities in all levels if school-wide positive behavior support. *Research & Practice for Persons with Severe Disabilities, 31*(1), 46−53.

Hawken, L. S., Vincent, C. G., & Schumann, J. (2008). Response to intervention for social behavior: Challenges and opportunities. *Journal of Emotional and Behavioral Disorders, 16*(4), 213−225.

Horner, R. H., Dunlap, G., Koegel, R. L., Carr, E. G., Sailor, W., Anderson, J. L., Albin, R. W., & O'Neill, R. E. (1990). Toward a technology of "non-aversive" behavioral support. *Journal of the Association for Persons with Severe Handicaps, 15*(3), 125−132.

Horner, R. H., Sugai, G., Smolkowski, K., Eber, L., Nakasato, J., Todd, A. W., & Espreanza, J. (2009). A randomized, wait-list controlled effectiveness trial assessing school-wide positive behavior support in elementary schools. *Journal of Positive Behavior Interventions, 11*(3), 133−144.

Janny, R., & Snell, M. E. (2008). *Behavior Support: Teacher's guides to inclusive practices*(2nd ed). Baltimore: Paul H. Brookes.

Kauffman, J. M., Lloyd, J. W., Baker, J., & Riedel, R. M. (1995). Inclusion of all students with emotional and behavioral disorders?: Let's think again. *Phi Delta Kappan, 76*(7), 542−546.

Kelm, J. L., & Mcintosh, K. (2012). Effects of school-wide positive behavior support on teacher self-efficacy. *Psychology in Schools, 49*(2), 137−147.

Kincaid, D., Childs, K., Blase, K. A., & Wallace, F. (2007). Identifying barriers and facilitators in implementing schoolwide positive behavior support. *Journal of Positive Behavior Interventions, 9*(3), 174−184.

Lassen, S. R., Steele, M. M., & Sailor, W. (2006). The relationship of school-wide positive behavior support to academic achievement in an urban middle school. *Psychology in the Schools, 43*(6), 701−712.

Lewis, T. J., Powers, L. J., Kelk, M. J., & Newcomer, L. L. (2002). Reducing problem behavior on the playground: An investigation of the application of school positive behavior supports. *Psychology in Schools, 39*(2), 181−190.

Lewis, T., Sugai, G., & Colvin, G. (1998). Reducing problem behavior through a school-wide system of effective behavioral support: Investigation of a school-wide social skills training program and contextual interventions. *School Psychology Review, 27*(3), 446−460.

Lohrmann, S., Martin, S. D., & Patil, S. (2013). External and internal coaches' perspectives about overcoming barriers to universal interventions. *Journal of Positive Behavior Interventions, 15*(1), 26−38.

Luiselli, J. K., Putnam, R, F., Handler, M. W., & Feinberg, A. B. (2005). Whole-school positive behaviour support: Effects on student discipline problems and academic performance. *Educational Psychology, 25*(2−3), 183−198.

March, R. E., Horner, R. H. Lewis-Palmer, T. Brown, D., Crone, D., Todd, A. W., & Carr, E. (2000). *Functional Assessment Checklist: Teach and Staff(FACTS)*. Eugene, OR: Educational and Community Supports.

McIntosh, K., Predy, L. K., Upreti, G., Hume, A. E., Turri, M. G., & Mathews, S. (2014). Perceptions of contextual features related to implementation and sustainability of school-wide positive behavior support. *Journal of Positive Behavior Interventions, 16*(1), 31−43.

Meyer, L. H., & Evans, L. M. (1989). *Nonaversive intervention for behavior problems:*

A manual for home and community. Baltimore: Brooks.

Miller, D. N., George, M. P., & Fogt, J. B. (2005). Establishing and sustaining research-based practices at Centennial Schools: A descriptive case study of systemic change. *Psychology in Schools, 42,* 553–567.

Ritcher, M. M., Lewis, T. J., & Hagar, J. (2012). The relationship between principal leadership skills and school-wide positive behavior support: An exploratory study. *Journal of Positive Behavior Interventions, 14*(2), 69–77.

Ross, S. W., & Horner, R. H. (2007). Teacher outcomes of school-wide positive behavior support. *Teaching Exceptional Children Plus, 3*(6), Article 6. Retrieved from http://www.escholarship.bc.edu/education/tecplus/vol3/iss6/art6

Ross, S. W., Romer, N., & Horner, R. H. (2012). Teacher well-being and the implementation of school-wide positive behavior interventions and supports. *Journal of Positive Behavior Interventions, 14*(2), 118–128.

Scheurmann, B. K., & Hall, J. A. (2008). *Positive behavior support for the classroom.* Columbus, OH: Charles E. Merrillc.

Simonsen, B., Britton, L., & Young, D. (2010). School-wide positive behavior support in an alternative school setting. *Journal of Positive Behavior Interventions, 12*(3), 180–191.

Sprick, R., Sprick, M., & Garrison, M. (1992). *Foundations: Developing positive school-wide discipline policies.* Longmont, CO: Sopris, West.

Sugai, G., & Horner, R. H. (2002a). The evolution of discipline practices: School-wide positive behavior supports. *Child and Family Behavior Therapy, 24*(1&2), 23–50.

Sugai, G., & Horner, R. H. (2002b). Introduction to the series on positive behavior support in schools. *Journal of Emotional and Behavior Disorders, 10,* 130–135.

Sugai, G., & Horner, R. H. (2008). What we know and need to know about preventing problem behavior in schools. *Exceptionality, 16*(2), 67–77.

Todd, A. W., Campbell, A. L., Meyer, G. G., & Horner, R. H. (2008). The effects of a targeted intervention to reduce problem behavior: Elementary school implementation of Check In-Check Out. *Journal of Positive Behavior Interventions, 10*(1), 46–55.

Tolan, P., & Guerra, N. (1994). *What works in reducing adolescent violence: An Empirical review of the field.* Boulder: Center for the Study and Prevention of Violence, University of Colorado.

Turnbull, A. E., & Turnbull, H. R. (1999). Comprehensive lifestyle support for adults with challenging behavior: From rhetoric to reality. *Education and Training in Mental Retardation and Developmental Disabilities, 34,* 373−394.

Walker, H. M., Horner, R. H., Sugai, G., Bullis, M., Sprague, J. R., Bricker, D., & Kaufman, M. J. (1996). Integrated approaches to preventing antisocial behavior patterns among school-age children and youth. *Journal of Emotional and Behavioral Disorders, 4*(4), 193−256.

Warren, J. S., Edmonson, H. M., Griggs, P., Lassen, S. R., McCart, A., Turnbull, A., Sailor, W. (2003). Urban applications of school-wide positive behavior support: Critical issues and lessons learned. *Journal of Positive Behavior Interventions, 5*(2), 80−91.

Yell, M. L., Meadows, N. B., Drasgow, E., & Shriner, J. G. (2009). *Evidence-based practices for educating students with emotional and behavioral disorders.* Upper Saddle River, NJ: Merrill.

📖 찾아보기

저자 소개

김정효(Kim, Jeong Hyo)

이화여자대학교 대학원 특수교육학과 특수교육학박사(정신지체 전공)
전 경인교육대학교 특수(통합)교육학과 겸임교수
　　이화여자대학교 및 가톨릭대학교 특수교육과 강사
현 성베드로학교 교사

〈주요 저서 및 논문〉
『지적장애아교육』(2판, 공저, 학지사, 2016)
「지적장애 특수학교 고등학생들을 위한 사회적 통합프로그램 개발 및 실행」(2013)
「전환교육 요소를 적용한 문제중심학습이 고등학교 특수학급 학생의 문제 해결력과
　　수업 참여도에 미치는 효과」(2012) 외 다수

◆ 이화여자대학교 특수교육연구소 현장 총서 시리즈 4

특수학교차원의 긍정적 행동지원
-성베드로학교 이야기-

School Wide Positive Behavior Support in a Special School
-Story of St. Peter's School-

2017년 6월 30일 1판 1쇄 발행
2022년 2월 25일 1판 3쇄 발행

지은이 • 김 정 효
펴낸이 • 김 진 환
펴낸곳 • ㈜ 학지사

04031 서울특별시 마포구 양화로 15길 20 마인드월드빌딩 5층

대표전화 • 02) 330-5114   팩스 • 02) 324-2345

등록번호 • 제313-2006-000265호

홈페이지 • http://www.hakjisa.co.kr
페이스북 • https://www.facebook.com/hakjisabook

ISBN 978-89-997-1283-8   93370

정가 16,000원

이 도서의 국립중앙도서관 출판시도서목록(CIP)은 서지정보유통지원시스템
홈페이지(http://seoji.nl.go.kr)와 국가자료공동목록시스템(http://www.nl.go.kr/kolisnet)
에서 이용하실 수 있습니다.
(CIP제어번호: CIP2017012367)

출판 · 교육 · 미디어기업 학지사

간호보건의학출판 학지사메디컬 www.hakjisamd.co.kr
심리검사연구소 인싸이트 www.inpsyt.co.kr
학술논문서비스 뉴논문 www.newnonmun.com
원격교육연수원 카운피아 www.counpia.com